中國史學基本典籍叢刊

宋史全文

八

汪聖鐸 點校

中華書局

宋史全文卷二十八

宋光宗

庚戌紹熙元年。上，孝宗皇帝第三子也。母曰成穆皇后郭氏，以紹興十七年九月四日生上於藩邸。初，成穆生四男：長曰鄧王愭，即莊文太子是也。次曰慶王愷，次恭王，即上也。次未命而夭，追賜名恪，贈使相，封邵王。二十年，上生四歲矣。二月，授右監門衛率府副率〔一〕。三十年五月，轉榮州刺史。三十二年九月，封恭王，於是十六歲矣。孝宗受禪，乾道元年，立鄧王爲皇太子。二年七月，詔皇太子男皇嫡孫賜名挺，除福州觀察使，封榮國公；恭王男皇孫賜名挺，除左千牛衛大將軍。三年七月，太子薨，謚曰莊文。六年六月，以知樞密院府爲莊文太子外第，命榮國公挺與錢妃自東宮徙居焉。七月乙巳，太史奏：「是夜四更後，東北方火星順行，在木星西南入宿，各不及一度。占云：木火合宿主册太子〔二〕，當有赦。」時虞允文獨相。八月庚戌，孝宗御垂拱殿，允文乞留班奏事，三省、樞密院進呈文字訖，執政下殿。孝宗宣諭允文遣使祈請陵寢事。允文一一奏畢，復奏云：「臣累日齋心，今日涓吉，有一大事方欲干犯雷霆之威，冒萬死以請。」孝宗問何事。允文奏曰：「自古人君即位，一二年後必建立儲貳，以隆萬世之統，以係四海之心，國家治亂安危之機，無大於此。故曰：太子，國之本也。國本正而萬事理。況今日聖志已定，將大有爲於天下，若一旦虜敗盟〔三〕，連兵兩淮，六飛必須順動，監國撫軍誰任其責。臨事之變，倉猝議之，常有不如人意處。又陛下在位將十年，而元良虛位，中外士夫共懷憂疑，但往往畏死，不肯啓口開陳爾。臣蒙陛下大恩，付以心腹之託，使定大計，今日之事無大於此，無急於此。日者木、火合宿，太史奏以爲當册太子，天心仁愛陛下，昭示休祥，願陛下上順天心，下從人望，早出睿斷。」孝宗欣然云：「朕久有此意，事亦素定，但恐儲位既正，人心易驕〔四〕，便自縱逸，不勤於學〔五〕，浸有失德，不可不慮。朕更欲令練歷世務，通知古今，庶幾無後悔爾。」允文奏云：「臣平日竊觀陛下至孝至篤，豈不以宗社爲念。聖慮最遠，豈不以儲副爲急。所以遲遲至今，亦必有説。今蒙宣諭，益有以見陛下重惜神器，封植國本，爲萬萬年之永圖，天下幸甚。然臣之愚，以謂此事不過審擇宫官，使日聞正言，日行正道，真積力久，自然無不趣於正，安得有後悔。又儲闈一開，深居中禁，常得在陛下左右，日親帝學，何患不光明，日與朝政，何患不練歷。以臣之愚，早建儲宫，其所成就，必遠過於外處潛邸。」孝宗曰：「丞相言極是，但此事卻有少遷次。非久，於選德殿還獨與丞相議之。」〔六〕允文即奏云：「臣以愚忠所迫，昧死有請，敢意陛下遽賜察納。臣無任感天荷聖之至，容臣再拜謝恩。」謝訖〔七〕，復奏云：「此事願陛下早留聖念。」孝宗云：「甚好，甚好。不過旬日間。」二十五日壬申，允文朝殿奏事，至下馬處，中使傳旨，令右相留班。孝宗以邊事一一宣諭，允文奏對訖，復奏云：「臣比者輒以早建東宮事有請，陛下欣然即賜開納。今已踰旬日，未准處分，臣實憂懼。」孝宗曰：「此事已決，偶數日來多事，未及與卿商量。」允文援唐太宗事力以爲請。孝宗曰：「朕見唐太宗用兵取天下，心甚敬之。至議立太子，乃引佩刀自決，亦未嘗不笑之。蓋處置家事何用如此？今秋事向晚，冬初又虜使來，有一番禮數。若於郊禮時，或前或後降指揮如何？」允文奏云：「聖志果定，以郊天慶成日降指揮甚好。蓋日南至天正也。」孝宗云：「當用此日。」十一月辛巳，大駕至郊壇，齋於青城。是日午，宰執奏事，有旨令右相留班。孝宗宣諭云：「立太子事，朕但欲與丞相議爾，如何？」允文奏云：「此陛下家事，臣不當與。臣記得太宗皇帝淳化末年，召寇準於青州，既入對，太宗曰：『東宮未立，如何？』準對曰：『此事問內人不可，問大臣亦不可，問中貴人亦不可，惟陛下獨斷乃可耳。』太宗曰：『襄王可乎？』準對曰：『知子莫若父。陛下若以爲可，願早降處分。』乃立真宗。臣嘗讀國史，太宗八子，真宗第三。觀準所對，曲折之間，但欲自太宗發之耳。太宗英斷一發，千百世無有議之者。此臣惓惓之忠獨有望於陛下也。」孝宗云：「今郊天後，先欲加上兩宮尊號，立太子可用春初。」允文奏云：「臣謹奉詔，願陛下更無改易。」孝宗云：「只候兩宮禮畢便降指揮。」又微笑云：「朕家好事數件，皆是丞相做了。」允文頓首謝。七年正月丙子朔，太上皇帝、壽聖皇后受册寶禮畢。庚辰，允文奏事紫宸殿，乞留班，奏云：「今兩宮册寶禮成，立太子指揮乞早賜處分。」孝宗曰：「丞相留意此事如此。朕欲以中春上旬擇日行禮，非久於内殿更與卿議之。又有少說：朕欲立太子後，餘一親王，便欲令出鎮外藩，不知本朝有何典故？」允文奏曰：「陛下止有兩大王，若立一王爲太子，一王自留王邸，侍陛下左右。本朝亦無似此典故。」孝宗云：「朕之慮甚遠，卿可於唐以前子細密加討論。」允文奉旨而退。戊子，進呈。二月壬子，晚朝，孝宗御選德殿，以立皇太子御札宣示大臣。允文等奏：「元良天下大本，陛下獨出睿斷，爲天下得人。」各再拜賀。孝宗曰：「前世人主多以此爲諱，朕甚不取。國有儲副，自古以然，何諱之有。」允文曰：「唐太宗號英主，至此乃不能自決，猶引佩刀以自向。」孝宗曰：「朕常笑之，雉奴仁懦，太宗既知之矣，卒不能奪，以基禍亂。皇太子朕觀之熟矣，他日親馭戎輅，以撫六師，監國之任，不及今早定，何以繫天下心。」允文奏：「臣等受詔未敢行出，恭俟來日集百官宣布。」孝宗曰：

「善。」定夕鎖學士院。癸丑，降詔，内出麻制：「皇第三子恭王惇，可立爲皇太子。」皇子慶王愷判寧國府，進封魏王。」三月丁酉，上受册。四月庚午，御筆：「皇太子宜領臨安府尹。」〔八〕蓋欲試以民事也。九年二月，榮國公挻薨（莊文太子之子）。四月，上解府尹事。淳熙元年，魏王自寧國府改判明州。七年二月，魏王薨，謚惠憲。他日，孝宗謂右丞相趙雄曰：「太子資質極美，但尚少學問耳。每遣人來問安，朕必戒之云：且語太子，切須留意學問。」十四年十月，高宗皇帝崩。先是，孝宗已有禪意，嘗命有司葺都亭驛，其制侔德壽宮。既而以天下不可奉三宮，乃緩其事。十一月己亥，手詔：「皇太子可令參決庶務。」右丞相周必大奏乞創議事堂。於是，詔以内東門司改爲之。十五年正月乙巳，詔：「每遇朝殿，令皇太子侍立。」〔九〕十六年正月甲午〔一〇〕，皇孫抦封嘉國公，魏惠憲王子也（惠憲皇兄慶王愷）。己亥，周必大進左相，留正右相。丙午，皇太后遷慈福宮。春坊姜特立見必大，問曰：「宫中人人知上元後舉行典禮，今悄然，何也？」必大謝曰：「此非外廷所敢與聞。」特立不悦而退（罷特立在紹熙元年）。己未，詔德壽宮改爲重華宮（後又改慈福，又改慈壽）。二月壬戌，内降禪詔：「皇太子可即皇帝位。」宣詔訖，百官入班殿庭，百官稱賀畢，孝宗移居重華宮（本末互見淳熙十六年）。立妃李氏爲皇后，后父道拜慶遠軍節度使，贈太尉，謚忠毅。先是，道爲湖北帥，有九宮山張真牧至其第，道命諸女拜之。其中女慈懿后也。真牧見之驚曰：「此天下人母，我奈何受其拜邪。」人皆以爲狂。道心獨喜。孝宗在潛邸，聞是語，即爲上聘之。時莊文太子錢妃之妹同選入宫，中外皆心擬錢氏，而后定選。隆興二年，封榮國夫人。郊禮成，進封定國。乾道七年，王爲皇太子，立爲太子妃。至是，正位號，卒如張真牧之言云。詔以生日爲重明節。秘書郎兼權吏部郎官鄭湜因轉對，奏言：「民力之困，莫甚於此時。蓋所取者皆祖宗時所未嘗有，而作俑於後來。所用者皆循習承平積弊，而不量今日之事力。願先以清心寡欲、躬自節儉爲本，然後明詔大臣裁度經費。除奉宗廟、事兩宫、給兵費之外，一切量事裁酌。惟正之供，濫恩横例皆董正之〔二〕，然後使版曹會一歲之入，擇諸路監司之愛民而曉財賦者，使之稽考調度，蠲其煩重，以寬民力。」疏既出，右丞相留正乃命中司、版曹、檢正都司置局同共稽考。先是，壽皇創左藏封樁庫，其法，非奉親、非軍需不支。至淳熙末年，往往以犒軍或造軍器爲名，撥入内庫，或睿思殿，或御前庫，或修内司，而有司不敢執也。是時，湜爲敕令所删定官，因轉對爲壽聖言之，至是，又以爲言，然竟未聞有所施行云。左補闕薛叔似遷將作監，右拾遺許及之遷軍器監。先是，淳熙十五年，壽皇從林栗之請，復置遺、補官以命叔似、及之。上即位，二人既遷，並與其官廢之。三月，秘書監丞沈清臣罷〔三〕。上初即位，清臣自國子監丞遷秘書丞，羅點薦爲言事官，不果用。俄而爲范處義論罷之。初主管台州崇道觀，繼又降二官。清臣，臨安人，淳熙十五年因轉對歷詆時相者也。五月，左丞相周必大罷。必大與留正並相，議論素不合。上受禪，必大已有罷意。時羅點以奉常兼修注，上密遣訪可爲言事官者，點薦葉適等八人，皆意向與必大類者，由是不果用。於是，左諫議大夫謝諤遷御史中丞，權兵部侍郎何澹除右諫議大夫。澹初與必大厚，爲司業二年不遷。正既相，白用澹爲祭酒，故德正而怨必大。至是，首上疏攻必大。必大求去，再請而遂，罷以觀文殿大學士判潭州。諤以不論列必大，改權工部尚書。會知滁州范處義除殿中侍御史，必大方懇辭除職典藩之命，澹又論之，處義亦助其說，於是以雜學士出守泉州。先是，呂頤浩創月樁錢，大爲民害。高宗嘗諭秦檜令盡罷之，未果。乾、淳間始減廣德、桂陽軍萬三千餘緡。上登極，以月樁錢有數額太重去處，令臺諫、侍從同户部長貳詳悉措畫聞奏，當議斟酌施行，以寬民力。尋用吏部尚書顔師魯等奏，再減江浙諸郡月樁錢十六萬五千緡有奇云。

是年（紹熙元年）春二月，御史劉光祖取御史臺格，摘其關於中外臣僚、握兵將帥、后戚、内侍與夫禮樂訛雜、風俗奢僭之事凡二十條，奏乞付下報行，令知謹恪。上從之。是春，右丞相留正因奏事，密以建儲爲請。上謙遜未皇也。於是皇子封嘉王矣。逾月，正復以爲言。上曰：「少徐議之。」上之受禪也，姜特立、譙熙載皆以春坊舊人得幸，頗用事。自周必大罷，左揆久虛，而亞參亦闕，時特立知閤門事，忽見右丞相留正曰：「上以丞相在位久，欲遷左揆。而葉、張二尚書中擇一人執政，二書孰先？」正不答。明日，以特立之語於上前奏之，且論其招權納賄之狀。上大怒，罷特立閤職，提舉江州太平興國宫。

夏五月〔一三〕，御崇政殿，賜余復以下五百五十八人及第、出身有差〔一四〕。新進士廷射始於淳熙二年，壽皇嘗諭大臣，欲令文士能射，武臣知詩書。於是壽皇特御射殿，引詹騤以下按射。翌日，引第五甲及特奏名，皆具襴笏起居，易戎服以射〔一五〕。正奏名中的、中帖、上垛者，推恩有差。特奏名五等人射合格者與文學，其他例賜束帛。凡用絹三千匹云。是科，丞相留正奏言：「射以觀德，既不合格而復賜帛，則似無謂。此例可削去，亦省費之一端也。」上從之。上受禪推恩潛藩舉人，其恭、榮二郡皆在蜀中，時京鏜爲蜀帥，乃命三舉終場不改名人並特赴類省試，倍省額，三十二人而取一人，一州共得二十六人〔一六〕，議者以爲濫。因請廷試入第四等以前者，並賜第。餘但文學出身云。殿中侍御史劉光祖出爲潼川府路轉運判官。先是，光祖自四川制置司參議官召對，除軍器少監。何澹時以兵部侍郎出使，使還，除右諫議大夫。澹首劾左丞相周必大罷之。光祖與澹舊在館中相厚善，嘗過澹，澹曰：「近日之事可謂犯不韙。」光祖曰：「周丞相豈無可論，第光祖有短見，近歲一宰相去位，所引之士斥逐殆盡，班列爲之一空。周相之門多佳士，安得如許人代之。」時姜特立、譙熙載以春坊舊人頗用事，光祖屏人語澹曰：「曾、龍之事不可再也。」澹曰：「得非姜、譙之謂乎？」光祖曰：「然。」既而澹引光祖入便閤，有數客在焉。光祖顧視，則皆姜、譙之徒，始悔前言之輕發也。是春，澹同知貢舉，而光祖有臺官之除，首上學術邪正之章。及奏名，光祖被旨入院拆號，與澹坐席甫逼。澹曰：「近日風采一新。」光祖曰：「光祖非立異也。但常日爲大諫所言者，今則自言之耳。」既出，同院謂光祖曰：「何公見公所上章，數日爲之恍惚，日餌定志圓，他可知也。」未幾，謝深甫除右正言。至是，光祖坐論吴端事忤旨而出。澹遷御史中丞。議論自此分矣。吴端者，舊以巫醫爲業。上在儲邸，壽皇嘗有疾，國醫不能瘉。端治療有功，慈懿李后德之。上既受禪，擢閤門宣贊舍人。又還帶御器械。澹三上疏論之，不報。胡紘爲給事中，亦封還録黄。上以御筆諭止之。澹、紘皆聽命。光祖再上疏言：「小人踰分干請，而使給、諫不得行其職，輕名器，虧綱紀，褻主權，是一日而三失也。」疏入，上命大臣令都司諭止之，光祖言益力。上不樂。先是，光祖監拆號差誤士人試卷，既舉覺，放罪矣。至是，乃用前事徙光祖爲太府卿〔一七〕。由是遂出。

是夏，議者請令監司、州郡寬屬縣無名之取，以紓民力。時東南月椿錢歲爲緡錢猶三百九十餘萬，又有版帳錢者，軍興後諸邑皆有之，而浙中爲尤甚。於是知岳州劉偰會四縣版帳之額，爲二萬一千餘緡，而無窠名者萬一千餘緡。乃與提點刑獄丁逢、轉運判官薛叔似議取凡無名者盡蠲之。舉岳陽一郡而言，則其餘可知矣。其餘郡未減者如故。

秋七月，命縣置推吏，給重祿。舊例，諸縣不置推法司，吏受賕鬻獄，得以自肆。議者請萬户已下縣各置刑案推吏兩名，五千户已下一名，專一承勘公事，不許差出及兼他案。仍免諸色科敷事件，月給視州推吏減三之一，委令、佐選擇有行止、無過犯、諳曉鞫勘人充。以一年爲界，即因鞫勘受賕，並行重法。然諸縣多不奉行。朝廷聞之，乃勒令請領重祿，如不受者勒停。所屬不幫支者，從例受制書而違抵罪。

八月庚戌，命同判太史局劉孝榮改造新曆。去年十一月，承節郎趙焕言〔一八〕：「淳熙曆今歲冬至後天一辰。」詔禮部侍郎李巘、著作郎鄧馹、秘書丞黄艾、校書郎王叔簡同驗視。至是，乃有是命。孝榮乞與吴澤、荆大聲同造焉。

〔九月〕金人遣使來賀重明節。自渡江後，北使往來皆傳其國之御名廟諱，而本朝止傳帝名。至是，黄裳以王府翊善奉詔接伴。庚子，至盱眙，裳問掌儀田愿：「高宗何以稱帝名而不稱廟諱？」愿云：「自祔廟後，元未理會。」裳遂遣愿等持廟諱御名三紙以往。北使副視之云：「前無此例。」愿答云：「此乃二十七朔之外第一番講禮，帝名、廟諱合有分别。」往返久之，北使副乃謂愿云：「爲我謝使副，所言極是當理，非不曉得，止是來時不曾得朝省指揮，止依得册子上行，難以專輒〔一九〕，切望相諒。」裳乃已。既而北使引接來傳彼國名諱，自旻以下至其父允恭，稱廟諱者凡六人。裳歸奏其事，乞後遣使人力議改正。蓋隆興更成之時，廟堂亟於弭兵，僅能正其大體。而交際之文，或未暇議，蓋不止一二也。舊南使入境，非遇置頓不許下車。是後待南使禮益恭。或中頓稍遠，使者則下馬就道，傍民居煮茗或炙脯温酒食之，虜之掌事者必前僕其火〔二〇〕。南使乃遣人傳諭北都管，以無禮之故。都管卻馬遜謝，又以柳條決其人。今館中執事者多中原遺民，往往與三節人私語，惟見北人則亟避去。

冬十月，以左藏西上庫改稱封樁下庫。初，紹興休兵後，置御前椿管激賞庫。孝宗受禪，改爲左藏南庫。淳熙末，始併歸户部。已而言者謂南庫撥歸户部今已二年〔二一〕，而庫名尚存，官吏如故，乞併省。孝宗曰：「若盡廢庫名，出入必淆亂，可以左藏西上庫爲名。」至是改稱封樁下庫，仍隸户部焉。右諫議大夫何澹遷御史中丞。時王藺爲樞密使〔二二〕，右丞相留正甚憚之。雖上亦不樂也。澹初除中丞，或諭澹使擊之，澹忻然上章，極其醜詆。詔降一官放罷。他日，上諭澹曰：「卿章疏猶未快，此人朕亦畏之。」

是冬，追封三公主。上三女，長曰齊安郡主，次文安郡主，次政和郡主，皆早亡，及是乃追封焉。國朝薦舉之目，自京職官至令録，其來遠矣。元祐初，司馬光始奏設文武十科以舉士，其後，又有舉將帥、廉吏所知，合舊陞陟、自代等科，凡十有一。是冬，乃詔監司、帥守滿秩造朝陛對之際，許薦所部人才一二人，如無聽闕，文武高下皆無所拘。其後三年間，在外被薦者八九百人，朝廷不能盡用，但令中書省籍記姓名而已。初，紹興之行經界也，惟漳、泉、汀三州以何白旗作過之後，朝廷恐其重擾，止不行。是歲，朱熹守漳州，復以三州經界爲請。熹初爲同安簿，已知經界不行之害。及到任，會臣僚有奏請行於閩中者，詔監司條具利害以聞。監司下其事於州，適與熹初意合，即加訪問講求，纖悉畢至，以至方量筭造之法盡得其説。乃奏經界不行之利害一，經界詳略之利害一，又得其所必可行之術三，將不得行之慮一。大略以爲：「此法之行，貧民下户雖所深喜，而豪民猾吏皆所不樂。喜之者皆單弱困苦無能之人，故雖有懇誠，而不能以言自達。不樂者皆才力辨智有餘之人，故其所懷雖實私意，而善爲説辭以惑群聽。恐脅上下，務以必濟其私。而賢士大夫之喜安静、厭紛擾者，又或不能深察其情，而望風沮怯，則爲不可行之説以助其勢。此則誠不能無將不得行之慮也。」是冬，得旨本州先行經界。南方春早，事已無及。熹益講究，冀嗣歲可行，而寓公豪右占田隱税侵漁貧弱者所不便，爲異論以摇之。後遂有進狀，言經界不便者。詔寢其事。而三州經界不行，卒如所料云。保任京官，犯贓連坐，舊制也。是歲，趙雄所舉以贓抵罪，用故事，當削三秩。雄時爲使相，若降三秩，則應落衮鉞爲銀青光禄大夫〔一三〕，朝廷難之。於是自衛國公降封益川郡公，削其食邑二千而已。其後周必大連坐，亦自益國公降封滎陽郡公，蓋用雄例云。湖北直便會子者，隆興初，總領王珏所創也。初造七百萬緡，乾道兑换後，止餘四百萬。淳熙十一年，始通行於京西路。是歲，梁總爲荆湖總領〔一四〕，會其已出應换之數，得五百六十二萬緡。遂亦造兩界焉，每界各二百七十萬緡。紹熙初，詔廣南西路監司約束毋得科掛丁錢。廣西郡縣貧薄，凡民間父祖年六十以上而身丁未成者，亦行科納，謂之掛丁錢。民甚病之。至是禁止。明年郊赦又申明之。

李心傳曰：余嘗謂唐之庸錢，楊炎已均入二税，而後世差役復不免焉，是力役之征既取其二矣。本朝王安石令民輸錢以免役，而紹興以後，所謂耆户長保正雇錢復不給焉，是取其三也。丁錢多僞國所創，因而不除，是力役之征蓋取其四也。而一有邊事，則免夫之令又不得免焉，是取其五也。孟子曰：有布縷之征，粟米之征，力役之征，用其一緩其二，用其二而民有殍，用其三而父子離。今布縷之征有折税，有和預買，川路有激賞，而東南有丁絹，是布縷之征三也。穀粟之征有税米，有義倉，有和糴，而斛面、加耗之輸不與，是穀粟之征亦三也。通力役之征而論之，蓋用其十一矣，民安得不困乎。愚惡夫世俗之吏不知財賦本末源流，顧以趣辦爲能〔二五〕，而撥其本也。是故論而述之，以待上問焉。

辛亥紹熙二年春正月甲寅，同判太史局劉孝榮、吴澤、荆大聲所造新曆成，上之。詔以「會元」爲名〔二六〕。辛未，詔修紹熙會計録。先是，秘書郎鄭湜轉對，爲上言：「今黄老之宫，衛卒動以百數，外戚家廟防護之兵多於太廟，額外將校之奉錢半於正額，外廷百執之費，不足當閤門醫職近侍之半。請明詔大臣裁定經費。上自乘輿，下至庶府，除奉宗廟、事兩宫、給兵費之外，一切量事裁酌，罷其不急，損其太過。」户部亦請稽考内外財賦，置紹熙會計録〔二七〕，俟見大概之後，命户部宰屬同共詳議，而一二大臣公心叶意爲之斟酌，以其所減，捐以予民。至是，命户部尚書葉翥、御史何澹等同爲之。未幾，澹丁内艱去官。後亦未聞有所減也。

二月庚寅，前利州路轉運判官致仕孫松壽除直秘閣。松壽，郫縣人〔二八〕，力學登紹興五年進士第。至乾道初，猶未改秩。剛方廉潔，不求人知，環堵蕭然，衣食僅給，澹如也。居官決事，多用經術。嘗守漢、嘉，甚有惠愛。年六十六即引疾乞致仕，不許。范成大入蜀，引上皇慶壽赦，與樊漢廣同薦於朝。召赴行在，固辭不起，蜀人高之。趙雄時在樞府，因爲上言其賢。四年，詔特轉一官，賜三品服，依舊宫觀。松壽復告老，許之。趙汝愚入蜀，復奏松壽掛冠勇退幾二十年，内行素飭，終始不渝，乞賜褒表以厲風俗。故有是命。松壽素清約，晚而彌壯，然亦喜從釋氏游，日拜佛以百數，未嘗少倦。年九十餘乃卒，蜀人號爲牧齋先生。

是春，議者謂濫予横賜，無以樽節，請自今内諸司所給賜、所營造、所收索悉從有司定爲中制。惟正之供，濫恩横例皆釐正之。國朝有合同憑由司者，宫禁所由取索也。歲取金銀錢帛率以百萬計，版曹但照數除破耳。雖有歲終比部驅磨之令，然郎官第赴内東門司，終日巍座，而數瑺與數㰚自爲會稽〔二九〕，郎官不得過而問焉。畢事則卷牘尾〔三〇〕，俾之書名而已。由是議者以爲請，詔葉翥、趙彦逾、何澹同稽考。其後亦不果裁節焉。

夏四月，初命銓試。中選人簾試。國朝銓試之法：凡任子若同進士出身之人，皆赴。建炎兵火後，權停。紹興三年復舉行之。去年，國子司業許衡又奏：乞中選人就吏部長貳廳前簾試，小經義一道，或小賦，或省，題詩一首。試中，然後許參選。至是，吏部條具如所奏，内同進士出身並恩科人更不簾試，仍下四川制置司一體施行。從之。考功郎官黄由建言：「今已增試律義，自不須更簾試。」上曰：「簾試以革代筆之弊，正當加嚴，豈可廢也。」明年八月，謝深甫又言：「銓試不中、四十以上注殘零闕人，乞令郎官就長貳廳寫律一條，俾之解釋，如或不通，未得參注。」從之。

五月癸丑，置詳定敕令局，差詳定官一員，刪修官三員。先是，工部侍郎潘景珪言：「法令一書，久不刪潤，乞差官置局領其事。」上從之，然未有所進也。庚戌，命六院官始復入雜壓。舊制，六院恩數略視職事官而不入雜壓。乾道以後，浸重其選，號爲察官之儲。淳熙初，龔茂良秉政，以六院官班寺監丞之上。其内弟林宓用是始封贈父母，茂良南竄，遂罷。至是始復入雜壓，在九寺簿之下焉〔二一〕。淳熙末，壽皇復置補闕拾遺官。上即位罷之。御史中丞謝諤言其不可，旋亦罷去。自是近臣罕進言者。是月，太學生余古上書曰〔二二〕：「恭惟皇帝陛下春秋鼎盛，自即位以來，星見再周，當思付託之重。朝夕勉惟求治之道爲急，乃或不然，間者側聞宴游無度，聲樂無絶，晝日不足〔二三〕，繼之以夜。宫女進獻不時，伶人出入無節，宦官侵奪權政，隨加寵賜，或至超遷。内中宫殿已歷三朝，何陋之有？奚用更建。樓臺接於雲漢，月榭風亭不輟興作〔二四〕，深爲陛下不取也。甚者奏胡戎樂，習齋郎舞，乃使幸臣嬖妾雜以優人，聚之數十，飾以怪巾，拖之異服〔二五〕，備極醜惡，以致戲笑，至亡謂也。自古宦官敗國備載方册，臣觀宦者之盛，莫如方今，上而三省，下而百司，皆在此曹號令之下。蓋自副將而至殿步帥，各爲高價，不問勞績過犯、驍勇怯弱，但如價納賄，則特旨專除。故將帥率皆貪刻，軍士不無饑寒，兵器朽鈍，士馬羸瘠，未嘗過而問焉。設有緩急，計將安出。此爲害之大者，良由公卿持祿保位，備員全身，如漢之石慶，唐之蘇味道，滿朝皆小人也。求海内不盜賊，民生不塗炭，日月不食，水旱不作，可得乎？臣願陛下以漢文帝爲法，唐莊宗爲戒，問安侍膳之餘，宮庭燕閒講讀經史，無爲南面。或鼓琴、投壺、習射，以頤養神性，享名教不窮之樂，固嵩岳無涯之壽，豈不休哉。」上覽書震怒。始議特旨編管。言者救之，乃送秀州聽讀〔三六〕。

是夏，左丞相留正復以建儲爲請。上曰：「俟過宮與壽皇議之。」既而諭正云：「壽皇之意亦欲少緩之。」

秋九月丁卯，蔣介除閤門舍人，免召試。先是，乾道間，壽皇倣儒臣之制，增置閤門舍人，以待武舉之入官者。先召試而後命。又許轉對如職事官。供職滿三年，與邊郡，遂爲戎帥、部刺史之選云。至是，介有召試之命，丞相葛邲言：「介武舉第一人，乞免試。」上從之。四川制置使京鏜以京官知縣闕人爲辭，奏乞增放散員數，朝廷難之。然自是以後，或非時覃恩，或制司奏請，往往遞攢一年。開禧三年，吳獵宣諭四川，又請待班人不俟改官〔三七〕，一面注擬。從之。其後議者以爲不然，遂復舊制。

是秋，蠲減廣東鹽額。先是，淳熙末，壽皇以廣西鈔鹽事竄詹儀之，命除高、雷、化、欽、廉五州賣二分鹽外，令官般官賣如故。餘鹽令廣東歲賣七萬五千籮。去冬，上用廣西提刑吴宗旦之請，頗損五州鹽直及所賣之數。又用廣東提舉劉坦之之請，減鈔鹽一萬籮。户部奏，如是則歲失經費六萬三千餘緡。上不之靳也。至是，廣東復言六萬五千籮猶有未售者，又命減五千籮焉〔三八〕。蓋潮、惠、南恩州既自産鹽，而官復般賣，往往計口而抑售于民。是後朝廷暗損經費十萬緡，而科抑少減矣。御史中丞何澹以所生繼母之喪請解官持服矣。既又上疏言不逮事，請下臺諫、給舍議之。於是太學生喬嘉、朱九成、黄會卿移書責之，其略曰：「竊謂人之大倫，莫重於父母。禮有出繼，其服雖異，而鍾於天性者，未嘗不同也。故所承父母則三年終喪，而所生父母則心喪三年。閣下自長成均，而更長臺諫，此三綱五常之所係者也。今聞閣下有所生繼母之喪，初請于朝，欲解官持喪，太學諸生莫不義之。繼聞上疏稱解逮事不逮事之異，中外鬨然，雖愚者亦以爲駭。夫禮經所謂逮事父母則諱王父母，不逮事父母則不諱王父母，非謂無恩於先祖也。蓋逮事父母則親聞父母之言所嘗諱其祖，不逮事父母則不聞父母之言所嘗諱其祖，是以子莫知其所諱也。故本朝方慤解此一節，以謂特庶人之禮耳。若學士大夫則知尊祖矣，何逮事不逮事之拘乎？今聞閣下引此欲不持喪，恐與禮經相反。何者？禮經謂逮事父母則從父母之言，今閣下所生之父果以繼室爲正乎，若所生之父果以繼室爲正，則閤下亦當從而爲正，不得黜之也。今四十餘年以所生繼母事之，及其終也，反以爲生不逮事，而不持心喪可乎。夫閤下之意，必謂所生繼母無生我之恩，則不當爲所生之母服〔三九〕，抑不思黜其所生之繼母，是賤其所生之父也。爲人子者尚忍言哉。不然必以生我者爲正，而繼之者爲不正，是閭巷小人知有母而不知有父者，非天理之公也，非人倫之正也。閤下爲天子耳目之官，將以厚人倫、移風俗，正宜致辨于此時。」澹方待命六和塔，得書遂去官焉。

冬十一月壬申，日南至，合祭天地于南郊，大赦天下。上之在齋宫也，聞貴妃黄氏薨，始得疑疾。郊之日，風雨大至，上震懼，始不懌。自是宗戚大臣以薨卒聞者多不信矣。

壬子紹熙三年春，上昉御内朝而疾未盡去。是後，重華温清之禮以及誕辰、節序屢以壽皇傳旨而免。既而上神思浸清，宰輔、百官下至韋布之士，以過宫爲請者甚衆，至有扣額引裾號泣而諫者。聖情開悟，屢有翻然夙駕之意，而不果行。都人甚憂之。

三月己亥，伶人胡永年積官至武功大夫，以該遇去年郊恩，乞任子。吏部尚書趙汝愚奏：「永年以樂藝出身，難以任子，望立爲定法，今後似此雜藝補授之人不許奏補。」從之。

夏四月，從事郎吴綱年九歲，能誦六經、語、孟，特改承務郎。綱，壽聖皇太后親姪孫也。紹熙間，童子求試者十有七人，無補官者。皇伯、嗣秀王伯圭拜太師。初，秀安僖王子偁者，太祖少子秦康惠王之五世孫也。子偁長子伯圭也。其次普安郡王，是爲壽皇。紹興十三年子偁薨于秀州，贈太子少師。壽皇爲皇太子，加贈太師，追封秀王，謚安僖。上即位，始詔即園立廟，如濮王例。伯圭初以國蔭出官。淳熙慶壽禮成，拜安德軍節度使。九年，遷少保，封滎陽郡王。十五年，遷少傅。十六年，遷少師，始稱皇伯。紹熙改元，遷太保，封嗣秀王。是夏，有太師之命。本朝前此親王生拜太師者五人：真宗朝楚王元佐，仁宗朝燕王元儼，哲宗朝吴王顥，欽宗朝燕王俣、越王偲，皆以父兄行乃得之。伯圭以宗室拜太師，蓋王於上爲親伯父，用優禮也。蜀鹽自祖宗以來，皆民間自煮之，歲輸課利錢、銀、絹而已。紹興二年，趙開總計，始變鹽法，盡榷之〔四〇〕，置合同場以幾其出入〔四一〕。引法初行，每百斤爲一擔，又增十斤勿算以優之。令商人入錢請引，井户但如額煮鹽，赴官輸土産税。然鹹脉盈縮不常〔四二〕，久之，井户月額不登，則官司但以虚鈔付之，而收其筭，引法由是壞。井户既爲商人所要，因增其斤重以予之，每擔有增至百六十斤者。是夏，吏部尚書趙汝愚奏言：「趙開鹽法最爲精密。今井户多鑿私井，務以斤重多寡相高，故鹽日多，價日賤，而其法大壞。乞行下總領所，參照舊例施行。」〔四三〕從之。於是四川總領楊輔遣官覈去虛額，棧閉助筒二千有奇〔四四〕，申嚴合同場舊法，禁斤兩之踰格者，而重私販之罰。鹽直由是頓昂焉。乾道初，壽皇初令户部印造兩淮交子，不得過江南。八年，以交子易壞，出行在會子收兑。是夏，議者以淮上鐵錢多，欲革其弊。吏部尚書趙汝愚與從官陳騤、羅點、謝深甫合奏，乞印造兩淮會子三百萬貫，付兩路，每貫準鐵錢七百七十。淮東二分，淮西一分，依湖北例，三年一兑。事下兩省、臺諫議，尤袤等以爲可，遂施行之。仍分一貫、五百、二百者凡三等。始許流轉至江、池、太平、常州，建康、鎮江府，興國、江陰軍界行用，應兩淮上供及户部錢物並權發見錢三年，令淮南漕司樁管。而沿江八州軍合發上供一半會子，則許用交子通融起發，於江淮東、西總領所樁管焉。

秋七月壬午，瀘州騎射卒張信等作亂。騎射營者，本州禁兵也。淳熙末，起居舍人王卿月知瀘州，賜予諸軍甚厚，軍士浸驕。張孝芳代爲帥，欲矯其弊，訓練無日，又多役使之，廩賜或有不時給者。是日，信等作亂，晨入帥府殺孝芳及其家，又殺節度推官杜羑〔四五〕、駐泊兵馬監押安彦斌、訓練官雷世明、軍校張明等，擐甲坐閱武堂，召通判州事張恂、安撫司屬官郭仲傳使作奏〔四六〕，言孝芳罪狀。於是信自稱第一將，衣金紫出謝城中，以術人黄叔豹爲計議官，分其兵爲五十二隊，同謀者五十二人爲隊長，皆有爵秩。

叔豹又爲黃旗，大書曰：不叛聖主，不殺良民。時張明之子昌勇藝爲諸軍冠，與軍士卞進陰謀討之。癸未夜，密以告恂。甲申，信即毬場大饗諸軍，恂等皆與。酒初行，昌、進擊殺信于坐，會者皆獸散。進大呼曰：「不叛者從我。」諸軍唯唯從之。因執殺造逆者二十餘人，逆徒皆捕獲。制置使京鏜聞變，調西兵千人討之。未行，而信已誅，乃遣鈐轄司屬官陳鑽往瀘州措置。鑽至州十里，留不行，乃械繫逆黨孫成凌遲於午門之外。黃叔豹等三十三人皆就戮，聚其首以爲京觀，設孝芳位於午門之右，割孫成心腑以祭之。事已平，鏜奏孝芳死狀，且上恂等功。未報，丘崈復以爲言。詔贈孝芳三官，録其子孫二人，令總領所、制置司應辦葬事。張信之亂也，京鏜帥蜀，調潼川所屯御前後軍數百往討之。興元都統制吳挺者，璘之子也，劾制司擅發兵。於是樞密葛邲、陳騤等進呈，得旨令制司具析。命下而鏜已赴召，丘崈入蜀，即奏言：「三屯遠在西北，兵權節制必寄之宣、制司。朝廷事計當然。今軍帥狃於陵夷，反謂制司擅興，違戾至此，豈不大失本意。乞下戎司具析，仍責令遵守舊制。」從之。由是三屯頗知嚴憚。崈所謂狃於陵夷者，蓋專指挺也。

〔是歲〕四川經總制錢額理四百五十餘萬緡〔四七〕，其一百三十一萬緡贍軍，一百三十四萬緡應副湖廣總領所，一百六十九萬緡上供〔四八〕，餘六萬緡諸郡支用。上即位，因劉光祖之請，捐湖廣三年錢四百六萬八千緡，對減鹽酒重額錢，即此四川經總制錢也。然四路憲司歲撥湖廣錢實止六十萬緡而已。又以買發物價計之，折閲中半，僅爲三十萬緡。是歲，楊輔總蜀計，又樽節三十萬緡以益之。

（是歲）皇后李氏歸謁家廟，推恩使臣鄧從訓等一百八十人。給事中尤袤言其太濫。時議者亦以爲外戚家廟防護之兵多於太廟，請釐正之。

癸丑紹熙四年春正月乙酉，詔江上諸軍陞差統制至準備將者，令主帥解發三人，赴總領所選擇一名，事既行，諸將皆不以爲便焉。命吏部尚書趙汝愚知貢舉。自熙、豐以來，宗室不差充考試官。淳熙六年，吏部尚書周必大始請宗室充學官並考試。八年正月，遂命汝愚爲省試別院考試官。至是，有知舉之命，然外郡至今未有差宗室校試者，蓋漕吏知守舊法，而不知新旨也。

三月，吏部尚書趙汝愚同知樞密院事。先是，高宗嘗諭趙鼎曰：「唐用宗室爲宰相，本朝雖有賢才，不過侍從而止，乃所以安全之也。」久之，因執政進擬，又諭秦檜曰：「宗室賢者如寺監、秘書省皆可以處之。祖宗不用宗室爲宰執，其慮甚遠也。」然是時宗室至侍從者，亦未有卓然可稱者也。乾道初，汝愚以廷策冠天下，已而趙彦中復以宏博中選，一時皇族尤號得人。至是，樞府有闕，壽皇欲用汝愚，既出命矣，監察御史汪義端言：「高宗聖訓不用宗室爲宰執。」疏留中不出。汝愚家居力辭，疏至十上。上爲徙義端軍器監。給事中黄黼言：「汝愚事親孝，事君忠，居官廉，憂國愛民，至誠懇懇出於天性，所謂青天白日，奴隸亦知其清明者。義端識見奴隸之不如，不可以備朝列。」義端由此補郡。汝愚猶不拜。上謀於壽皇，遂命宰執召當筆學士申諭聖意，謂「高宗聖訓本以折秦檜之姦謀，故答詔有乃若紹興之故實，蓋有爲而言。況我壽皇之疇咨，欲播告於衆，蓋爲是也。」汝愚乃受命。是時大臣恭謝者多不得見〔四九〕，壽皇欲見汝愚，乃因葛邲、陳騤等入謝，相繼宣引。汝愚入謝，壽皇曰：「卿以宗室之賢爲執政，乃國家盛事。卿在蜀時，所進奏議甚善。朕嘗觀此書，可與資治通鑑並行。」其被聖眷如此。初，趙汝愚爲蜀帥，建言：「舊法聽三考薦舉改官者，皆以三考爲一任，舉其成數而言。今於三考之内未罷奇零日分〔五〇〕，輒敢並旁干請〔五一〕，已非法意。今又該遇覃霈盡行補轉，若一併許於二考之外，聽舉改官，竊恐干進之徒與夫勢要，皆豫得爲他日計，而孤寒安分廉恥自將者，欲脱選調，愈不可得。欲望將選人一例許於第二任方得薦舉改官，庶幾仕進公平，不妨寒畯之路。」不報。至是，汝愚入政府，乃舉行之。又詔：「未成考人不以罪去者，許於後任湊成三考，聽舉改官。初任未成考者勿聽。著爲令。」

夏五月，親試舉人，賜陳亮以下三百九十六人及第、出身有差。李僑年五十四，調成都府司户參軍。自以禄不及養，乞以一官回贈父母。上嘉其志，特詔以本官致仕，父母皆予初品官封，蓋異數也。左丞相留正以論姜特立不行，待罪於六和塔。特立，麗水人，以父死事得官，頗能詩，士大夫或稱之。淳熙中，趙汝愚爲福建安撫使，特立爲本路兵馬副都監。時海賊犯閩中，特立以一舟先進，遂獲之。壽皇以爲才，召爲閤門舍人。未幾，司春坊事。上即位，除知閤門事。正爲右丞相，論其招權納賄之狀。詔與外祠。是月丙戌，除浙東馬步軍副總管。又召赴闕，賜裝錢二千緡。正上疏言：「唐憲宗將用李絳，先出吐突承璀爲淮南監軍。及召承璀還，先罷絳相。本朝名臣范祖禹作唐鑑言二人不可並立於朝。此書屢經聖覽。今特立召用，臣合罷相，與李絳一同。」不報。正出國門，待罪於六和塔。給事中謝深甫復繳召還特立之命。上批：「朕閔其舊臣，無辜而去，特與書行。」同知樞密院事趙汝愚亦以爲言。上不聽。

六月己巳，正又言：「臣與特立理難並立于朝。乞早賜處分。」上批：「成命已行。朕無反汗。卿宜自處。」時正已待罪，上亦不復宣召也。六月，除陳源内侍省押班。初，源以得罪壽皇，貶建寧府居住，籍其資以進德壽宫。又移郴州。上即位，復召還。至是，乃有是命。時上已病，不能過宫。源數離間焉。

是夏，嘉王府翊善黄裳除兵部侍郎，去翊善。坐論鄭汝諧事也。先是，淳熙末，用丞相留正薦，裳自秘書郎除翊善。其後，遷起居舍人，歷中書舍人、給事中皆兼翊善。至是，裳辭兵侍不拜，嘉王爲之請，後月餘，改寶謨閣待制，仍兼翊善。蓋終始六年云。

秋，孔文遠襲封衍聖公。紹興中，文遠之祖玠避難渡江，高宗以衢州田五頃賜之。玠卒，以其子搢爲右承務郎，襲爵奉祠事。淳熙中，入侍祠，擢知建昌軍。久之，坐妄用庫金貶秩，遂不復用焉。紹熙初，累遷至朝散大夫。至是，搢卒，詔以其子文遠爲承奉郎，襲封衍聖公云。

冬十月乙未，同知樞密院事趙汝愚以乾道間所置軍期急速文字牌，及淳熙間所置緊急文字牌，率與常遞混殽，故行移稽緩。乃改作黑漆紅字牌，奏委逐路提舉官催督，歲終核其遲速之甚者〔五二〕，以議賞罰。從之。是後，尚書省亦踵行之，仍命逐州通判具出入界日時狀申省。久之，稽緩復如故。紹熙末，丘崈爲蜀帥，始創擺鋪，以健步四十人爲之，歲增給錢八千餘緡，月以初三、十八兩遣平安報，至行在率一月而達。蜀去朝廷遠，始時四川事朝廷多不盡知，自創擺遞以來，蜀中動息靡所不聞，凡崈劾疏中所言，皆擺遞之報也。

十一月戊寅，上朝重華宮。辛巳，左丞相留正復入都堂視事。先是，正以論姜特立事不行，待罪於六和塔，復繳還上前後所賜賚及出身以來告敕，且上奏自叙嘗陪侍儲邸，及翌輔初政，乞保全終始。詞指甚哀，不報。正累不得命，乃復待罪於范村之佛寺，奏乞歸田里，不許。又請住給廩禄。詔權行住支。頃之，百官啓建重明節於明慶寺〔五三〕，正請就范村。詔從其請。九月丁卯，百官上壽紫宸殿。詔以右丞相葛邲爲班首，而正自請立少保班。上壽班退，復還范村待罪。始正之出國門也，諫官章穎以劄子留之。起居郎陳傅良請直前奏事，上諭閤門止勿進。時上以疾不過重華宫者已數月，從官數以爲言。至是過宫，禮畢，特遣右司郎官徐誼召正於城外。正始入朝，赴都堂視事。命特立仍爲浙東路總管，遂竟不召焉。正待罪凡百四十餘日，特立有詩數千篇，號梅山集，楊萬里爲之序云。

十二月甲午朔，草澤王孝禮言：「今年冬至，日影表當在十九日壬午，而會元曆乃在二十日癸未，係差一日。蓋陳得一、劉孝榮所造四曆皆未嘗測影，只是寫擬分數，所以後天。乞將修内司所掌銅表圭面降付太史局測驗。」從之。紹熙初，命帥守、監司薦所部人才。既而濫薦者多。是冬，言者謂：「今被薦者猥衆，朝廷疑其私而不信，病其衆而難從。其間縱有賢才，不免與僥倖者並棄。請條約之。」乃詔帥守、監司今後毋得獨員薦士。

是冬，使人自金國回者，言虜人問朱先生安在〔五四〕，答以見已擢用。回白廟堂，遂除朱熹爲荆湖南路安撫使、知潭州。先是，已除熹帥廣西，熹不就，於是以辭遠就近不爲無嫌，力辭新命，朝廷不許。

甲寅紹熙五年春三月，壽皇不豫。

夏四月，朱熹始拜命赴潭州，五月至鎮。壽皇疾浸棘，上不能過宫視疾，人情益懼。戊寅，以壽皇服藥故，赦天下。先是，嘉王府贊讀黄由乞令嘉王過宫問疾。辛巳，上奏未報。講官彭龜年、沈有開繼以爲請。甲申，省札下，許之。内侍都監王德謙堅請覆奏，王斥其説，遂行至重華宫，壽皇爲之感動。

六月丁酉夜，壽皇崩於重華宫，上猶未能出，嘉王數入禁中泣請，未遂。中外訛言靡所不至。戊戌，宰執奏事退，太皇太后御札付宰執，日下昃，宰執率百官詣重華宫發喪。辛丑，左丞相留正、知樞密院事趙汝愚、參知政事陳騤、同知樞密院事余端禮率百官詣文德殿拜表畢，退就重華殿廬，議成服典故。端禮引唐肅宗朝群臣發哀太極殿故事，附中使王公昌入奏。是日，太皇太后有旨，皇帝以疾，聽就内中成服。壬寅，正、汝愚請太皇太后垂簾奏事，不許。丁未，宰執札子奏：「皇子嘉王，仁孝夙成，學問日進，宜早正儲位，以安人心。」癸丑，再入札子，御批云：「甚好。」乙卯，再擬指揮進入，乞付學士院。是晚批出八字云：「歷事歲久，念欲退閑。」左丞相留正得之大懼，不以示同列，汝愚逼之，乃以告焉。丙辰，再擬入，御批：「可只今施行。」己未，宰執再奏，乞面奉處分。是晚付出，封題稍異。正不啓封，付之内降房。

是夏，御前諸軍都統制兼知興州充利州西路安撫使吳挺卒。先是，虞丞相允文既没，朝廷復命挺充利西帥，凡十九年而卒於軍。於是，四川總領楊輔先事白朝廷，乞擇重臣鎮蜀，乃以丘崈爲制置使。崈未入蜀而聞挺病，甚恐，其軍五六萬人，緩急無所屬，乃見大臣籌之。故事，帥臣闕以轉運使權，時楊虞仲爲利路轉運使，崈欲重其事，乃奏乞令輔往興州攝帥，上許焉。輔以爲朝臣出使，非制閫所當令，不欲行，而崈以聖旨移文，輔重傷其意，即請虞仲權知興州事，而己遥領安撫使。未幾，並以印送虞仲，就權，人以爲得體。先是，挺之季歲，關外群盗縱横，皆縱而不治。虞仲至未久，遂捕其尤者悉誅之，邊人讋服。挺之死也，上已屬疾，不之信。趙汝愚在樞府，用崈、輔二人之議，更遣張詔代之。蓋不欲吳氏世襲，以銷未然之患也。是夏，始釐正東、西兩川牒試之濫。牒試者，舊制，以守、倅門客皆引嫌赴本路轉運司别試〔五五〕，若部使臣及帥臣親屬門客〔五六〕，則赴鄰路試。率以七人而取一人。紹興後，牒試尤多〔五七〕，東、西兩川尤甚。議者以爲濫。於是，令成都府路以八十三人，潼川府路以八十人爲額。至是，王溉自成都府路轉運判官召還，入見極言兩路冒親詭貫之弊。乞各存十人外，均與本路諸州。從之，仍各以二十人爲額。丘崈爲制置使，復請每路止存十二人。若就試者少，則以二十人而取一人。奏可。舊例，避親舉人與命官鎖應者同試。王溉爲成都漕，始令分場，以革假手之弊。於是四蜀皆一等施行焉。

秋七月庚申朔，前一日，付出宰執所奏事，左丞相留正不肯啓封。是日，知樞密院事趙汝愚趣之，乃啓封，正視牘尾，憂形於色，始密爲去計矣。辛酉，上正臨朝，仆於地。都人聞之大駭。是日，工部尚書趙彥逾見汝愚白事，相與泣下。汝愚微以翼戴之事諷之，彥逾力贊之。汝愚遣中郎將范仲壬告殿帥郭杲〔五八〕。仲壬初以時事艱難告之，不應。又以忠義動之，又不應。仲壬不得已，屏人起立，具以汝愚意達之，又不應。仲壬乃還。汝愚知不可，遂請彥逾往見杲，諭旨，彥逾謂杲曰：「彥逾與樞密第能謀之耳。太尉爲國虎臣，此事專在太尉。」杲未及言，彥逾變色責之曰：「太尉所慮者，百口之家耳。彥逾盡誠以相告，而太尉了不見答。即西府有問，何以復之耶？」杲徐曰：「致意樞密，領鈞旨。」事然後定。壬戌，大祥。左丞相留正以五更入奏，致其仕，易肩輿出城而去。人情益懼。正之未達也，有善軌革者推其行年，至甲寅乃爲兔伏草、鷄自焚之象，殆莫可曉〔五九〕。殊怪之。及是，深以爲憂。私謂所親曰：「主上卯生，吾酉生，伏草自焚，其兆已見矣。」遂定逃歸之計。時左丞相趙汝愚知太皇太后深以宗社爲憂，將白事焉，而難其人。有知閤門事韓侂胄者，太后女弟之子也，素善慈福宮内寺張宗尹〔六〇〕，而與永嘉人蔡必勝同在閤門。必勝因其同郡人左司郎官徐誼、吏部員外郎葉適言於汝愚，遂令侂胄以内禪事付宗尹入奏。太后素簡嚴，無他語，第令諭汝愚耐煩而已。癸亥，侂胄再往，不獲命，逡巡欲退。重華宮内侍關禮問知其謀，入白太后，言與淚俱〔六一〕，太后蹙額久之，曰：「事順則可，更切子細。」禮遂簡侂胄以「來日壽皇梓宫前垂簾引執政」。時日已過午矣。汝愚乃以諭參知政事陳騤、同知樞密院事余端禮。關禮又使所親閤門宣贊舍人傅昌期密製黄袍〔六二〕。時嘉王在邸，殊不知，且方以疾在告。汝愚簡宮僚彭龜年云：「禫祭重事，王不可不入。」甲子，禫祭，殿帥郭杲與步帥閻仲先分兵衛南北内〔六三〕。太皇太后垂簾，命關禮引嘉王先入。執政奏事，太后曰：「皇帝已有成命，相公當奉行。」汝愚出所擬太皇太后聖旨云：「皇帝以疾，至今未能執喪。曾有親筆：『自欲退閒，皇子嘉王可即皇帝位。』尊皇帝爲太上皇帝、皇后爲太上皇后。」太皇太后覽畢云：「甚好。」遂勸王即位。王固辭，且顧汝愚曰：「某無罪，恐負不孝之名。」關禮等以黄袍進，王拒卻不受。汝愚等固以請，而端禮之言尤力。王揮涕勉受，遂即皇帝位。汝愚等再拜賀，上猶答拜，汝愚等又固請，上乃衰服出見百官於重華殿東廊之素幄。次詣几筵殿行禫祭禮。都人聞之，始奠枕矣。是晚，沈有開、彭龜年乞奏事。上慘然久之，曰：「前日聞大臣有建儲之議，此亦可以息浮言，安人心。今匆遽乃爾，早泣告慈福不允，至今悸動。」是日，詔建泰安宮，以奉太上皇帝、太上皇后。命泰安宮提舉楊舜卿往南内請八寶，遣内侍二員分水陸路宣押留正赴都堂治事。從趙汝愚之奏也。乙丑，太皇太后有旨：「崇國夫人韓氏可立爲皇后。」丙寅，赦天下，常赦所不原者皆除之。百官進秩二等，賞諸軍，赦文有曰：「沖懷每念於退閑，親翰嘗頒於近輔。」用太上皇帝御札八字意也。其後命繳御札八字付史館，從李壁之請也〔六四〕。先是，京口諸軍訛言詾詾，襄陽歸正人陳應祥亦謀爲變，舉事前一日登極赦書至，遂敗。時趙汝愚爲政首，裁抑僥倖，以故人多怨者。自祖宗以來，人主登極，凡列郡守臣率得任子恩。間有闕守臣，而以幕職班行攝之者，亦官之如例。英宗即位，司馬公時知諫院，嘗以爲言。不聽。上受禪肆眚，汝愚因進熟，始命監司、郡守許上表進貢推恩，内守臣係權官者免進貢，其表聽附遞以聞。詔車駕五日一朝泰安宮，百官月兩朝。以即位告於天地、宗廟、社稷。丁卯，侍御史張叔椿劾留正擅去相位。詔以叔椿爲吏部侍郎。詔命起居郎兼權中書舍人陳傅良還故官。戊辰，詔曰：「朕猥以沖人，肆膺大寶〔六五〕。涉道尚淺，何以周知群下之情。燭理未明，何以裁決萬幾之務。思欲圖乂，莫先求言。惟祖宗二百年之基，既艱於負荷，矧中外億兆人之衆，尤重於撫綏。聿懷置器之安，深切履冰之懼〔六六〕。固當咨詢故老，夢想幽人，罔間邇遐，咸當播告。胸臆結約〔六七〕，爾其無愛於肆言；利害罷行，朕欲深求於成敗〔六八〕。事關朝政，慮及邊防，應天之實何先，安民之務何急，毋憚大吏，毋諱渺躬，倘有補於國家，當優加於賞賚。導人使諫，方傾聽於嘉謀；事君以忠，宜大伸於直道。咨爾多士，體予至懷。」左司諫章穎爲侍御史，右正言黄艾爲左司諫。大理少卿鄭湜爲金主報登位使，左驍衛郎將范仲壬副之。己巳，知樞密院事趙汝愚兼參知政事。庚午，召秘閣修撰、知潭州朱熹赴行在奏事。上在嘉邸，聞熹名德，每恨不得爲本宫講官。至是，首加召用。先是，黄裳爲嘉王府翊善。善講説開導，上學頓進。一日，上皇宣諭曰：「嘉王進學，皆卿之功。」裳再拜謝，因進曰：「若欲進德修業，追蹤古先哲王，則須尋天下第一等人迺可。」上皇問爲誰，裳以熹對。彭龜年繼爲宫僚，因講魯莊公不能制其母，云母不可制，當制其侍御僕從。上問曰：「此誰之説？」對曰：「朱熹之説。」自後每講必問熹之説如何，蓋傾心已久。故即位首加迅召，皆出上意也。辛未，顯謨閣待制兼侍講黄裳爲給事中，起居郎兼權中書舍人彭龜年並爲中書舍人〔六九〕，將作監黄由爲起居郎，秘書省著作郎沈有開爲起居舍人。乙亥，趙汝愚爲右丞相，參知政事陳騤知樞密院事，同知樞密院事余端禮參知政事兼同知樞密院事。汝愚辭不拜。賜前宰執侍從詔，訪以得失。丙子，大風。戊寅，詔以時方秋暑，宜用唐武德、貞觀故事，太上皇帝未須移御。其即以寢殿爲泰安宫殿。前副都指揮使郭杲爲武康軍節度使。上之立也，知閤門事韓侂胄有力焉。侂胄者，魏王琦之曾孫，神宗女齊國長公主孫也。趙汝愚推恩定策功曰：「我與趙尚書皆宗臣，而韓知閤乃右戚，各不言功。惟爪牙之臣所當推賞。」由是，杲建節焉。於是侂胄與趙彦逾咸有怨於汝愚矣。庚辰，上率群臣拜表於泰安宫。辛巳，改命少保、保大軍節度使郭師禹爲攢宫總護使。趙汝愚力辭右丞相。詔以爲樞密使。翰林學士李巘草麻，有「太尉本兵柄」之語。汝愚以爲侮己，銜之。未幾，巘轉承旨，黄由時以左史兼中書舍人駁之，乃除寶文閣學士、知婺州。先是，壽皇將倦勤，並命周必大、留正爲相，巘草二制，而於必大制中多所訓飭，至有「患失容身」之語，必大不自安，三上章力辭，又四章求去。其辭免第二劄子，有「中外臣庶明知兩相制出，抑揚不同，在於人情，寧免觀望」。奏入，壽皇召巘入對，令貼麻改定。必大復以非材求去。壽皇曰：「朕何嘗令如此措辭。」遂批出李巘與郡。明日將上，乞除職名。壽皇不許。蓋巘兩在禁林，皆由草制而去位。自是不復起矣。壬午，侍御史章穎等劾内侍林億年、陳源、楊舜卿，與在京宫觀。知閤門事韓侂胄落階官，爲汝州防禦使。癸未，余端禮辭兼同知樞密院事。甲申，兵部尚書羅點簽書樞密院事。詔兩省官看詳應詔封事，具要切者以聞。戊子，詔百官日輪一員面對。

講義曰：輪對，國家之令典也。朝廷之上，有如宰執、侍從、臺諫，得以無時不言。至若在下庶僚，未及借玉階而面天表者，且有輪對之制焉。誠如是，則小大諸臣悉能展盡底藴於冕旒之前矣。此真治世之氣象歟。

罷楊舜卿在京宫觀，林億年常州居住，陳源撫州居住。

八月己丑朔，安定郡王子濤薨。辛卯，初御行宫便殿聽政。癸巳，朱熹爲焕章閣待制兼侍講。告詞云：「朕初承大統，未暇他圖，首闢經闈，詳延學士。眷儒宗之在外〔七〇〕，須召節以趣歸〔七一〕，徑登從班，以重吾道。爾發六經之藴，窮百氏之源，其在兩朝，未爲不用。至今四海猶謂多奇，擢之次對之班，處以邇奥之列〔七二〕。若程頤之在元祐，若尹焞之在紹興。副吾尊德樂義之誠〔七三〕，究爾正心誠意之説。豈惟慰滿於士論，直將增益於朕躬。非不知政化方行，帥垣有賴〔七四〕，試望之於馮翊，不如置之本朝。召賈傅於長沙，自當接以前席。」黄由之詞也。

講義曰：道喪千載，聖遠言湮，不有先覺，孰開我人。皇宋火德當天，離明興治，列聖相承，真儒輩出。求其續洙泗之道統者，始則伊洛之學，繼是則朱文公焉。講席而得若人，真吾國之光華也。所以哲宗元祐元年，即命伊川以通直郎充崇政殿説書〔七五〕，寧宗紹熙五年，即命文公以焕章閣待制兼侍講。二聖所以拳拳於大儒者無他，蓋將發明乎中庸大學之正傳，推而爲治國平天下之事業焉耳，豈徒曰誦説云乎哉。

熹發潭州，且行且辭，大略謂：「陛下即位之初，方將一新庶政，所宜愛惜名器。若使倖門一開，其弊不可復塞。至於博延儒臣，專意講學，蓋將求以深得親懽者，爲建極導民之本，思所以大振朝綱者，爲防微慮遠之圖。」蓋熹在道，聞泰安朝禮尚缺，近習已有用事者，故以爲言。甲午，增置講讀官，以黄裳、陳傅良、彭龜年等爲之。丁酉，以生日爲天祐節。辛丑，詔曰：「朕惟廉吏民之表，而爲國之蠹、民之病者，莫污吏若也。不有誅賞，疇示勸懲。繼自今，諸道司刺舉之官，於郡邑文武任職之臣，廉必聞，污必糾，毋憚大吏，毋縱私昵。賞不爾靳，罰不爾私。其令吏稱民安，副朕意焉。」己亥，上率群臣朝泰安宫。壬寅，賜講讀官詔，戒以開陳經旨，救正闕失。皇弟許國公抦進封徐國公。抦，壽皇之孫也。壽皇三子五孫，莊文太子下曰豫國公挺，魏惠憲王下曰左千牛衛大將軍攄，次即抦也。光宗下曰保寧軍節度使擴，次即上也。挺、攄、挺皆蚤卒。抦後封吴興郡王。癸卯，少傅、嗣濮王士歆爲少師，郭師禹爲少傅，奉國軍節度使、開府儀同三司夏執中爲少保。乙巳，詔晚講官坐講。禮部侍郎許及之等請祧宣祖廟，祔大行至尊壽聖皇帝。詔侍從禮官集議。丁未，復罷經筵坐講。以諸路郡縣水旱，命三省條畫賑恤。

講義曰：晁錯説漢文帝曰：堯有九年之水，湯有七年之旱，而國無捐瘠者，以蓄積多而備先具也。蓋天灾流行，國家代有，聖如堯、湯且不能免。水旱之憂，所恃者有豫備之素焉耳。國家列聖相承，留心荒政，既有義倉，又有常平倉，既有惠民倉，又有廣惠倉。諸倉諸藏，所在充牣。加以先正、名臣位官郡邑〔七六〕，又能推上德意而宣布之，有如富鄭公之在青州，趙清獻公之在會稽，賑救有方，野無餓莩，載在國史，班班可覈也。後之爲國者則不然，官之與民，恝然如秦、越之相視。常平、義倉僅存其名，平居暇日往往爲貪利移用之資〔七七〕。脱遇凶饑，搏手無策，赤子嗸嗸，惟有擠死溝壑而已。重磬之室，隱雷之腹，誰能軫念及此邪。紹熙末年，以諸路郡縣水旱，命三省條畫賑恤。愚謂遇灾而賑恤誠是也，然必倉廩無移用之弊，郡邑有奉行之人，則旱乾水潦，不足爲慮。苟或不然，愚恐廟堂雖條畫於上，而惠澤將壅遏於下。朝廷號令，不過爲墻壁之虚文耳，果何益哉。

辛亥，趙汝愚請於近畿卜地營建至尊壽皇聖帝攢宫。詔侍從、臺諫、禮官集議〔七八〕。乙卯，安南國王李龍翰加號「思忠功臣」。詔廣西鹽額歲減十萬緡。侍御史章穎罷爲兵部侍郎。左司諫黄艾罷爲工部侍郎〔七九〕。新除焕章閣待制知建康府謝深甫爲御史中丞。深甫，韓侂胄之黨也。侂胄以定策功，意望建節，恨趙汝愚抑之，有怨言。簽書樞密院事羅點慰解之。知臨安府徐誼勸汝愚以節度使授之。汝愚悟，遣人諭意於侂胄。侂胄答語不遜，遂日夜謀引其黨爲臺諫官以擯汝愚。汝愚疏直不虞其姦。會汝愚方奏除劉光祖爲侍御史，方進呈，知樞密院事陳騤忽奏曰：「劉光祖與臣有嫌。今光祖入臺，願先避位。」汝愚愕然而止。侂胄遂以内批除深甫爲御史中丞。蓋侂胄與騤合謀已久，特汝愚未之覺爾。監察御史黄度爲右正言。丙辰，左丞相留正罷。時朱熹被召行至信州，聞以内批逐首相，有憂色。學者問其故，熹曰：「大臣進退亦當存其體貌。」或曰：「此蓋廟堂之意。」熹曰：「何不風其請去而後許之。上新立，豈可導之輕逐大臣耶。」至六和塔，永嘉諸賢各陳所欲施行之策。熹曰：「彼方爲杌，我方爲肉，何暇議及此哉。」是時近習用事，御筆指揮皆有其漸。故熹深憂之。趙汝愚爲右丞相。丁巳，詔侍從、兩省、臺諫各舉通亮公清不植黨與曾任知縣者二人。

九月辛酉，司農少卿劉光祖爲起居舍人。丁卯，大理寺主簿劉德秀爲監察御史。時趙汝愚奏，乞令近臣舉御史。許之。始議除二人，衆舉吴獵者最多，而游仲鴻次之〔八〇〕。德秀與韓侂胄深交，侂胄乃諭中司令薦德秀，因以内批令兼用中司所舉者一人，德秀遂與吴獵並除。其黨以次而進言路，遂皆侂胄之人，一時善類，排斥無餘，黨禍自此起矣。己巳，命趙汝愚朝獻景靈宫。庚午，命嗣秀王伯圭朝饗太廟。上以孝宗之喪故也。是日羅點薨。辛未，合祭天地于明堂，赦天下。詔徒流罪人經登極赦免罪而再犯者，不以明堂赦恩原免。是歲，孝宗大漸嘗肆赦，上登極又赦，至是明堂肆眚。尚書省契勘，一歲之間三行放赦，恐有凶惡累犯之人，指恩作過。故降此指揮。其指揮與赦又同降，但以白紙連書於黄牒前云。壬申，刑部尚書京鏜簽書樞密院事。鏜亦韓侂胄之黨也，故擢用之。群憸附和，視正士如仇讎。於是陳傅良、吴獵、劉光祖等咸先後斥去矣。甲戌，下詔撫諭諸將。改天祐節爲瑞慶節。己卯，嗣秀王伯圭爲安德崇信軍節度使。壬午，禮部尚書黄裳卒。甲申，韓侂胄爲宜州觀察使。詔：「侂胄歷事三朝，備宣忠力，可特遷二官。」蓋將以爲承宣使也。侂胄自負有定策功，覬覦節鉞，意不滿，上疏力辭，乃止遷一官。於是怨趙汝愚益深矣。

冬十月己丑，右諫議大夫張叔椿再劾留正擅去相位，詔落正觀文殿大學士。庚寅，改泰安宫爲壽康宫。辛卯，命四川制置司銓量諸州守臣〔八一〕。故事，諸道守臣皆臨遣。淳熙末，孝宗以嶺、蜀道遠，始詔川、廣知州軍見居川、廣合闕到半年前奏事人，及係見闕去處，並令諳本路轉運司稟事，仰漕臣精加銓量人才，委堪任使，非昏繆老病之人，結罪保明，申尚書省。然諸道罕嘗舉行。至是，言者論漕司之權比制司爲輕，而其責亦不若制司之重。權輕則不敢多有所廢黜，責輕則不暇詳於顧計，州縣不治，職此之由。請一付之制司，權重則雖廢黜之多而有所不憚，責重則顧計利害之深而不敢苟且。如此則昏老病疾之人不得冒居，而州縣無不治矣。趙汝愚爲政，遂白行之。是日，朱熹奏事行宫便殿。其一曰：「天下之事有常有變，而其所以處事之術有經有權。當事之常而守其經，雖聖賢不外乎此，而衆人亦可能焉。至於遭事之變，而處之以權，則惟大聖大賢爲能不失其正，而非衆人之所及也。乃者天運艱難，國有大咎，天變爲之見於上，地變爲之作於下，人情爲之哀恫怫欝，而皆有離畔散亂之心。是則所謂天下之大變，而不可以常理處焉者也。是以太皇太后躬定大策，皇帝陛下寅紹丕圖，而鄉之危者安，離者合，天下之勢，翕然而大定。此亦謂處之以權，而不失其正矣。然至今三月，而天變未盡銷，地變未盡弭，君親之心未盡懽，學士大夫群黎百姓或反不能無疑於逆順名實之際，猶有可諉者，亦曰陛下之心前日未嘗有求位之計，今日未嘗忘思親之懷而已。此則所謂道心微妙之全體，天理發用之本然。而所以行權而不失其正之根本，誠能充吾未嘗求位之心，則可以盡吾負罪引慝之誠。充吾未嘗忘親之心，則可以致吾温凊定省之禮。終始不越乎此，而大倫可正，大本可立矣。至於問安視膳之行，十日一至而不得見，則繼以五日，五日一至而不得見，則繼之以三日，三日而不得見，則二日而一至，以至於無一日而無不至焉〔八二〕。俯伏寢門，怨慕號泣，雖勞且辱，有所不憚，然而親心猶未底豫，慈愛猶未復初，逆順名實之際不涣然而冰釋，則臣不信也。」其二言帝王之學。其三言湖南財計。其四言湖北徭人侵擾事。乙未，詔曰：「朕以不德，嗣承大寶，夙夜祗畏，不遑寧處。乃者陰陽繆盭，雷震非時，淫雨爲災，朕心甚懼。推尋厥咎，未知其繇。凡朕躬有過失、朝政有闕違，其令臺諫、侍從各條數以聞，無有所隱。」庚子，以久雨，命大理、三衙、臨安府、兩浙州縣決繫囚，釋杖以下。辛丑，減兩浙、江東西路和買折帛錢。蠲兩浙路丁鹽身丁錢一年。雅州嚴道縣沙平徼外夷與碉門寨纔隔一水，而寨在州西八十里。沙平凡六族，其地有胡盧里〔八三〕，歲輸税米百二十斛於碉門。乾道間，夷人高奴吉作亂，焚碉門。宣撫使王公明出榜碉門撫諭，夷人聽命，自是捐胡盧里之税與之，而沙平悉爲夷人有矣。至是，兀嶺夷人因沙平以叛。土丁以神臂弓射退之。制置司命閉禁門者月餘，夷人糧盡乃就降。是日，命朱熹講大學。熹奏云：「臣伏見近制，每遇隻日早晚進講，及至當日，忽值假故，即行權罷。又按故事，將來大寒大暑亦係罷講月分。陛下天性好學，晨夕孜孜，雖處深宮，必不暇逸。欲乞今後除朔、望、旬休及過宮日外，不以寒暑、雙隻日月諸色假故，並令逐日早晚進講〔八四〕。内有朝殿日分，恐聖躬久坐不無少勞，卻乞權住當日早講一次。」從之。熹每進講，務積誠意以感格上心〔八五〕。以平日所論著者敷陳開析，坦然明白，可舉而行。講畢有可以開益上德者，罄竭無隱。上亦虚心嘉納焉。甲辰，趣後省看詳應詔封事。翌日，朱熹奏云：「臣前日面奏，恭奉詔旨，以雷雨之異，許陳闕失，仰見陛下畏天省己之意。切見陛下登極之初，已下明詔，來獻言者甚衆，未聞一有施行。今復求言，殆成虚語。乞令後省官鎖宿看詳，擇其善者條上取旨，以次施行，庶幾聞者知勸，直言日聞。」詔差沈有開、劉光祖看詳，限十日聞奏。乙巳，上大行至尊壽皇聖帝謚，曰哲文神武成孝皇帝，廟號孝宗。詔以永思陵之東南爲至尊壽皇聖帝攢宫。紹興初，六飛駐越，昭慈聖獻皇后上賓，因卜地權攢于會稽上皇村，蓋便於修奉也。及卜祐陵〔八六〕，遂就其側，並舉顯肅、憲節二后祔焉。顯仁、高宗繼從，其兆則迫隘已甚矣。高宗之葬也，趙汝愚時守蜀，手疏論會稽攢宫淺薄，可爲深憂。宜復祖宗山陵之制。朝論不從。於是自昭慈之西連用五穴，山勢漸遠，其地愈卑矣。孝宗將攢，汝愚爲樞密使，建議以攢宫本非永制，實居淺土，蔽以上宫，初期剋復神京奉遷神駕，雖其志甚美，而其事實難。且死者無終極，國家有廢興，豈宜徒徇虚名以基實禍。識者深以爲然。時日官荆大聲已卜地思陵之傍，開深五尺，下有泉石，按行使趙彦逾以爲土肉淺薄不可用。汝愚乞改卜，意欲以中軍寨爲之，而宰相留正以爲不然。於是彦逾與覆按使謝深甫附其説，乃命大聲改卜於新穴之東，視新穴纔高一尺一寸五分而已。孫逢吉爲覆按使，還言當少寬時日，别求吉兆。而内庭左右以久居喪次，内外不便，皆主速葬之説。乃詔侍從、臺諫限三日進議。議者皆言：「神穴未安，自合展期改卜，況朝廷禮文何嘗盡循古制，豈必拘七月之期。」奏劉光祖所草也。朱熹時在經筵，復上議狀云：「切惟至尊壽皇聖帝，聖德神功，覆冒寰宇，深仁厚澤，浸潤生民。厭世上賓，率土哀慕。宜得吉土，以奉衣冠之藏。垂裕後昆，永永無極。而議論紛紜，迄無定說，皆緣專信臺史，而不廣求術士，必取國音坐丙向壬之說[八七]，而不博求名山[八八]。以禮而言，則記曰：死者北首，生者南向，皆從其朔。又曰：葬於北方。北首，三代之達禮也。則是古之葬者，必坐北而向南。孝子之心，不忍死其親，雖葬於墓，猶欲其負陰而抱陽也。豈有坐南向北，反背陽而向陰乎[八九]？若以術言，則凡擇地必先論其主勢之强弱，風氣之聚散，水土之淺深，穴道之偏正，力量之全否。政使實有國音之說，亦必先此五者[九〇]，然後其術可得而推。今乃信其庸妄之偏說，但以五音盡類群姓，而謂冢宅向背，各有所宜，乃不經之甚者。不惟先儒已力辨之，而近世民間亦多不用。今以爲祖宗以來，世守此法，順之則吉，逆之則凶，然自永安遷奉以來，遵用此法，而九世之間，國統再絶。靖康之變，宗社爲墟。若曰其法果驗，則洛越諸陵無不坐南而向北，固已合於國音矣，又何吉之少而凶之多耶？臺史之言，進退無據，類皆如此。」又言：「今穴視前穴高一尺一寸五分，則是開至六尺一寸五分，即與舊穴五尺之下有水石處高低齊等，如何卻開至九尺，而其下二尺八寸五分者無水石耶？臣自南來，經由嚴州富陽縣[九一]，見其江山之勝[九二]，雄偉非常。説者又言臨安縣乃錢氏故鄉，山川形勢寬平邃密，此必有佳處可用，而臣未之見也。切見近年地理之學〔九三〕，出於江西、福建爲尤盛。望下兩路帥臣、監司，疾速搜訪，量給路費，多差人兵轎馬，津遣赴闕，令於近甸廣行相視，擇一最吉之處，以奉神靈萬世之安。其孫逢吉所謂『少寬日月，別求吉兆爲上』，此十字者，實爲至論。臣非敢妄以淫巫瞽史之言眩惑聖聽，誠不忍以壽皇聖體之重，委之水泉沙礫之中，殘破浮淺之地。是以痛憤激切，一爲陛下言之。」疏入，不報。其後卒定永阜陵于會稽焉。丙午，卻瑞慶節賀表，從朱熹之請也。前一日晚，關報來日百官上表稱賀。熹欲不出不可，乃草劄子，明日立班投進，略云：「壽皇梓宮在殯，陛下追慕方新，乃以此時講行賀禮，睹此闕失，心實未安。欲望聖慈速賜傳旨，便令權免。其表亦不收接。庶幾上廣孝治，益隆聖德，風示四表，垂法萬世。」有旨卻賀表不受。熹尋奏：「前日賀表雖降出，而未降指揮今後合稱賀事三年之內並與權免。其節序變遷，百官並合進名奉慰。」庚戌，改上安穆皇后謚曰成穆皇后，安恭皇后謚曰成恭皇后。壬子，遣太常少卿曾三復賀金主正旦。丙辰，上孝宗哲文神武成孝皇帝册寶於重華殿，成穆皇后、成恭皇后册寶於本室。是月，詔修葺舊東宮爲福寧殿，以備移御。朱熹、彭龜年等請罷之。

閏月戊午朔，朱熹進講大學至「盤銘日新」，因論成湯有盤銘，武王有丹書，皆人主憂勤警戒之意。丹書蓋出大戴禮武王踐阼篇。上曰：「近有人進入此書。」因命小黃門取示，蓋黄庭堅所書墨迹云。庚申，吏部尚書鄭僑等請併祧僖、宣二祖，正太祖東嚮之位。詔從之。國朝自太祖追王僖、順、翼、宣四祖以來，每遇禘祫，祖宗以昭穆相對，而虚東嚮之位。王安石爲政，建議僖祖以上世次不可知，則僖祖之有廟，與后稷疑無以異〔九四〕。當時諸儒如韓絳輩，辨之不從。熙寧八年，夏禘於太廟，以僖祖東鄉，自是無敢議者。南渡後，董棻、王普、尤袤俱請正太祖東鄉之位〔九五〕，未克行。先是，英宗祔廟，已祧順祖。欽宗祔廟，又祧翼祖。及高宗升祔，遂爲九世十二室。至是，孝宗將升祔，趙汝愚當國，議欲併祧僖祖三祖，於是僑等上此議。又奏請立僖祖别廟，以順、翼、宣三祖神主祔藏。時朱熹在講筵，獨入議狀，條其不可者四條。上召對，仍於榻後取文書一卷，曰：「此卿所奏廟議也。可細陳其説。」熹先以所論畫爲圖本，貼説詳盡。至是，出以奏陳久之。上再三稱善，且曰：「僖祖自不當祧。高宗即位時不曾祧，壽皇即位亦不曾祧，太上即位時又不曾祧，今日豈可容易。可於榻前撰數語，俟徑批出施行。」熹方懲内批之弊，因乞降出劄子，再令臣僚集議。上亦然之。既退，即進擬詔意，以上意諭廟堂，則聞已毁四祖廟而遷之矣。時汝愚既以王安石之論爲非，異議之徒懼其軋已，藉以求勝，事竟不行。於是熹遺汝愚書曰：「相公以宗支入輔王室，而無故輕納鄙人之妄議，毁拆祖宗之廟以快其私，其不祥亦甚矣。欲望神靈降歆，垂休錫羡，以永國祚於無窮，其可得乎！」時太廟殿已爲十二室，故孝宗既升祔而東室尚虚，熹以爲非所以祝延壽康之意，深不然之。因自劾不堪言語侍從之選，乞追奪待制。章再上，詔：「次對之職，除授已久，與廟議初不相關。」不許。及光宗祔廟，遂復爲九世十二室云。蓋自昌陵祔廟，踰二百年而後正太祖之位。自是年冬，始而別建一殿，以奉祧主於大殿之西隅，歲命禮官薦獻焉。今謂四祖殿者是也。

講義曰：按朱文公廟議曰：僖祖祧主遷於治平，不過數年，神宗皇帝復奉以爲始祖，已爲得禮之正，而合於人心，所謂有其舉之而莫敢廢者也。又擬爲廟制，以辨議者一旦併遷僖、宣二祖，析太祖、太宗爲二之失，復引元祐大儒程頤之説，以爲物豈有無本而生者。今日天下基本，蓋出僖祖，安得爲無功業。議狀既上，廟堂持之不以聞，即毁撤僖、宣廟室，更造別廟以奉四祖。宰相既有所偏主，而樓鑰、陳傅良又復牽合裝綴以附其説，然經生學士知禮者皆是先生焉。

辛酉，晚講，侍講朱熹因奏曰：「臣所進講大學口義不審曾經聖覽否？」上曰：「宫中無事常看。」又奏：「陛下於臣妄説有所疑否？」上曰：「説得甚好，無可疑。」又奏：「萬幾事煩，恐講義卷軸大，難於披覽，欲寫成册子進入，以便反覆觀考。」上欣然曰：「正欲與卿説作册子來，可速進入。」久之，未敢上，因入講，上忽宣諭曰：「向日令卿寫講義册子，何久不進？」入奏曰：「未奉進止，未敢遽上。」上曰：「速進來。」初，熹既寫成册子，欲點句讀而未敢啓。」上忽曰：「可一就點成句來。」奏曰：「容遵稟進入。」既進上，一日講畢，奏曰：「臣所進入講義册子，必經聖覽。」上頷之。又奏：「不知於聖意如何？」上欣然曰：「看來緊要處只在求放心耳。」熹頓首曰：「聖學高明，宣諭極是。老師宿儒窮日竟月，不曾見得此意、説得此語，陛下天縱生知，拈出此求放心語，正是聖學要領，願推之以見於實行，不患不爲堯、舜之君也。」他日，熹又奏疏言：「願陛下日用之間，語默動静必求放心，以爲之本，而於玩經觀史已用力處〔九六〕，益用力焉。數召大臣，如仁宗開天章閣故事。至於群臣進對，亦賜温顔反復詢訪，以求政事之得失、民情之休戚，而又因以察其人才之邪正短長，庶幾於天下之事，各當其理矣。」乙丑，右司員外郎林季友爲金國報謝使，左領軍衛將軍郭正己副之。戊辰，金主遣使來弔祭。辛未，遣職事官二員核實鎮江府、建康、池、鄂、江州樁管錢米。乙亥，工部尚書趙彦逾爲端明殿學士、知建康府〔九七〕。趙汝愚之定大計也，遣彦逾達意於殿帥郭杲，事既定，彦逾冀汝愚引己同升，已而外除，彦逾怨之，遂與韓侂胄合。未幾，改除四川制置使，彦逾愈恨。入辭，疏廷臣姓名于上，指爲汝愚之黨，曰：「老奴今去，不惜爲陛下言之。」於是上亦有疑汝愚意矣。賜史浩謚曰文惠。戊寅，侍講朱熹以上疏忤韓侂胄罷。御批云：「朕憫卿耆艾，方此隆冬，恐難立講。已除卿宫觀，可知悉。」趙汝愚獨袖内批還上，且諫且拜。侂胄必欲出之，汝愚退求去，不許。侂胄使中使王德謙封内批以授熹，熹即附奏謝，遂行。給事中樓鑰封還録黄，舍人鄧馹面奏乞留熹，上許除京祠，已而不下。起居郎劉光祖又言之，中書舍人陳傅良再封還録黄，有旨除熹寶文閣待制與郡。劉光祖再上疏留行，不報。樓鑰再封還録黄。有旨依已降指揮。傅良疏中獨有「朱熹論事頓繁迂闊」之語〔九八〕，蓋侂胄嘗言陛下千乘萬騎，而熹乃欲令一日一朝，豈非迂闊。故時議謂傅良因廟議不合，陰肆中傷云。工部侍郎兼侍講黄艾因講，問逐熹之驟。上曰：「始除熹經筵耳，今乃事事欲與。」艾悃請再三不已。吏部侍郎兼侍講孫逢吉上疏留熹，又因講權輿之詩反覆以諷。上曰：「朱熹所言多不可用。」時侂胄欲用優人王喜爲閤門祗候，逢吉誦言將入諫乃止，蓋侂胄嘗令喜於禁中效熹容止爲戲，熒惑聖聽者故也。監察御史吴獵入劄子，乞留熹，不報。登聞鼓院游仲鴻上言：「朱熹海内名儒，首蒙收召，四方傳誦，以爲天下大老歸之。纔四十餘日，復有宫祠之命，遠近相弔，以爲天下大老去之，則人誰不欲去者。若正人盡去，陛下何以爲國。願亟還朱熹，無使小人得志，養成亂階。」時侂胄勢方盛，人皆爲仲鴻危之。熹以十月辛卯入見，中間進講者七，内引留身奏事者再，面對、賜食各一，在朝甫四十有六日。

講義曰：甚矣，君子之道難行，而小人之奸易售也。昔哲宗初年，伊川先生入在講筵，未幾群吠紛紜，遂有西監之除。今寧宗新政，晦庵先生入侍經幄，未幾權倖媢嫉，遽有宮觀之命〔九九〕。嗚呼。此小人排擯道學之漸歟。自是而後，臺諫抨彈〔一〇〇〕，一則曰僞學，二則曰僞黨，已醞釀於此時矣。

熹被召之初，奏事行宮便殿，有曰：「發號施令，無一不出乎朝廷。進退人才，無一不合乎公論。不爲偏聽以啓私門，則孽蘖之萌不得作矣。今日之計，莫大於此。」又再三面言之。又約吏部侍郎彭龜年同請對，因發侂胄之奸。適龜年出護使客，侂胄益得爲計。熹累曰：「汝愚當以厚賞酬其勞，勿使預朝政。」且有「分界限，立紀綱，防微杜漸，謹不可忽」之語。汝愚方謂其易制，不之虞。仲鴻，汝愚客也，力諫不聽，而所倚爲腹心謀事者，又皆持禄苟安，無復遠慮。右正言黄度欲論侂胄，謀泄以内批斥去。熹不勝憤，遂因講畢，奏疏極言四事，其一略曰：「聞有旨修葺舊日東宮，爲屋三數百間。外議皆謂陛下意欲速成，早遂移蹕，以爲便安之計。臣恐不惟上帝震怒，災異數出，正當恐懼修省之時。不惟興此大役，以咈譴告警動之意〔一〇一〕，亦恐畿甸百姓饑餓流離，阽於死亡之際，忽見朝廷大興土木，修造宮室，但以適己自奉爲事，而無矜惻憫憐之心，或恐怨望忿切以生他變。不惟無以感格太上皇帝之心，以致未有進見之期，亦恐壽皇在殯，因山未卜，几筵之奉不容少弛。太皇太后、皇太后晨昏之養，尤不可缺。而四方之人，但見陛下大治宮室，速得成就，一旦翩然委而去之，六軍萬民之心，必有扼腕而不平者矣。此臣之所大懼也。」其二略曰：「壽康定省之禮，邇日一再過宫，亦未得見泛然而往，泛然而歸。太上皇帝聞之，必以爲此徒備禮而來，實無必求見我之意。其深閉固拒而不肯見，固亦宜矣。又聞太上皇后懼忤太上皇帝之意，不欲其聞太上之稱，又不欲其聞内禪之説，若但一向如此，則父子之間上怨怒而下憂懼，將何時而已乎。此又臣之所大懼也。」其三略曰：「朝廷紀綱，尤所當嚴。今陛下即位未能旬月，而進退宰執、移易臺諫，皆出於陛下之獨斷。大臣不與謀，給舍不及議，正使實出於陛下之獨斷，其事悉當於理，亦非爲治之體，況中外傳聞，皆謂左右或竊其柄，而其所行又未能盡允於公議。此弊不革，臣恐名爲獨斷，而主威不免於下移，欲以求治而反不免於致亂。蓋自隆興以來已有此失。臣嘗再三深爲壽皇論之，尚賴壽皇聖性聰明，更練世事，故於此輩雖以驅使之故，稍有假借，實亦陰有以制之，未至全墮其計。然積習成風，貽患於後，其害已有不可勝言者。如陳源、袁佐之流，皆陛下所親見。奈何又欲襲其迹而蹈之乎。此又臣之所大懼也。」其四略曰：「殯宫之卜，偏信臺史之言，而不復廣詢術人以求吉地。既不爲壽皇體魄安寧之慮，又不爲宗社血食久遠之圖。夫以壽皇之豐功偉烈，百世不忘，而所以葬之如此其草草也，豈不大咈天人之心，以致變異之頻仍，而貽患於無窮乎。此又臣之所大懼也。臣老病之餘，寒齋獨宿，終夜不寐，憂慮萬端，至於孤危之蹤不敢自保，切恐自今以往，不獲久侍清閒之燕矣。」疏入，侂胄大怒，陰與其黨謀去其爲首者，則其餘去之易耳。所謂首者，蓋指熹也。熹時急於致君，知無不言，言無不切，亦頗見嚴憚。於是侂胄之計遂行。及熹講筵留身，再乞施行前疏，退則內批徑下矣。未幾，除知江陵府、湖北安撫。熹辭不拜。乃除提舉南京鴻慶宮。詔兩省、臺諫、侍從各舉宗室有文學器識者二人。壬午，詔曰：「親君子，遠小人，慶曆、元祐之所以尊朝廷也。省刑罰，薄税斂，慶曆、元祐之所以惠天下也。朕幸業承祖武，而敢一日忘此乎。掇取美號，於以紀元，其以明年爲慶元元年。」

十一月甲午，安南國王李龍翰加「濟美功臣」。丙午，車駕自重華宮還大內。庚戌，韓侂胄兼樞密都承旨。辛亥，雨木冰。戊申，詔均內外任。時趙汝愚當國，言者以爲：「今賢士大夫往往不樂爲外官，蓋外權太輕，雖欲有所施設，而不得騁故也。今日之勢，莫若稍重外，重外之術，必使帥、漕、總領可以馴致於從官而後可久任。可久任而後可以責事功。」詔可。未幾，汝愚去位，亦不克行。詔曰：「三年之喪，古有彝制。朕勉承爲後〔一〇三〕，寅紹邦圖。仰孝宗之家法具存，宜渺躬惟古道是復，以盡厚終之義，以昭尊祖之誠。朕當遵用三年之制。其令禮官條具典禮以聞。」初，高宗之喪，孝宗爲三年服。

及孝宗之喪，有司請於易月之外，用漆紗、淺黄之制。蓋循紹興以前之舊。朱熹之在講筵也，不以爲然，奏言：「今已往之失不及追改，惟有將來啓攢發引，禮當復用初喪之服，則其變除之節，尚有可議。望明詔禮官稽考禮律，豫行指定。其官吏軍民方喪之服，亦宜稍爲之制，勿使肆爲華靡。」其後詔中外百官皆以凉衫視事，蓋用此也。初，熹上議，時門人有疑者，熹未有以折之。後讀禮記正義喪服小記「爲祖後者」條，見其所引鄭志，有「諸侯父有廢疾，不任國政，不任喪事」之問，而鄭答以「天子諸侯之服皆斬」之文，乃知經文有所未備而待於傳注者如此。因自識於本議之後云。陞明州爲慶元府。乙卯，孝宗皇帝權攢於永阜陵。

十二月丁巳朔，禁民間妄言宫禁事。己未，淑妃張氏薨。乙丑，吏部侍郎彭龜年上疏言：「韓侂胄假託聲勢，竊弄威福，乞黜以解天下之疑。」讀劄子畢又奏：「只緣陛下近日逐得朱熹太暴，故欲陛下亦亟去此小人，毋使天下人謂陛下去君子如此之易，去小人如此之難。」上初欲兩罷之，汝愚開陳，欲兩留之。既而内批彭龜年與郡。節度使吴琚嘗言：「時上無堅留侂胄意，使有一人繼之，則去之必矣。」侂胄既留，勢益張，因欲併逐汝愚而難其名。或教之曰：「彼宗姓，誣以謀危社稷，則一網盡矣。」侂胄然之。戊辰，以陳康伯配享孝宗廟庭。

李心傳曰：光堯之祔廟也，楊廷秀獨謂張魏公有復辟功，不與配食爲非宜。與洪景盧爭之，不能得，固乞補外。洎孝宗祔廟，議者復推陳魯公，而魏公終不得預。蓋但以富平、淮西、符離三敗之故。而不考曹彬岐溝之役，其喪師蹙國亦不下於富平與符離。今以一眚揜其大德，蓋景盧兄弟皆湯思退舊客，夙有憾於魏公，故以復辟之勳歸之吕元直也。

己巳，陳騤罷。庚午，余端禮知樞密院事，京鏜參知政事，吏部尚書鄭僑同知樞密院事。彭龜年罷，韓侂胄進一官與在京宮觀。趙汝愚請留龜年，不聽。辛未，劉德秀劾劉光祖，罷。癸酉，金主遣使來賀登位。名孝宗廟樂曰大倫之舞。甲戌，祔孝宗神主于太廟。丁丑，德音降臨安、紹興府死罪以下囚，釋杖以下。民緣攢宮役者蠲其賦。癸未，金主遣使來賀明年正旦。是歲，兩浙、淮南、江東西路水旱，蠲其賦賑之。

校證

〔一〕宋史卷三六光宗紀略同，然徐松宋會要輯稿帝系二之二九繫此事於紹興二十二年二月十六日。

〔二〕合宿　原作「台宿」，文海本同，然下文言「木火合宿」，據再造本、兩朝綱目卷一校改。

〔三〕虜　原作「敵」，據再造本、文海本回改。

〔四〕人心　再造本、文海本同，兩朝綱目卷一、朝野雜記乙集卷二己酉傳位録、宋史卷三六光宗紀均作「人性」。

〔五〕勸　文海本同，再造本、兩朝綱目卷一作「勤」。

〔六〕選德殿　再造本、文海本、兩朝綱目卷一均無「殿」字，再造本、文海本於「選德」下有注文：「殿名」。

〔七〕謝訖　再造本、文海本同，兩朝綱目卷一作「拜訖」。

〔八〕宜領　原作「宜須」，文海本同，據再造本、兩朝綱目卷一校改。

〔九〕侍立　「立」，再造本、文海本均誤作「二」，與下文合爲「二十六年」，今據再造本、兩朝綱目卷一、朝野雜記乙集卷二己酉傳位録、宋史卷三五孝宗紀、卷三六光宗紀校改。

〔一〇〕十六年　李校：原作「二十六年」，「二」字衍，據兩朝綱目卷一刪。汪按：四庫本、文海本「二」字非衍，乃「立」之殘訛，當從上讀。再造本、朝野雜記乙集卷二己酉傳位録均作「十六年」。

〔一一〕董　文海本作「董」，再造本、兩朝綱目卷一、劉時舉續宋編年資治通鑑卷一一均作「蕫」。

〔一二〕沈清臣　「沈」原作「沉」，文海本同，據再造本、兩朝綱目卷一校改。

〔一三〕夏五月　再造本、文海本、兩朝綱目卷一均同，宋史卷三六光宗紀繫於「夏四月」。

〔一四〕五百五十八人　再造本、文海本、兩朝綱目卷一均同，續宋編年資治通鑑卷一一作「五百五十人」，宋史卷三六光宗紀繫此事於四月，作「五百三十七人」，文獻通考卷三二選舉考作「五百五十七人」。

〔一五〕戌　原作「戍」，文海本同，據兩朝綱目卷一校改。

〔一六〕一州　文海本同，再造本作「二州」。兩朝綱目卷一不載「一州」或「二州」。疑作「二州」是。

〔一七〕太府卿　再造本、文海本同，兩朝綱目卷一、續宋編年資治通鑑卷一一均作「太府少卿」。作「太府少卿」似是。

〔一八〕趙焕　文海本作「趙换」，再造本、宋史卷八二律曆志、朝野雜記甲集卷四紀元統元會元曆乙集卷五總論應天至統天十四曆、王應麟玉海卷一〇律曆、陳傅良止齋集卷一七趙涣補官均作「趙涣」。似作「趙涣」是。

〔一九〕專輒　再造本、文海本均同，朝野雜記乙集卷一二陳應求正虜使書儀作「專擅」。

〔二〇〕虜　原作「北」，據再造本、文海本回改。「僕」，文海本同，兩朝綱目卷一不載此事。再造本作「撲」。作「撲」似是。

〔二一〕撥歸　原作「不歸」，文海本同，據再造本、朝野雜記甲集卷一七左藏南庫、續編兩朝綱目備要卷一校改。

〔二二〕王藺　原作「王藺」，再造本、文海本同，宋史卷三八六王藺傳、徐自明宋宰輔編年録卷一九等均載紹熙元年任樞密使者爲王藺，「藺」、「藺」形近致誤，據校改。

〔二三〕衮鉞　原作「率鋭」，文海本同，再造本字模糊難辨，據兩朝綱目卷一、朝野雜記甲集卷八保任京官連坐校改。

〔二四〕荆湖　再造本、文海本同，兩朝綱目卷一、朝野雜記甲集卷一六湖北會子均作「京湖」。

〔二五〕趣辦　原作「趣辨」，文海本同，據再造本、兩朝綱目卷八、朝野雜記甲集卷一五身丁錢、文獻通考卷一一户口考校改。

〔二六〕爲名　「爲名」後原衍「辦」字，據再造本、文海本、兩朝綱目卷一删。

〔二七〕會計　李校：原作「會稽」，據兩朝綱目卷二改。汪按：宋代文獻中「會計」、「會稽」互用時或有之，本書本卷下文「自爲會稽」即是又一例。但前文既稱紹熙會計録，爲前後一致，今從李校改爲「會計」。

〔二八〕郫縣　李校：原作「鄲縣」，誤。按，宋無「鄲縣」，今據宋史地理志四改。汪按：再造本、文海本均作「郫縣」不誤，應作校改依據。

〔二九〕數璫與數𡢃　「數𡢃」原作「數濫」，再造本、文海本作「數𡢃」，兩朝綱目卷二作「數璫與數𡢃」，朝野雜記甲集卷一七合同憑由司作「數璫與數𡢃」（四庫本）、「數璫與數媼」（點校本）。「𡢃」指「宮𡢃」、「宮院姨𡢃」、「宮媼」。今從再造本、文海本、兩朝綱目、朝野雜記四庫本校改。

〔三〇〕牘尾　再造本、文海本同，兩朝綱目卷二、朝野雜記甲集卷一七合同憑由司「牘尾」後有「示之」二字。

〔二一〕九寺簿　再造本、文海本同，兩朝綱目卷二作「五寺主簿」，朝野雜記甲集卷一〇六院官作「九寺簿」，乙集卷一三六院官入雜壓作「五寺主簿」。

〔二二〕余古　再造本、文海本、兩朝綱目卷二均同，然本書卷二九上、宋史卷三九四謝深甫傳、佚名慶元黨禁、施宿等會稽志卷一五相輔等均作「俞古」。

〔二三〕晝日　再造本、文海本同，兩朝綱目卷二、潛説友咸淳臨安志卷六七人物余古（原注：以朝野雜記修）均作「晝之」。

〔二四〕不輟　原作「不輒」，再造本、文海本同，「不輒興作」是節儉，不該「不取」，據兩朝綱目卷二、續宋編年資治通鑑卷一一校改。

〔二五〕拖之　再造本、文海本同，兩朝綱目卷二、續宋編年資治通鑑卷一一均作「施之」。

〔二六〕秀州　再造本、文海本同，宋史卷三六光宗紀、會稽志卷一五相輔均作「筠州」，宋史卷三九四謝深甫傳作「瑞州」。瑞州即筠州，因避理宗諱所改。似作「筠州」是。

〔二七〕待班　再造本、文海本、兩朝綱目卷二均同，朝野雜記乙集卷一四四川舉削倍改官之額作「侍班」。

〔二八〕減五千籮　「千」原作「十」，文海本同，據再造本、兩朝綱目卷一、朝野雜記乙集卷一六廣西鹽法校改。

〔二九〕所生之母　再造本、文海本同，兩朝綱目卷二作「所生之繼母」。

〔四〇〕權之　李校：原作「權之」，據兩朝綱目卷二改。汪按：再造本、文海本均作「榷」，應作校改依據。

〔四一〕幾　再造本、文海本均同，兩朝綱目卷二、朝野雜記甲集卷一四蜀鹽均作「譏」。作「譏」較佳。

〔四二〕盈縮不常　「常」原作「長」，據再造本、文海本、兩朝綱目卷二、朝野雜記甲集卷一四蜀鹽校改。

〔四三〕舊例　再造本、文海本同，兩朝綱目卷二、朝野雜記甲集卷一四蜀鹽均作「舊法」。

〔四四〕棧閉　原作「剗開」，再造本、文海本作「剗閉」，據兩朝綱目卷二、朝野雜記甲集卷一四蜀鹽校改。

〔四五〕杜美　再造本、文海本、兩朝綱目卷二均同，止齋集卷一一瀘州被害官兵故節度推官杜美贈兩資與一子下州文學故忠訓郎瀘州駐泊兵馬監押安彥斌贈三官與一子承信郎故下班祇應潼州府鈐轄司指使雷世忠贈承信郎作「杜羙」。

〔四六〕郭仲傳　再造本、文海本字不規範難辨認，兩朝綱目卷二作「郭仲溥」，止齋集卷一一儒林郎前瀘州安撫司幹官郭仲傳失覺察本廳虞候張信爲亂首亂作復與賊宴飲相爲賓主特降三資放罷作「郭仲傳」。

〔四七〕四百五十餘萬緡　再造本、文海本同，兩朝綱目卷二、朝野雜記甲集卷一五四川經總制錢均作「五百四十萬緡」。

〔四八〕一百六十九萬緡上供　「一百」，再造本、文海本、兩朝綱目卷二均同，朝野雜記甲集卷一五四川經總制錢作「二百」。

〔四九〕多不得見　「見」，再造本、文海本同，兩朝綱目卷二、朝野雜記乙集卷三宰執恭謝德壽重華宮聖語均作「對」。

〔五〇〕三考之内未罷奇零日分　再造本、文海本同，兩朝綱目卷二、朝野雜記乙集卷一四選人三考外零日不許受京削、續宋編年資治通鑑卷一一均作「三考之外未罷奇零日内」。

〔五一〕輒敢並旁干請　「並旁」，再造本、文海本、兩朝綱目卷二同，朝野雜記乙集卷一四選人三考外零日不許受京削作「並緣」、續宋編年資治通鑑卷一一作「從旁」。

〔五二〕核其遲速之甚者　「核」，再造本、文海本同，朝野雜記乙集卷九金字牌作「校」。「之甚者」，再造本、文海本同，朝野雜記乙集卷九金字牌作「之最甚」。

〔五三〕啓建　原作「啓逢」，文海本同，按「啓逢」不文，此述啓建道場事，今據再造本、四庫本兩朝綱目卷二校改，點校本兩朝綱目作「開啓」，意亦同。

〔五四〕虜人　原作「金人」，據再造本、文海本回改。

〔五五〕守倅門客　再造本、文海本同，兩朝綱目卷三作「以守、倅及考試官同異姓有服親、大功已上婚姻之家與守倅門客」，朝野雜記甲集卷一三避親牒試作「以守、倅及考試官同異姓及有服親大功以上並婚姻之家與守、倅門客」，此處略去守倅親戚、只留門客不妥，與原制嚴重不符，或原文有遺漏。

〔五六〕部使臣　再造本、文海本同，兩朝綱目卷三、朝野雜記甲集卷一三避親牒試均作「部使者」。

〔五七〕尤多　再造本、文海本同，兩朝綱目卷三、朝野雜記甲集卷一三避親牒試均作「猥多」。

〔五八〕范仲壬　再造本、文海本、兩朝綱目卷三、續宋編年資治通鑑卷一一、朝野雜記乙集卷九趙德老說郭杲定策等諸書均同，惟宋史卷二四七宗室趙彦逾傳作「范任」，作「范任」應誤。

〔五九〕殆莫可曉　原作「殆莫可時」，文海本同，然「殆莫可時」不文，據再造本、兩朝綱目卷三校改。

〔六〇〕内寺　再造本、文海本同，兩朝綱目卷三、宋史卷三七寧宗紀、卷三九二趙汝愚傳、卷三九七徐誼傳、卷四六九宦者關禮傳、卷四七四姦臣韓侂胄傳等均作「内侍」。

〔六一〕言與淚俱　「俱」字原爲空闕，文海本似「俣」字，據再造本、兩朝綱目卷三、宋史卷三九二趙汝愚傳、葉紹翁四朝聞見録卷四寧皇即位考異、周密齊東野語卷三紹熙内禪補。

〔六二〕傅昌期　再造本、文海本、兩朝綱目卷三、續宋編年資治通鑑卷一一均同，宋史卷三九二趙汝愚傳、卷四三四儒林葉適傳、齊東野語卷三紹熙内禪等均作「傅昌朝」。止齋集卷二三繳奏傅昌朝轉官狀兩篇和樓鑰攻媿集卷二九繳傅昌朝改差幹辦皇城司皆提及皇太后親屬傅昌朝事，似作「傅昌朝」是。

〔六三〕衞南北内　原作「衞内比内」，再造本、文海本同，據兩朝綱目卷三、宋史卷三九二趙汝愚傳、卷四七四姦臣韓侂胄傳、宋宰輔編年録卷一九校改。四朝聞見録丁集卷四寧皇即位作「衞南北面」。

〔六四〕李壁　原作「李璧」，據再造本、文海本、兩朝綱目卷三校改。

〔六五〕肆膺大寶　「肆」，再造本、文海本同，兩朝綱目卷三作「嗣」。

〔六六〕深切　再造本、文海本同，兩朝綱目卷三作「深切」。

〔六七〕結約　再造本、文海本同，兩朝綱目卷三作「隱約」。

〔六八〕成敗　再造本、文海本同，兩朝綱目卷三作「成效」。

〔六九〕起居郎兼權中書舍人彭龜年並爲中書舍人　再造本、文海本同，既言「並爲」，應不止一人，兩朝綱目卷三、續宋編年資治通鑑卷一一均作「陳傅良、彭龜年並爲中書舍人」，近是。

〔七〇〕儒宗　再造本、文海本、攻媿集卷四一朱熹焕章閣待制侍講均同，兩朝綱目卷三作「儒臣」。

〔七一〕須召節　再造本、文海本、兩朝綱目卷三同，攻媿集卷四一朱熹焕章閣待制侍講作「頒召節」。

〔七二〕邇奥　再造本、文海本同，兩朝綱目卷三、攻媿集卷四一朱熹焕章閣待制侍講均作「邇英」。

〔七三〕之誠　再造本、文海本、兩朝綱目卷三均同，攻媿集卷四一朱熹煥章閣待制侍講作「之勤」。

〔七四〕帥垣　原作「師垣」，據再造本、文海本、兩朝綱目卷三、攻媿集卷四一朱熹煥章閣待制侍講校改。

〔七五〕充　原作「克」，作「克」不文，據再造本、文海本、呂中類編皇朝中興大事記講義卷二五校改。

〔七六〕位官　再造本、文海本同，類編皇朝中興大事記講義卷二五作「蒞官」，似是。「位」或爲「蒞」之殘。

〔七七〕貪利　再造本、文海本同，類編皇朝中興大事記講義卷二五作「貪吏」。

〔七八〕集議　李校：原作「集議韜」，「韜」字衍，據文意删。汪按：再造本、文海本均無「韜」字，可作校改依據。

〔七九〕黄艾　李校：原作「黄受」，據兩朝綱目卷三改。汪按：再造本、文海本均作「黄受」。然據前後文作「黄艾」是，今從李校。

〔八〇〕游仲鴻　「游」原作「遊」，文海本同，據再造本、兩朝綱目卷三、宋史卷四〇〇游仲鴻傳校改。

〔八一〕制置司　原作「待制司」，文海本同，宋有待制而無待制司，據再造本、宋史卷三七寧宗紀校改。兩朝綱目卷三、朝野雜記甲集卷六郡守銓量均作「制司」，可爲佐證。

〔八二〕無一日　「無」字原脱，再造本、文海本同，據朱熹晦庵集卷一四甲寅行宫便殿奏劄補。

〔八三〕胡盧里　文海本、兩朝綱目卷三同，朝野雜記乙集卷二〇丙寅沙平之變作「葫蘆里」。下文「胡盧里」同此。

〔八四〕逐日　原作「遂日」，據再造本、文海本、兩朝綱目卷三校改。

〔八五〕感格　再造本、文海本同，兩朝綱目卷三作「感動」。

〔八六〕祐陵　原作「祜陵」，文海本同，按宋無「祜陵」，祐陵爲徽宗之陵，今據再造本、兩朝綱目卷三校改。

〔八七〕之説　再造本、文海本、兩朝綱目卷三均同，晦庵集卷一五山陵議狀作「之穴」。

〔八八〕博求　再造本、文海本、兩朝綱目卷三均同，晦庵集卷一五山陵議狀作「博訪」。

〔八九〕豈有坐南向北反背陽而向陰乎　再造本、文海本、兩朝綱目卷三均同，晦庵集卷一五山陵議狀作「豈有坐南向北反背陽而向陰之理乎」。

〔九〇〕晦庵集卷一五山陵議狀此處有「以得形勝之地」六字。

〔九一〕嚴州　原作「嚴州府」，宋無此種稱呼，文海本「嚴州」後有「尺」字，再造本、兩朝綱目卷三「嚴州」後有「及」字，晦庵集卷一五山陵議狀只作「嚴州」。

〔九二〕見其　「見」字原脱，再造本、文海本、兩朝綱目卷三均同，據晦庵集卷一五山陵議狀補。

〔九三〕之學　二字原脱，再造本、文海本同，據晦庵集卷一五山陵議狀補。

〔九四〕疑無以異　「疑」，再造本、文海本、兩朝綱目卷三均同，朝野雜記乙集卷四紹興至慶元臣寮論太祖東嚮之位作「宜無以異」。

〔九五〕董垒　再造本、文海本同，兩朝綱目卷三、朝野雜記甲集卷二太祖正東嚮之位均作「董弅」。作「董弅」似是。

〔九六〕玩經觀史　「史」原作「定」，文海本字難辨，據再造本、兩朝綱目卷三、晦庵集卷一四乞進德劄子校改。

〔九七〕端明殿學士　原作「端閣殿學士」，再造本、文海本均闕文，據兩朝綱目卷三、止齋集卷一七工部尚書趙彥逾除端明殿學士知建康府依執政恩數校改。

〔九八〕頓繁迂闊　文海本同，再造本字模糊難辨，兩朝綱目卷三作「頻繁迂闊」，續宋編年資治通鑑卷一一作「頗頻煩迂闊」。

〔九九〕宫觀　「宫」原誤「官」，據再造本、文海本、類編皇朝中興大事記講義卷二五校改。

〔一〇〇〕抨彈　原作「揮彈」，不文，據再造本、文海本、類編皇朝中興大事記講義卷二五校改。

〔一〇一〕警動　原作「整動」，文海本字難辨，據再造本、兩朝綱目卷三、宋史卷四二九道學朱熹傳、晦庵集卷一四經筵留身面陳四事劄子校改。

〔一〇二〕爲後　再造本、文海本同，兩朝綱目卷三作「慈訓」。

宋史全文卷二十九上

宋寧宗一

乙卯慶元元年。上，光宗皇帝第三子也。母曰慈懿皇后李氏。光宗在泰邸，慈懿夢日墜於庭〔一〕，以手承之，已而有娠。孝宗乾道四年十月丙辰秋分而生上。五年正月，賜名。十一月乙丑，授右千牛衛大將軍。淳熙五年十月戊午，除明州觀察使，封英國公。七年二月戊辰，初就傅。孝宗諭輔臣，妙簡儒臣爲小學教授，遂以命秘書省正字楊輔，時上年十三矣。明年，輔補外，以校書郎劉光祖代之。光祖請講誦祖宗故事以爲日課。九年正月，冠。十年九月己巳，始預朝參。十一年，當出閤，兩宫愛之，不欲令居外，乃建第東宫之側，以十月甲戌遷焉。十二年三月乙酉，除安慶軍節度使，封平陽郡王。八月辛酉，納夫人韓氏。十六年二月，光宗受禪。三月己亥，拜少保、武寧軍節度使，進封嘉王，賜外第。上自弱齡尊師而重傅，朝廷所用學官如羅點、鄧馹、莫叔光，咸一時之選。及是，又創翊善，以沈清臣爲之。清臣俄免，以黄裳代之。其後黄文〔二〕、孫逢吉、陳傅良、章穎、沈有開、彭龜年繼居講讀之任，皆名儒也。上每温習所講之書，自爲口義，令講官視草。或有大議論〔三〕，上必書之册，謂之日記。高宗攢陵，上力請護送，道間因見田家作苦之狀，謂左右曰：居常在禁中，安得知此。

講義曰：周公作無逸首之曰知稼穡之艱難。蓋人君生於深宫之中，長於婦人之手，其視田里之務爲何物，故一旦出而臨民，往往如秦、越之相視。嘗聞真宗乳母號秦國太夫人劉氏，本農家女，喜談田野間事，真宗自幼聞之爲甚詳。所以即位以來，加惠農民，景德農田敕成書最爲詳備，豈非見聞之有其素哉〔四〕。今我寧考在潛德之初〔五〕，因道間見田家作苦之狀，謂左右曰：「居常在禁中，安得知此。」是則小人之勞關於聖心久矣，此三十年恭儉之治，豈無所自來歟。

光宗紹熙二年冬，光宗始屬疾。四年，壽皇不豫。光宗疾甚不能視疾。壽皇升遐，猶未能出。知樞密院事趙汝愚等奉太皇太后聖旨：「皇帝以疾不能執喪，奉皇子即皇帝位（本末詳見光宗紹熙五年）。」時年二十七。春正月丁亥朔，蠲兩淮租税。詔修高宗實録。己亥，雷。壬寅，黎州蠻寇邊，官軍與戰，卻之。乙巳，蠲台、嚴、湖州貧民身丁折帛錢一年。詔兩浙、淮南、江東路荒歉諸州收養遺棄小兒。辛亥，將作監李沐爲右正言。沐，韓侂胄之黨也，侂胄欲擊趙汝愚，於是擢沐以居言路。以陰雨賑濟行在貧民。丙辰，白虹貫日。

二月丁巳朔，詔兩淮諸州勸民耕墾荒田。壬戌，詔嗣秀王伯圭贊拜不名。罷諸郡權攝。癸亥，以久雨，釋大理、三衙、臨安府、兩浙路杖以下囚。丁卯，語帥臣〔六〕、監司歲終考察郡守臧否以聞。丁丑，右正言李沐上殿，乞罷右丞相趙汝愚政柄，以尊安天位，塞絶奸原。是日，汝愚乞罷政，出浙江亭待罪。詔中使宣押赴都堂治事。沐又乞更不宣押。是晚鎖院。戊寅，汝愚罷右丞相，除觀文殿大學士、知福州。制詞略曰：「頃我家之多難，賴碩輔之精忠，持危定傾，安社稷以爲悦，任忠竭節〔七〕，利國家無不爲，既隆翊戴之勳，尚期啓沃之助。力陳忱悃，祈避煩言。」起居郎、權直學士院鄭湜所草也。湜坐無貶詞，免直學士院，未幾罷去。

講義曰〔八〕：父有天下，傳歸於子，此古今之常也。後世人臣往往貪天之功以爲己力，非小人之尤者乎。嘗聞哲廟之立，本宣仁保佑之賜，與諸大臣建請之功。群憸矯誣〔九〕，所以定策歸功蔡確〔一〇〕，而上謗宣仁，下累王珪，遂爲元祐大臣不可解之禍，其往轍可鑒矣。今我寧考，纂承大統，蓋慈福宫定計於内，趙忠定諸臣翊贊於外，侂胄何人，夤緣戚里，蒙蔽朝廷，既攘奪其功掩爲己有，且附會言章，竄之於必死之地，亦獨何心哉。然則確與侂胄，其罪皆不可勝誅矣。

己卯，雨土。知樞密院事余端禮兼參知政事。庚辰，權兵部侍郎章穎與郡，坐上疏留趙汝愚也〔一一〕，右正言李沐論其附下罔上，繼與宫觀。工部侍郎、知臨安府徐誼亦坐上疏論救趙汝愚罷去。御史中丞謝深甫、殿中侍御史楊大法、監察御史劉德秀劉三傑論：「汝愚冒居相位，今其罷免不當加以書殿隆名、帥藩重寄，伏丐寢其福唐之命，令以職名奉祠。」汝愚亦乞「將前件新命盡賜罷免，令臣姑守本官奉祠，杜門省咎」。甲申，有旨依所乞，依舊觀文殿大學士、提舉臨安府洞霄宮。國子祭酒李祥、國子博士楊簡復上疏留汝愚。沐又劾之。是月，初，内藏庫下淮東總領所取其羨財〔二〕。至是，葉適言：「此錢當存留以備緩急，請詔有司，自今除每歲收支外，並將樁管實在之數開具成册〔三〕，使朝廷通知有餘、不足之數。其非緣軍前事毋得趣支移起發〔四〕，欲以他用。雖有中旨，許執奏不行，俟儲積果多，朝廷經制既立，然後議窠名之重輕，考撥定之數目，寬減州縣，還以予民。」從之。

三月丙戌朔，日有食之。庚寅，太白經天。辛亥，詔四川歲發西兵赴行在如舊制。癸丑，命侍從、臺諫、兩省集議江南沿江諸州行鐵錢利害。甲寅，國子祭酒、新除湖南轉運判官李祥、國子博士楊簡罷。坐留趙汝愚，爲右正言李沐所劾也。

夏四月丙辰朔。丁巳，太府寺丞吕祖儉上疏留趙汝愚，並論朱熹、彭龜年等不當逐，語侵韓侂胄。戊午，詔吕祖儉朋比罔上，送韶州安置。中書舍人鄧馹封還録黄。己未，知樞密院事兼參知政事余端禮爲右丞相，簽書樞密院事京鏜知樞密院事，同知樞密院事鄭僑參知政事，御史中丞謝深甫簽書樞密院事。庚申，詔中書舍人鄧馹以「呂祖儉志在無君，其罪當誅，姑從竄斥，以示寬容，自合書行」。於是太學上舍生楊宏中、周端朝、張衜、林仲麟、蔣傅〔一五〕、徐範六人伏闕上書，其略曰：「臣聞自古國家禍亂之由，初非一道，而小人傷君子〔一六〕，其禍尤慘。君子登庸，杜絶邪枉，要其處心，實在於愛君憂國。群小得志，仇視正人，必欲盡去其朋類，然後可以肆行而無忌。於是人主孤立而社稷危矣。黨錮斃漢〔一七〕，朋黨亂唐，大率由此。元祐以後，邪正交攻，卒成靖康之變。我宋不競，貽禍至今。此臣子所不忍言，陛下所不忍聞也。臣竊見近者諫官李沐論前相趙汝愚所爲乖戾，隨即罷去。若慮陛下父子之際懷不自安，故黜汝愚以謝天下，亦未爲過。如沐所言，則亦爲汝愚自居同姓，數談夢兆，專政擅權，欺君植黨，殆將不利於陛下。以此加詆，其實不然。汝愚之去，中外咨憤，而以爲父老歡呼〔一八〕，蒙蔽天聽，一至於此，道路譁然，以爲李沐內結權倖，陰有指授，率爾肆言，全無忌憚。廟堂屏息不敢異議，天下扼腕，氣將奚伸。其氣燄已足以熏灼朝路，撼搖國勢。陛下若不亟悟〔一九〕，漸成孤立，後雖悔之，亦無及矣。陛下獨不念去歲之事乎。人情驚疑，變在朝夕，當是時，假非汝愚出死力定大議，使陛下得以成壽康皇帝揖遜之志，行孝宗皇帝未舉之喪，雖百李沐，罔知攸濟。當國家多難，汝愚方位樞府，本兵柄，指揮操縱，何向不可。尚不於此時爲利〔二〇〕，上下安妥，乃有異意乎？李沐輒以危言悚脅陛下，巧於中傷君子，立威取名，情狀敗露。願陛下鑒漢唐之禍，懲靖康之變，精加宸慮，特奮睿斷，念汝愚之忠勤，灼李沐之回邪，明示好惡，精別淑慝〔二一〕，竄李沐以謝天下。」庚申，詔宏中等妄亂上書，扇搖國是，各送五百里外編管。中書舍人鄧馹言：「仰惟國家開設學校，教養士類，德至渥也。自建太學以來，上書言事者無時無之，累朝仁聖相繼，天覆海涵，不加之罪。甚者押歸本貫，或他州聽讀而已。紹熙間有布衣俞古上書狂悖〔二二〕，若以指斥之罪坐之誠不爲過，太上皇帝始者震怒，降旨編管，已而臣僚論奏，竟從寬典。陛下今日編管楊宏中等六名，若以扇搖國是罪之，則未若指斥乘輿之罪大，以六輩言之，則一夫爲至寡。聖明初政，仁厚播聞，睿斷過嚴，人情震駭，所有録黃臣未敢書行。」詔馹依已面諭書行。未幾，馹罷知泉州。工部侍郎兼知臨安府錢象祖遣人逮捕諸生，押送貶所。宏中、衜、林中、麟皆福州人，端朝温州人，傅信州人。傅久居學校〔二三〕，忠鯁有聞，同上諫書，皆其屬稿。右正言李沐除右諫議大夫，監察御史劉德秀除右正言。時知名之士罷斥相繼，人情洶洶，韓侂胄患之。侍御史楊大法、右正言劉德秀乃乞降詔，以國是、尊君、中道等事訓飭在廷，有不如詔者重置典憲。辛酉，追封史浩爲會稽郡王。戊辰，以火疫故，出内帑錢爲行在貧民醫藥棺斂費。壬午，復出内帑錢，賜諸軍疾疫死者家。

五月戊子，呂祖儉改送吉州安置。丁酉，命直學士院傅伯壽草詔，如楊大法、劉德秀之請。伯壽，自得之子，自得乾道間以不受曾覿之招，名聞四方。至伯壽則奴事韓侂胄隸人蘇師旦，致身通顯。其弟伯成非其所爲，每切責之。至是，伯壽始草詔以詆善類。戊戌，詔曰：「朕惟風俗者，治忽之樞機。士大夫者，風俗之權輿。昔周文、武之隆，在位皆節儉正直，小大之臣，咸懷忠良，下至庶民，無有淫朋比德。今也不然，懷背公死黨之心〔二四〕，蔑尊君親上之義，佞諛側媚，以奉權强，詭僻險傲，以釣聲譽，鼓唱横議〔二五〕，貪利逞私，使毁譽是非混然淆亂。於虖，朕之所託，顧乃如此。自今至於後日，洒濯厥衷，存公去私，可否從違，各當於理，則予汝嘉。其有不吉不迪，習非怙終，邦有常刑，朕不敢貸。」丙午，詔諸路提舉司置廣惠倉，修胎養令。辛亥，降大理、三衙、臨安府雜犯死罪以下囚，釋杖以下。

六月甲寅朔。丁巳，右正言劉德秀言：「邪正之辨，無過於真與僞而已。彼口道先王語，而行如市人所不爲，在興王之所必斥也。昔孝宗垂意規恢，首務核實，凡虚僞之徒，言行相違者，未嘗不深知其污。臣願陛下以孝宗爲法。」詔下其章。己未，遣起居舍人汪義端賀金主生辰。命中書復置臺諫官言事簿〔二六〕。庚午，詔三衙、江上諸軍主帥、將佐，初除舉自代一人，歲舉所知二人。右正言劉德秀劾國子博士孫元卿、太學博士袁燮、國子正陳武皆罷去。司業汪逵入劄子辨之，德秀以爲言，逵亦罷。於是善類爲之一空矣。韓侂胄本武人，志在招權納賄，除不附己而已，不能巧爲説以網善類也。先是，熙寧間，程顥、程頤得孔、孟千載不傳之學，始以道學爲天下倡。二先生少學於汝南周敦頤，其後學者翕然宗之。其高弟延平楊時、河南尹焞遭遇靖康、建炎、紹興之間，致位通顯。建安胡安國學春秋於程頤而不及見，以楊時、謝良佐爲師友。紹興初，秦檜爲亞相，引安國侍經席，一時善類多聚於朝。俄爲吕頤浩、朱勝非所逐。趙鼎爲相，尹焞以布衣勸講，經生學士多召用焉。鼎既罷，張浚獨相〔二七〕，諫官陳公輔力排程氏學，以爲狂言怪語淫説鄙詞，胡安國上疏辨之。其後檜再入相，復尚王金陵，而程氏學廢矣。楊時傳郡人羅從彦，從彦傳之李侗，侗傳之朱熹。安國傳其子憲，憲傳之廣漢張栻。栻，浚之子也。乾、淳間，與朱熹相往來講切，後以道學爲己任，學者號曰晦庵先生、南軒先生。東萊吕祖謙，其同志也。栻侍經筵，不久而去。熹屢召不起。孝宗賢之。王淮當國，素不善熹。尚書鄭丙始創爲道學之目。淮又擢陳賈爲察官，俾上疏言：「近日縉紳有所謂道學者，大率假其名以濟其僞。望明詔中外，痛革此習。」熹遂得祠。淳熙末，熹除郎，以足疾未拜，而侍郎林栗劾其慢，且詆道學之士以亂臣之首，宜加禁絶。栗雖罷去，而士大夫譏謗道學之説迄不可解，甚至以朋黨詆之，而邪正莫能辨。紹熙末，趙汝愚當國，遂起熹侍經筵，而其學者益進。學者仰之如泰山北斗，而流俗醜正多不便之，然猶未敢加以醜名攻詆。至是，士大夫嗜利亡恥，或素爲清議所擯者，乃教以凡相與爲異者皆道學人也，陰疏姓名授之，俾以次斥逐。或又爲言，名道學則何罪，當名曰僞學。蓋謂貪黷放肆，乃人真情，其廉潔好修者皆僞也。於是憸人險狠薄無行之徒，利其説之便，已攘袂奮臂以攻僞干進，而學禁之禍自此始矣。

講義曰〔二八〕：我朝自王安石以新經破舊説，凡學校、科舉之間，皆以王氏之經從事，士用新進，國尊新法，而天下自是多事矣。孝宗皇帝崇尚伊洛之學，一時明師大儒相繼而起〔二九〕，張栻在湖〔三〇〕，朱熹在閩，吕祖謙在浙，皆推明是學以續孔孟正脉之傳，天下學者翕然從之，得其説者互以傳授〔三一〕，凡巖谷草野之間，皆出一轍。學校科舉取人，士大夫立身事君，無不源流於是學之中，涵養陶成，士習醇美。自小人用事，摧靡道學而名之以僞，海内之士瀾倒風從，不惟禮義廉恥有所不顧，而學士大夫之衣冠亦更變以趨時。未幾，異説横興，兵端驟起，非朝廷決然鋤去大奸，以復正學，幾爲東南不可解之禍。師道不立，其流弊乃在此哉。曩者，紹熙之前，一時風俗之好尚，爲士者喜言時政，爲吏者喜立功名，誠不能無所偏。而執事懲之甚〔三二〕，遂一舉而厭薄之，稍自好者名以僞學，欲自立者號以私黨〔三三〕，於是世俗毀方爲圓，變真爲佞，而流風之弊，有不可勝言者矣。

癸酉，宜州觀察使兼樞密院都承旨韓侂胄爲保寧軍節度使、提舉萬壽觀。

御史中丞何澹急欲執政，秋七月丙申，上疏論：「專門之學流而爲僞，空虛短拙，文詐沽名，請風厲學者專事孔、孟，毋得自相標榜。」丁酉，詔榜朝堂。澹始以留正薦，自權兵部侍郎除右諫議大夫，首擊周必大罷之。未幾，遷中執法。一時名士排擊殆盡，大爲清議所薄。會有本生繼母之喪，徘徊不肯去，太學生喬嘉等移書切責之，其略曰：「閣下自長成均，而更長臺諫，此三綱五常之所繫者也。今聞閣下有所生繼母之喪，初請於朝，欲解官持服，繼聞上疏稱解逮事不逮事之異，中外鬨然，雖愚者亦以爲駭。閣下所生之父果以繼室爲正乎？若以爲正，則閣下亦當從而爲正，不得黜之也。今四十餘年，以所生繼母事之，及其終也，反以爲生不逮事，而不持心喪，可乎？閣下之意必謂所生繼母，無生我之恩，則不當爲所生之母，抑不思黜其所生之繼母，是賤其所生之父也。必以生我者爲正，而繼之者爲不正，是閭巷小人知有母而不知有父者也。非天理之公、人倫之正也。閣下爲天子耳目之官，將以厚人倫、正風俗，正宜致辨於此。」太常亦謂當申心制。不得已乃去位。既免喪，時趙汝愚已執政，止除煥章閣學士、知明州。澹愈怨恨，祈哀韓侂胄，遂除澹御史中丞。自是力主僞學之禁，以至執政。甲辰，吏部郎官麋師旦建言，請考覈真僞。未幾，除左司員外郎。時有張貴謨者，指論太極圖說之非。何澹上言：「在朝之臣，既熟知其邪正之迹，然不敢白發，以招報復之禍。望明詔大臣，去其所當去者。」於是以何澹疏，落趙汝愚觀文殿大學士，罷宫觀。己亥，太白晝見。

八月己巳，詔内外諸軍主帥條析將佐、士卒、器械、船艦可用與否及控扼、防守之策聞。

九月壬午朔，蠲臨安府水灾貧民賦。乙酉，以久雨決繫囚。甲辰，遣中書舍人黄艾賀金主正旦。己酉，蠲台、嚴、湖州被灾民丁絹。

冬十月壬子朔。丁卯〔三四〕，詔三省樞密院條上合教諸軍例。乙丑，升秀州爲嘉興府，舒州爲安慶府，嘉州爲嘉定府，英州爲英德府。戊辰，金主遣吏部尚書吴鼎樞、兵部郎中紇石烈介來賀瑞慶節。壬申，子恭爲安定郡王。

十一月〔己丑〕〔三五〕，雨土。庚寅，皇弟徐國公抦爲昭慶軍節度使。戊戌，加上壽皇隆慈備福光祐太皇太后，尊號曰壽聖隆慈備福光祐太皇太后〔三六〕，壽成皇太后曰壽成惠慈皇太后，太上皇帝尊號曰聖安壽仁太上皇帝，太上皇后尊號曰壽仁太上皇后。丙午，監察御史胡紘奏：「趙汝愚唱引僞徒謀爲不軌。」責授寧遠軍節度副使、永州安置。徐誼坐黨汝愚，亦責團練副使、南安軍安置。中外震駭。初，上之在重華執喪也，五日一朝於壽康。既而久不得見，至是，紘因劾竄汝愚，仍請以行遣汝愚之事奏之太上，庶幾太上懽然，盡釋前憾，怡愉如初。上從之。朱熹時家居，自以蒙累朝知遇之恩，且尚帶從臣職名，義不容默，草封事數萬言，極陳奸邪蔽主之禍，因以明汝愚之寃。繕寫已具，子弟諸生更進迭諫，以爲必且賈禍。熹不聽，門人蔡元定入諫，請以蓍決之，遇遯之同人，熹默然，取奏稿焚之，因更號遯翁，遂以疾丐休致。癸未，命宰執大閲諸軍。

十二月癸亥，置楚州弩手效用。丁丑，金主遣刑部尚書紇石烈正〔三七〕、太常少卿王珩來賀明年正旦。是月，臣僚劄子：「廟朝乃洪化之地，中書實王政之由。正本澄源，無先於此。常程細故，紛沓至前，則朝廷之體不尊，百司之務反廢。今三省文書遍盈几閣，百事庶府惟事依違，日因月循，細故毛舉，中書之務何自而清。」

丙辰慶元二年正月戊子，雷。庚寅，右丞相余端禮爲左丞相、知樞密院事，京鏜爲右丞相。鏜，江西人。淳熙中，以檢正報謝虜廷，因争撤樂孝宗嘉之，遂除侍從。會趙汝愚自蜀召還，上諭大臣除鏜四川帥，汝愚聞之，謂人曰：「鏜望輕資淺，豈可當此方面。」由是兩人有隙。汝愚得政，鏜時爲刑部尚書，亟納交於韓侂胄，繼擢執政，遂爲侂胄謀主。至是，遂有右相之除。參知政事鄭僑知樞密院事，簽書樞密院事謝深甫參知政事，御史中丞何澹同知樞密院事。庚子，右正言劉德秀爲右諫議大夫，責授清遠軍節度副使。趙汝愚卒於衡州。汝愚既責零陵，過衡陽已病，又爲守臣錢鍪所窘逐，遂服藥而卒。天下冤之。時有迪功郎趙師召者，上書乞斬汝愚，事雖不行，然韓侂胄之黨以汝愚有定策功，惟恐其復進，故當時謂汝愚不死，事固未可知也。甲辰，右諫議大夫劉德秀劾留正四大罪，首論其招僞學以危社稷，僞學之稱自此始。詔落正觀文殿學士，罷宮觀。德秀，江西人，初自重慶守入朝，不爲時相留正所知，以著作佐郎范仲黼正客也，請爲之地。正曰：「此人若留之班行，朝廷無安静之理。」不得已，下除大理寺簿。德秀怨仲黼薦己不力，並憾之。韓侂胄既除德秀監察御史，遂爲侂胄鷹犬。既劾正四大罪，遂併仲黼罷之。丁未，裁定添差員闕。趙汝愚訃聞，有旨復元官，許歸葬。

二月辛亥朔，省闈知舉葉翥、倪思、劉德秀奏論文弊。上言：「僞學之魁，以匹夫竊人主之柄，鼓動天下，故聞風未能丕變〔三八〕。乞將語録之類並行除毁。」是科取士稍涉義理即見黜落，六經語孟中庸大學之書爲世大禁。辛酉，中書舍人吴宗旦繳趙汝愚復還元官之命。從之。辛未，再蠲臨安府民身丁錢三年。甲戌，詔三省、樞密院置省員簿。

三月丙申，命諸將射鐵簾。己亥，封皇弟抦爲吴興郡王。丙午，有司上慶元會計録。是月，臣僚建言：「國子生員多僞濫。請自今職事官期親釐務官子孫乃得試補。」從之。

夏四月甲子，左丞相余端禮罷。壬申，同知樞密院事何澹參知政事，吏部尚書葉翥簽書樞密院事。乙亥，增置監察御史一員。

五月辛巳，以不雨禱於天地、宗廟、社稷。詔大理、三衙、臨安府、兩浙州縣決繫囚。乙酉，申嚴獄囚瘐死之罰。辛卯，御後殿，賜禮部奏名進士鄒應龍等四百九十有九人及第、出身。進士第一人莫子純已受蔭補，故命次名。甲午，減諸路和買折帛錢三年〔三九〕。名孝宗御集閣曰華文。甲辰，改慈福宮爲壽慈宮。

六月，命監司帥守臧否縣令分爲三等。乙丑，度支郎中、淮西總領張釜言〔四〇〕：「邇者僞學盛行，賴陛下聖明，罷斥奸回，登用賢哲，天下皆洗心滌慮，不敢復爲前日之習。願明詔在位之臣，上下一心，堅守勿變，毋使僞言僞行乘間以壞既定之規模。」乃除尚左郎中。中書舍人汪義端引唐李林甫故事，以僞學之黨皆名士，皆根株斷除之。一時號爲君子無不斥逐，太皇太后聞而非之。甲戌，御筆：「今後給舍臺諫不必更及舊事，務在平正，以稱朕意。」韓侂胄及其黨皆怒，遂令臺諫争之。於是左諫議大夫劉德秀、監察御史姚愈張伯垓力争之，爲不可，乃改爲「不必專及舊事」。自是侂胄與其黨攻治之志愈急矣。丙子，皇子埈生〔四一〕。

秋七月，德音，降諸路死罪囚，釋流以下。戊子，流人呂祖儉等量移内郡，以皇子生故也。初，光宗即位，召内侍陳源還自郴州貶所。紹熙四年六月，除内侍省押班。時光宗已病，不能時過宮，源數離間。上即位，章穎爲侍御史，論其奸，詔停源官，送撫州居住。慶元元年五月，移處州。至是，皇子生，源以恩許自便，不得入國門。給事中汪義端駁之，乃移源婺州，而義端亦出知鎮江府。明年夏，始聽自便云。詔檢正都司考覈諸路守臣便民五事，取其近情合理者以聞。己丑，監察御史姚愈除殿中侍御史，以附韓侂胄爭御筆故也。殿中侍御史黄黼除起居郎、權兵部郎中。御筆之出也，黼獨贊聖德，與同列異，故奪言職。未幾，罷去。庚寅，詔諸路搜訪高宗皇帝御製、御筆。戊戌，清遠軍承宣使韓同卿爲慶遠軍節度使。韓侂胄爲開府儀同三司、萬壽觀使。

八月癸丑，奉安孝宗皇帝、成穆皇后、成恭皇后神御於景靈宮。丙辰，太常少卿胡紘言：「比年僞學猖獗，圖爲不軌。近元惡殞命，群邪屏迹，而或者倡爲調停之議，取前日僞學之奸黨，次第用之。望宣諭宰執，應僞學之黨，曾經臺諫論列者，權住進擬。」遂遷起居舍人。壬戌，皇子埈薨，追封兗王，謚曰沖惠。

九月丁亥，復分利州爲東西路。癸巳，嗣濮王士歆薨，追封韶王。丁酉，遣樞密院檢詳諸房文字張貴謨賀金主正旦。

冬十月戊申，上御大慶殿，發壽聖隆慈備福光祐太皇太后、壽成惠慈皇太后、聖安壽仁太上皇帝册寶，遂帥群臣奉上於慈福壽康宮。辛亥，御文德殿，册皇后。壬戌，金主遣吏部尚書張嗣、工部侍郎石頓思來賀瑞慶節。甲戌，大閱諸軍。

十一月庚寅，上詣壽康宮，上太上皇帝寬恤詔令。壬辰，右丞相京鏜等上孝宗皇帝淳熙寬恤詔令。癸卯，賞宜州捕降峒寇功。

十二月戊申，陳賈自知寧國府除兵部侍郎。以賈淳熙末曾擊朱熹故也〔四二〕。先是，熹乞追還職名及改正過待制恩數，繼又乞致仕。其初奏略曰：「陛下即位之初，臣以愚賤疏遠之蹤，首蒙眷知，召置講席，正以庶官無由入侍禁闥，故特假以侍從職名，臣嘗再三懇辭，曲蒙天慈加賜手札，俾速祗受。因進不敢力辭〔四三〕，供職四旬，屢得進講，凡所開啓〔四四〕，多蒙采納〔四五〕，而臣蠢愚迫切，便欲致君堯舜之上，遂觸忌諱，以煩譴訶。皇慈過恩，猶不加罪，親御翰墨，俾就退閑。旬日之間，除書繼下，所宜即日拜命，奔走率職，別圖後效，以塞前愆。而反覆思維前日之罪，既以學力未充，誠意不至，無以仰稱明詔，感悟天衷，釁咎不容湔洗，所有元借職名，已是難復冒居，豈敢更叨進擢之寵。欲望追斷新舊職名〔四六〕，俾以寄祿元官，復奉鴻慶故宮列聖香火。」其第二奏略曰：「伏念臣本是庶官，無他勞效，元帶祕閣修撰，已是兩朝過恩。比者只緣聖意欲令講書，遂使暫陪邇列，未及兩月，果以罪戾譴罷而歸，所被誤恩，理宜追奪。」其第三奏自劾議祧廟事，略曰：「臣之凡愚，素號山野，入侍經幄，僅及四旬，意見闊疏，言辭鄙拙，固已自知不堪選用之意。惟有中間輒議僖宗皇帝皇家始祖，不當一旦並行祧毁，且使太廟之祀，止及八世，降於天子九廟之禮，尤非所宜。獨蒙聖慈特賜宣問，親奉玉音，以謂僖祖之廟自不當遷，至於再三。不謂孤論難持，竟亦無取。退伏循省，益愧心顔，尚借寵榮，許仍舊職，非但有乖輿論，亦恐上累清朝。」〔四七〕其第四奏乞致仕，略曰：「不意病勢危篤，自知難戀聖朝，依例合乞致仕。又念見係庶官，不敢專具奏牘，遂申本貫，依條陳乞，恭奉聖旨，未賜開允。唯是區區本以鄉來入侍日淺，自知未有毫髮報稱，不當仍帶舊職，出領祠官，所以懇避再三，即非過爲沽激。所有昨來陳乞致仕，實緣病勢危迫，方敢冒昧。今雖苟延喘息〔四八〕，終是不堪異日使令。不敢更叨廩祿，以速滿盈之咎。」其第五奏自劾妄議山陵事，略曰：「去歲曾因集議永阜攢宫，妄意輒陳管見，欲乞少寬遠日，改卜神皋，庶妥威靈，以延運祚。今者伏睹進奏院，凡前日小大之臣曾議此者，皆已坐罪，次第降黜，而臣狂妄又嘗面奏，其迹尤不可揜，其罪尤不可赦。但以所入文字不曾付外，是以漏網，未抵譴訶。若遂隱匿不言，更冒榮寵，竊慮祗受之後，公論不容。未及終朝，更煩褫奪。顧微臣進退之義，雖不足言，而聖朝刑賞之中，則爲可惜。伏望聖明奮發威斷，付之司敗，以肅邦刑，庶免煩言，重勞淵聽。」其第六奏，略曰：「蓋臣本意止爲已罷講官，不敢復帶侍從職名，而於其間三次奏狀，乃因他事忘其前語，此其所以屢瀆聖聰，而曾不足以少回天意者也。乞照臣去年申省及後來第一、第二次辭免奏狀，早賜施行。」熹之奏雖屢上，朝廷未之許也。而臺諫洶洶，争欲以熹爲奇貨。門人楊楫聞鄉曲射利者多撰造事迹，以投合言者，亟以書告熹，熹報曰：「死生禍福，久已置之度外，不煩過慮。」然群憸相顧久之，不敢獨發，監察御史胡紘草疏將上，會遷去不果。沈繼祖者，爲小官，時嘗採摘熹語、孟之説以自售。至是，以追論程頤得爲監察御史。紘以稿授之繼祖，鋭於進取，謂可立致富貴，遂奏：「熹剽竊張載、程顥之餘論，寓以喫菜事魔之妖術，以簧鼓後進，張浮駕誕，私立品題，收召四方無行義之徒，以益其黨伍，相與餐粗食淡，衣褒帶博，或會徒於廣信鵝湖之寺，或呈身於長沙敬簡之堂，潛形匿迹，如鬼如魅，及不忠、不孝、不仁、不義、不公、不廉等十罪，乞褫職罷祠。其徒蔡元定佐熹爲妖，乞送別州編管。」

講義曰〔四九〕：治平以前，臺諫之所彈擊，出於議論之公。熙寧以後，臺諫之所彈擊，出於觀望之私。王、吕用事，其所惡者蘇軾、孔文仲也，故李定、景温爲之鷹犬〔五〇〕。章、蔡弄權，其所惡者元祐諸君子也，故張商英、來之邵爲之鷹犬。秦檜賣國，其所惡者岳飛、張浚也，故万俟卨〔五一〕、何若爲之鷹犬。今侂胄擅命，其所惡者非道學之名儒乎，而李沐、沈繼祖輩之所彈劾，一則曰僞學，二則曰僞黨，是亦侂胄鷹犬耳〔五二〕。

紘初爲進奏院，未爲人所知，趙汝愚時奪職居餘干，韓侂胄意未快，會有薦紘可備鷹犬者，甫及一歲，累遷至監察御史。汝愚有零陵之命，用紘章疏也。時侂胄欲論朱熹，無敢先發者，紘銳然任責〔五三〕，物色無所得，經年醖釀，章疏乃成。會建方喪之議，遷太常少卿。紘遂以稿授沈繼祖。辛未，詔落熹祕閣修撰，罷宫觀。蔡元定編管道州。金主遣兵部尚書完顏崇道、太常少卿巨棟來賀明年正旦。

丁巳慶元三年春正月乙亥朔。壬寅，知樞密院事鄭僑罷。癸卯，參知政事謝深甫兼知樞密院事。是月，行遣朱熹、蔡元定省劄始至，熹方與諸生講論，有以小報來言者，熹略起視之，復坐講論如初，詞色更爲和平。翌日，諸生乃知其有指揮，時郡縣捕元定甚急，元定色不爲變，毅然上道。熹與諸所遊從百餘人送別蕭寺，坐客感歎，有泣下者。熹微視元定不異平時，因曰：「朋友相愛之情，季通不挫之志，可謂兩得之矣。」又曰：「季通之行，無幾微不適意，丘子服獨爲之涕泣，流連而不能已〔五四〕。處事變、恤窮交，亦兩得其道也。」〔五五〕初，元定師事熹，而熹顧曰：「季通，吾老友也。」凡性與天道之妙，它弟子不得聞者，必與元定商確之。嘗輯其講論之辭曰翁季録者，蓋引以自匹也。嘗曰：「造化微妙，唯深於理者能識之。吾與季通言而未嘗厭也。」及其貶也，恨無可與□語。」〔五六〕其歿也，祭之以：「精詣之識、卓絶之才、不可屈之志、不可窮之辯，不復可得而見。」蓋深致其哀。熹嘗論中庸已發未發之旨，以爲人自嬰兒至老死，雖語默動静之不同，然大體莫非已發。元定不以爲是，獨引程氏説以爲敬而無失，便是喜怒哀樂未發謂之中。後十年，熹再與元定辨論，始終其説而悉反之〔五七〕。由是益奇元定，每諸生請疑，必令先質之元定，而後爲之折衷，同門寡二。以故小人深嫉之。故是時有「朱熹倡僞、蔡元定實羽翼之」之奏也（明年元定卒於道州）。

二月己酉，右丞相京鏜等上神宗皇帝玉牒高宗皇帝實録。丁巳，大理司直邵褎然請明詔大臣，自今權臣之黨、僞學之徒，不得除在内差遣。詔下其章。戊午，詔諸軍陞差主帥，選擇總領，或屯駐軍州守臣，審覈上於樞密院。丙寅，詔以昭慶軍承宣使、内侍省押班王德謙爲節度使〔五八〕。臺諫交章論列，宰相京鏜亦言其不可，遂罷。辛未，刑部侍郎、直學士院吴宗旦坐交結王德謙，爲之草制，奪三官。癸酉，送南康軍居住。

三月癸巳，復禁銅器。民間舊有者限兩月赴官投賣，每兩以三十錢酬之。民間多不盡輸，遂命再限兩月，不復酬以錢，違者許人告。湖州舊鬻鏡行於天下，至是官自鑄之。乙未，建東華門。丙申，王德謙奪三官，撫州安置。庚子，禁浙西州軍圍田。壬寅，詔自今有司奏讞死罪，不當者論如律。

夏四月丙午，雨土。以不嵇爲嗣濮王。壬子，以旱禱於天地宗廟社稷。乙丑，雨雹。

六月癸卯朔，言者論：「三十年來，僞學顯行，場屋之權盡歸其黨，所謂狀元、省元與兩優釋褐，若非其私徒，即是其親故。望詔大臣審察其所學而後除授。」宣教郎錢文子以太學兩優釋褐，一任回當召，徑就部注潭州醴陵知縣而去。時人稱之。戊辰，頒淳熙紹熙寬恤詔令。

閏六月甲戌，内出銅器付尚書省毁之，遂命申嚴私鑄銅器之禁。乙亥，遣起居舍人衛涇賀金主生辰。戊寅，朝散大夫劉三傑免喪入見，論僞學之黨變爲逆黨，防之不可不至，及論留正共引僞學之罪。韓侂冑大喜，即日見旨：劉三傑除右正言。甲午，留正分司西京，送邵州居住。廣東提舉茶鹽徐安國遣人入大奚山捕私鹽〔五九〕，島民遂聚衆作亂。

秋七月庚午，監察御史沈繼祖録淹囚四百餘條來上，詔進二官。

八月戊子，復置嚴州神泉監。辛卯，知廣州錢之望遣兵入大奚山，執島民盡殺之。

九月壬寅，以四川旱，詔制置總領諸司蠲放民賦。辛酉，遣户部郎官曾炎賀金主正旦。乙丑，申嚴帥臣、監司臧否郡守之制。詔監司、帥守薦舉改官，明答以僞學之人，仍甲午，均諸路職田。

結朝典罪〔六〇〕。丁卯，言者論僞學之禍，望申飭大臣，鑒元祐調亭之説，杜其根源。是秋，當大比，漕司前期取家狀，必欲書「委不是僞學」五字於後。時有柴中行者，爲撫州推官，獨移文漕司，稱：「自幼習易，讀程氏易傳，未委是與不是僞學〔六一〕，如以爲僞，不願考校。」士論壯之。

冬十月癸酉，雷。丙戌，金主遣户部尚書完顔愈、吏部郎中張汝方來賀瑞慶節。丙申，以壽聖隆慈備福光祐太皇太后違豫，赦天下。

十一月辛丑，上孝宗哲文神武成孝皇帝徽號曰孝宗紹統同道冠德昭功哲文神武明聖成孝皇帝。是日，太皇太后崩於慈福宮。后姓吴氏，讀書萬卷，翰墨尤絶人，高宗由是寵遇。紹興十三年，正位宮壼。光宗即位，后當爲太皇太后，以壽皇故，迺更號壽聖皇太后。紹熙五年，后年八十有二，行慶壽之禮。孝宗崩，始正位號云〔六二〕。壬寅，朝獻景靈宮。癸卯，朝享太廟。甲辰，祀天地於圜丘，赦天下。上將行大禮，而内府無圭，乃下國子監借文宣王玉圭用之，蓋紹興十四年國學初建時所錫鎮圭也。乙巳，詔爲大行太皇太后服期。丁未，大理少卿趙介爲金國告哀使，閤門舍人朱鼂年副之。壬子，車駕自慈福宮還大内。

十二月丙子，始御正殿。丁丑，以大行太皇太后攢宮，蠲紹興府明年身丁錢、折帛綿絹。庚辰，罷文武官納官告綾紙錢。甲申，雨土。乙未，金主遣禮部尚書奥屯忠孝〔六三〕、工部郎中薛愈來賀明年正旦。丁酉，知綿州王沇乞置僞學之籍，「仍自今曾受僞學舉薦關陞及刑法、廉吏、自代之人，並令省部籍記姓名，與閑慢差遣。」吏部侍郎黄由奏：「人主不可待天下以黨與，不必置籍以示不廣。」殿中侍御史張岩論由阿附權臣，植立黨與。由遂罷去。未幾，擢沇利路轉運判官。

戊午慶元四年春正月己亥朔，初，韓侂胄妻早死，有四妾，皆得郡封所謂四夫人也。其次又十人，亦有名位。去歲秋冬之間，有獻北珠冠四枚者，侂胄喜，以遺四夫人。其十人皆愠曰：「等人耳，我輩不堪戴耶。」侂胄患之。趙師睪時以列卿守臨安，微聞其事，亟出十萬緡市北珠甚急。辛亥，侂胄入朝未歸，京尹忽遣人致遺，啓之，十珠冠也。十人者大喜，分持以去。侂胄歸，左右以告，侂胄未及有言，十人者咸來致謝，遂已。壬子，都市行燈，群婢皆頂珠冠而出。癸丑，語侂胄曰：「我曹夜來過朝天門，都人聚觀，真是喝采。郡王奈何不與趙大卿轉官邪？」翌日，又言之。於是有工部侍郎之命。侂胄嘗與衆客飲南園，過山莊，指其竹籬茅舍曰：「此真田舍間氣象，所惜者欠雞鳴犬吠耳。」少焉有犬嘷於叢薄之下〔六四〕，亟遣視之，京尹趙侍郎也。侂胄大笑。其後師睪坐他事罷官，諸生爲詩誚之，有「也曾學犬吠山莊」之句，即指此也。乙卯，上欽宗皇后謚曰仁懷皇后。丙寅，簽書樞密院事葉翥同知樞密院事。丁卯，以兩浙、江、淮、荆湖、四川民流，詔有司舉行寬恤之政。

二月辛未，詔兩省、侍從、臺諫各舉所知一二人，毋舉宰執子弟親黨。丙子，上大行太皇太后謚，曰憲聖慈烈皇后。

三月甲子，憲聖慈烈皇后攢於永思陵。乙丑，趣修高宗皇帝實録。金主遣兵部尚書烏林荅天益、户部郎中賈楓剛來弔祭。是月，臣僚劄子：「恭聞詔旨，已擇今月十一日開講，望陛下遵用仁宗、高宗故事，令侍講之臣仰稽三朝寶訓如李淑所舉外治數條，詳悉講明，以備觀覽。凡武備之事何者爲先，軍旅之制何者爲重，邊圉治守孰爲要害，夷狄情僞孰爲要領。考古驗今，或有至計，商略而施行之，足以爲思患預防之策。」上從之。

夏四月丙戌，祔仁懷皇后、憲聖慈烈皇后神主於太廟。己丑，降德音於臨安府、紹興府，蠲其賦租税有差。丙申，始御正殿。是月，右諫議大夫張釜請下詔禁僞學。姚愈亦上言：「近世行險僥倖之徒，倡爲道學之名，權臣力主其説，結爲死黨，願下明詔播告天下。」司農少卿湯碩爲金主報謝使，右驍衛中郎將李汝翼副之。

五月己亥，開府儀同三司韓侂胄爲少傅，賜玉帶。己酉，詔曰：「向者權臣擅朝，僞邪朋附，叶肆奸宄，包藏禍心。賴天之靈，宗廟之福，朕獲承慈訓，膺受内禪，陰謀壞散，國勢復安，嘉與士大夫厲精更始。凡曰淫朋比德，幾其自新，而歷載臻兹，弗迪厥化，締交合盟，窺伺間隙，毀譽舛迕〔六五〕，流言間發，以傾國是而惑衆心〔六六〕。甚至竊附於元祐之衆賢，而不思實類乎紹聖之姦黨。國家秉德康寧，不汝瑕殄。今惟自作弗靖，意者漸於流俗之失，弗可復反歟？將狃於國之寬恩，而罰有弗及歟？何其未能洗濯，以稱朕意也。朕既深詔二三大臣與夫侍從言議之官〔六七〕，益維持正論，以明示天下矣。諭告所抵，宜各改視回聽，毋復借疑似之説以惑亂世俗。若其遂非不悟〔六八〕，怙終不悛，邦有常刑，必罰無赦。布告天下，毋忽。」初，姚愈上此奏，韓侂胄大善之，遂命直學士院兼中書舍人高文虎草詔焉。未幾，愈遷兵部尚書、御史中丞。

六月己巳，遣中書門下省檢正諸房公事楊王休賀金主生辰。癸酉，皇弟吴興郡王抦爲開府儀同三司。

秋七月己未，都大川秦茶馬丁逢入見，極論元祐建中調停之害，且引蘇轍、任伯雨之言爲證。時薛叔似、葉適坐趙汝愚黨久斥，皆起家爲郡，故逢有是言。宰執京鏜、何澹大然之。翌日遂除軍器監。辛酉，同知樞密院事葉翥罷。

八月丁卯，以久雨，決繫囚。丙子，謝深甫知樞密院事兼參知政事，吏部尚書許及之同知樞密院事。初，及之與薛叔似同擢諫官，皆爲善類所予。黨事既起，叔似累斥逐，及之乃遷給事中、吏部尚書，既而踰二年不遷，乃間見韓侂胄，序其知予之意及衰遲之狀〔六九〕，不覺涕零，繼以屈膝。侂胄惻然語之曰：「尚書才望，簡在上心，行且進拜矣。」不數日遂有是除。侂胄嘗值生辰，群公上壽既畢集矣，及之適後至，閽人揜關拒之，及之大窘，會門闔未及閉，遂俯僂而入。當時有「由竇尚書」、「屈膝執政」之語，傳以爲笑。庚辰，白氣亘天。丙戌，詔以太上皇帝聖躬清寧，率群臣上壽，尋不克行。

九月壬寅，太白晝見。癸卯太白經天。丁未，宰執京鏜等上慶元重修敕令格式申明，詔頒天下。先是，復編修敕令所置提舉、同提舉官，遂移牒六曹、大理寺及三衙、江浙近便州郡監司，抄録乾道五年至慶元二年終續降指揮，得數萬事，參酌淳熙舊法，送刑部審詳，訖爲書總七百二冊，至是進呈。紹興重修敕令格式者，高宗建炎四年范宗尹爲相，乃奏命有司以嘉祐、政和敕對修成書。其後乾道、淳熙、慶元之際，率十餘歲一修，然大概以紹興重修敕令格式爲準。庚申，遣户部郎中曾炎賀金主正旦。是月，詔造新曆。先是，太史言月食於晝，而草澤言月食於夜，詔祕書監楊子美測驗，如草澤言。有旨改作，仍命祕書省正字馮履參定〔七〇〕。

冬十月戊子，金主遣吏部尚書孫鐸、客省使粘合忠來賀瑞慶節〔七一〕。

十二月丙戌，再蠲臨安府民身丁錢三年。己丑，金主遣太常少卿楊庭筠、户部郎中孛术魯子元來賀明年正旦〔七二〕。

是歲，用高宗故事，取燕王宫「希」字行之子與愿鞠之宫中〔七三〕。

己未慶元五年春正月癸巳朔。庚子，樞密院直省官蔡璉告趙汝愚定策時有異謀〔七四〕。詔彭龜年追三官勒停，曾三聘追兩官。蔡璉補進義副尉。初，汝愚定策時，璉從旁竊聽，欲行漏泄。汝愚覺而囚之。上即位，遂從輕決配。去冬竄歸輦下，用事者聞之，以爲奇貨，乃使璉排日供具誣汝愚事，凡賓客所言，共七十餘紙。文書既就，乃議送大理。時韓侂胄之黨欲捕龜年、三聘及徐誼、沈有開、葉適、項安世等送棘寺，中書舍人范仲藝草駁奏，袖録黄見侂胄語之曰：「公今日得君，凡所施爲，當一以魏公爲法。章、蔡之權非不盛，至今得罪清議者，以同文之獄故爾。」侂胄曰：「某初無此心，以諸公見迫，不容但已。」問其人，乃知京鏜、劉德秀實主其事。侂胄取録黄藏之，事遂格。既而諫官張釜陳自强、御史劉三傑張岩程松連疏有請〔七五〕，詔以累經赦宥，遂有是命。鏜、德秀在侂胄之門最爲凶險，侂胄未顯時，惟二人與之深交，及用事，所爲暴悖皆二人教之。先是，有果州州學教授王莘者，考昌州春試，於尚書斷章出題。至是，尚書省奏罷莘。時本路漕臣汪德輔〔七六〕，故相伯彥之孫、太府卿召嗣之子也。議者謂德輔以祖任入官，故擇考官不善。言者因請自今漕臣不由科第進者，更委他監司一員選官校試，仍擇有文學士望者一人爲點檢官，專掌命題去取之事。從之，仍自嘉泰元年始。壬戌，建玉堂。

二月庚午，雪。癸酉，白氣亘天。甲申，詔王德謙、吴宗旦自今不以赦移。乙酉，諫議大夫張釜劾劉光祖附私僞學，及佐逆不成，蓄憤懷奸，欺世慢上五罪。詔光祖落職，房州居住。光祖撰涪城學記有「世方以道爲僞，而以學爲棄物。夫好惡出於一時，是非定於萬世。學者盍謹所先入，以待豪傑之興」之語，故有是禍。

三月甲午，罷監司臧否郡守之制。淳熙中，孝宗始嚴監司臧否郡守之令，行之十餘年。其後士大夫往往以人情之厚薄爲臧否，論者頗患其不公。去年十一月，新知漢陽軍蔣用之朝辭，上疏稍論其僞。朝廷是之。至是，右正言陳自强復以爲言，於是臧否遂罷。

四月戊子，以竄逐王德謙本末付史館。辛巳，監都進奏院鄧友龍請明詔大臣用捨從違謹所決擇。友龍尋除監察御史。舊制，初改官人必作令，謂之須入。孝宗在位，持之甚嚴〔七七〕。慶元初，復詔除殿試上三名、南省元外並作邑。至是，用監察御史程松言：詔大理評事已改官未歷縣人，並令親民一次，著爲令。舊捕盜改官人並試邑。正言陳自強又請初任未終之人，先注簽判一任，方許親民。從之。自後雖宰相子、殿試甲科人，無有不宰邑者矣。

五月壬辰朔，新曆成，賜名「統天」，而知曆者謂統天新曆尤復疏謬。戊戌，御集英殿，賜禮部奏名進士曾從龍等四百十有二人及第、出身。舊例，廷試舉人至暮者許賜燭，然殿深易黑，日昃則殿上燭出矣。是歲，上初策進士，江西正奏名黄寔、嚴州特奏名皇甫鑑納卷最後〔七八〕，廉州特奏名劉嘉猷〔七九〕，賜燭至一更四點，御藥院言：故事，賜燭正奏名降一甲，如在第五甲，降充末名。特奏名降一等，如在第五等與攝助教。詔如故事。世傳張九成嘗扣殿陛，賜燭納卷最後，上取其策觀之，歎其鯁亮，遂擢爲榜首。其實不然。戊申，以久雨，民多疾苦，命臨安府賑恤之。壬子，詔諸路州學置武士齋舍，選官按其武藝，後不克行。

六月癸亥，遣司農少卿李大性賀金主生辰。太常寺奏遺失皇后金寶册。己丑，命大理寺治之。既而廟之衛卒赴有司自言〔八〇〕，坐獄死。蓋故事，册寶以中人領。及盜去鑿而售之，中乃鐵胎也，繇是事敗。自後朝廷益謹其事，月以察官、禮官、中官各一員檢視，謂之點寶云。

秋七月己亥，賜李彦穎謚曰忠文。甲寅，禁高麗、日本商人博易銅錢。

八月癸亥，白氣亘天。辛巳，太廟夾室柱生芝，上率群臣詣壽康宮上壽，始得見太上皇帝，成禮而還。上之受禪也，趙汝愚乞以祕書省爲泰安宮，已而不果，乃以慈懿皇后外第爲之。既而上皇不欲遷，因以舊福寧殿爲壽康宮，而更建福寧殿。上之在重華執喪也，五日一朝於壽康，時上皇聖體未平，猶不得見。去年八月，詔：「恭聞上皇聖躬悉已清復，將率群臣詣宮上壽。」既而不克行。至是，以重明節前十日，初詣壽康宮進香。初，上之未見壽康也，御史胡紘因劾趙汝愚，請以行遣汝愚之事奏之太上，庶幾太上懽然盡釋前憾，怡愉如初。汝愚遂有永州之貶。及是過宮禮成。壬午，丞相京鏜率百官赴太廟觀芝。甲申，以過宮上壽禮成，百官、監司、郡守上表稱賀。丙戌，德音降諸路流以下囚，釋杖以下，推恩如慶壽故事。丁亥，丞相京鏜等進官一等。戊子，立沿邊諸州武舉取士法。

九月庚寅朔，少傅韓侂胄爲少師，封平原郡王。壬辰，保信軍承宣使李孝純爲保大軍節度使，昭信軍承宣使李孝友爲奉寧軍節度使，保順軍節度使謝淵爲太尉。

冬十月庚申朔，郭師禹進封廣陵郡王。丙子，金主遣兵部尚書僕散琦、吏部郎中張汝猷來賀瑞慶節。詔金主使見辭，令韓侂胄隨班侍立。右諫議大夫陳自强上緊要政目三十事，已而翰林學士高文虎又以二十事上之。

十一月己丑朔，詔復右司一員。丙辰，遣將作監馬覺賀金主正旦。

十二月辛酉，嗣濮王不秡薨〔八二〕。庚午，命廣東水土惡弱，諸州建安仁宅、惠濟倉庫，給士大夫之死而不能歸者。乙亥，奉安仁懷皇后、憲聖慈烈皇后神御於景靈宮。甲申，金主遣户部尚書范楫〔八三〕、四方館使蒲察守純來賀明年正旦。是月，移内侍王德謙於汀州。信饒江撫嚴衢台州、建昌興國軍及廣東諸州大水，賑之。初，金人既爲蒙國所侵，冀之北土遂失，乃於洮州置場買馬。自是馬至秦州者差罕云。

庚申慶元六年春正月戊子朔。己亥，皇子坦生。

二月戊辰，德音，降諸路雜犯死罪以下囚，釋徒以下。己巳，雨土。戊寅，右丞相京鏜等上聖安壽仁太上皇帝玉牒聖政日曆會要。己卯，上率群臣恭上於壽康宫。甲申，封婕妤楊氏爲貴妃。乙酉，雪。

閏二月庚寅，右丞相京鏜爲左丞相，知樞密院事兼參知政事謝深甫爲右丞相，同知樞密院事何澹知樞密院事兼參知政事。乙巳，復留正少保、觀文殿大學士致仕。丁未，雨土。辛亥，殿前副都指揮使吴曦爲昭信軍節度使。

三月己未，朱熹寢疾，諸生惟葉賀孫、蔡沈九人在側，沈，元定之子也。辛酉，改大學誠意章，此爲熹絶筆。甲子，卒於正寢。是日，大風拔木，洪水崩山，諸生近者奔赴〔八三〕，遠者爲位而哭。蔡沈主喪役，黄榦主喪禮。辛未，車駕從壽成惠慈皇太后幸聚景園。己卯，安定郡王子恭薨。詔自今嗣濮王以屬近行尊、長無過犯疾病者爲之。

夏四月己酉，不璺爲嗣濮王。

五月丙辰，以旱，決中外繫囚，除茶鹽賞錢。有司上慶元寬恤詔令役法撮要。癸亥，避殿減膳，置寬恤局。丙寅，詔大理、三衙、臨安府及諸路闕雨州縣釋杖以下囚。戊辰，詔侍從、臺諫、兩省、卿監、郎官、館職疏陳闕失及當今急務。辛未，詔曰：「朕寅奉慈訓，猥以眇身，託於士民之上，夙夜栗栗，不遑康寧。惟德菲薄，晻於大道，下不能治育群生，上以干陰陽之和。乃夏序適中〔八四〕，越月不雨〔八五〕，大田既坼，嘉穀將槁。元元何辜，咎實在朕。意者政事有所虧，刑法失其當歟？賦役繁重，而烝庶之失業者衆歟？不然，何致沴之深也邪。朕即祚以來〔八六〕，荷天右序，頻歲中熟，民僅小康，儲潴未裕〔八七〕，儻遇飢歉，將奚以相恤？夫德之不修，既召譴告，又不深迹厥繇，力圖消弭，其謂百姓何。已詔在位，陳朕過失與時政之繆。又惟部使者、守令，朕所賴以協宣德澤者也，今或務行苛細，縱長吏奸，獄訟不平，冤者無所赴愬，所以傷害和氣，咎抑甚焉〔八八〕。繼自今其悉意畢心，亟爲民慮，凡弊蠹可除、便利可興者，條具來上，朕將親覽，擇其至當而推行之。布告中外，使咸知朕恐懼修省之意。」壬子，雨。丁丑，詔三省、樞密院擇臣僚封事可行者以聞。

六月乙酉朔，日有食之。丁亥，以壽仁太上皇后違豫赦天下。戊子，壽仁太上皇后崩，治喪於慈儀殿。壬辰，遣户部郎中趙善義賀金主生辰，都官郎中吴旴爲金主告哀使〔八九〕，閤門舍人林可大副之。戊申，同知樞密院事許及之以母喪去位。

秋七月己未，初御後殿。丁卯，御史中丞陳自强簽書樞密院事。

八月庚寅，以聖安壽仁太上皇帝違豫赦天下。辛卯，聖安壽仁太上皇帝崩於壽康宫，壽年五十四〔九〇〕。孝宗之喪，趙汝愚當國，欲令群臣服白涼衫、皂帶以治事，逮終喪乃止。論者以爲是。及光宗之喪，禮部侍郎陳宗召復請百官以日易月，禫祭畢，服紫衫皂帶以治事。從之。甲午，右司郎中李寅仲爲金主告哀使，左衛郎將張良顯副之。乙未，日中有黑子。丙申，上大行太上皇后謚曰慈懿皇后。丁酉，左丞相京鏜薨，賜謚文穆。既而其子沆請避家諱改文忠。言者以爲楊億巨儒，既謚曰文，議者欲加一「忠」字，竟不之與。夫欲加一字猶且不可，况謚以二字又欲極美乎。望敕攸司，自今謚議務當其實，其或不然，當推古法以選舉不實論。若定謚已下，其子孫請再更易者，以違制論。從之。壬寅，皇子坦薨，追封郊王，謚曰沖温。癸卯，慈懿皇后權攢於臨安府南山之修吉寺。是年六月，撥封樁庫錢一百萬緡，修奉太上皇后攢宫。七月，撥錢二十萬緡入内藏。八月，撥錢十五萬緡並銀二萬兩，充秋季供奉太皇太后使用。又撥金二千五百兩、銀二萬兩充明堂使用。又撥二百萬緡修奉太上皇帝攢宮。初，孝宗創封樁庫，其法非奉親非軍需不支。至是，一季之間，所撥金銀錢計直二百五十萬緡，蓋多非泛支用故爾。

九月乙卯，祔慈懿皇后神主於太廟。己未，雷。甲子，婺州進士呂祖泰投匭上書，略曰：「道與學自古所恃以爲國也〔九一〕。丞相汝愚，今之有大勳勞者也，立僞學之禁，逐汝愚之黨，是將空陛下之國而陛下不悟耶。陳自强何人也，徒以侂胄童孺之師，而躐致禁從〔九二〕。陛下舊學之臣，若龜年等〔九三〕，今安在哉？蘇師旦，平江之胥吏，周筠，韓氏之厮役，人盡知之。今師旦以潛邸隨龍，周筠以皇后親屬，俱至大官。不知陛下在潛邸時，果識所謂蘇師旦者乎？椒房之親，果有厮役之周筠者乎？其自尊大而卑陵朝廷，一至於此也。願陛下亟誅侂胄及蘇師旦、周筠，及罷逐陳自强之徒。故大臣在者，獨周必大可用，宜以代其任。不然事將不測。」書出，中外大駭，侂胄雖甚怒，恐違人心。會方行明堂禮，故未及問。己巳，命右丞相謝深甫朝獻景靈宮。庚午，命嗣濮王不儔朝享太廟。先是，紹熙五年，明堂，孝宗未卒哭〔九四〕，時趙汝愚爲政，始奏遣汝愚朝獻景靈宮，嗣秀王伯圭朝享太廟，而上獨祀明堂。是年，上執光宗之喪甫踰月，而當行大禮，乃命右丞相謝深甫款天興之祠，嗣濮王不儔攝宗廟之祭〔九五〕。蓋用紹熙禮云。辛未，合祭天地於明堂，赦天下。丙子，吏部郎中丁常任爲金主遺留國信使，左驍衛郎將郭倓副之。有旨：「呂祖泰挾私上書，語言狂妄，送連州拘管。」於是右諫議大夫程松、殿中侍御史陳讜皆言祖泰有當誅之罪，今縱不殺，猶宜杖脊、黥面、竄之遠方。是日，得旨令臨安府從杖一百，免刺面，配欽州牢城。祖泰字泰然，元祐户部尚書公孺之五世孫也〔九六〕。寓居無錫縣，性疏達，尚氣義，既得罪，士大夫勞之者無悔色。韓侂胄猶憐之，祖泰始自分必死，獨冀以身悟朝廷，就道無懼色。京尹趙善堅受侂胄計，爲好語誘之曰：「誰教汝，亦有共爲章者乎，汝第言之，吾且寬汝。」祖泰笑曰：「何問之愚也。吾固自知必死，而可受教於人，且與人議乎。」善堅曰：「汝病風喪心邪？」祖泰曰：「以吾觀，若今之附韓氏得美官者，乃病風喪心耳。」廷中聞之，悚然有歎息者。

講義曰：言路之通塞，不特係於人君之用否，而尤係於貴臣之好惡〔九七〕。苟貴臣無隱蔽之私，無媢忌之情，則誰不揚眉吐氣願爲吾君告哉。故趙高用事於中，則鹿馬肆欺於朝。李林甫內懷意忌，則立仗下者皆不鳴之馬，事勢然也。嗟夫，人患不能言耳，苟能宣之，莫或壅之，則無一言不聞於上矣。天門九關，極其幽險，猛虎當之而踞，使天下屏息而處、重足而立，則懷抱何以展布，才猷何以自見哉。今慶元間，貴戚縱横，群憸根據，呂祖泰以布衣之賤，慷慨敢言，此祖宗涵養士氣之餘澤也。爲權臣者固當惕然自省，奉身而退，庶可以保全首領而死於牖下矣。不知出此，顧且嚴刑峻法加之疏賤之布衣，將欲箝議者之口，他日東市之誅安能逃乎。

時有太學生，於齋生題名中削去何澹名字，以其嘗排道學也。澹時已顯，大怒，於是京尹因其出，使不逞者與之鬨，遂捕治之。太學生敖陶孫者，爲詩以弔趙汝愚，而侂胄未得其名，俾其人併承之。辭不伏，乃移送大理，劾其事，掠治無完膚，獄竟不就。猶坐不應削澹名，送嶺南編管。陶孫詩云：「左手旋乾右轉坤，諸公相顧尚流言。狼胡跋疐傷姬旦，漁父沈淪弔屈原。一死固知公所欠，孤忠賴有史長存。九原若遇韓忠獻，休說如今幾世孫。」陶孫福州人，後數年登進士第云。臣僚奏：「比年以來，浸成內重之弊。顧戀周行，視民事爲浼己，久貪朝績，謂州縣爲徒勞。況祖宗成憲，改秩者必宰邑，典郡者方除郎。即寺監之既更，則出守千里之地，郎官卿監之已歷，必出分一道之節。此不易之良法，日往月邁，莫克遵守。臣恐內重外輕其弊難革。欲望聖慈俾中外之官更出迭入，以均其任，興起治功，實非小補。」

冬十月丙戌，少師韓侂胄爲太傅。戊子，遣右司郎中朱致知賀金主正旦。辛丑，雨土。癸卯，以趙善義奉使生事，罷之。是月，臣僚上言：「六月乙酉之朔，太陽方升，中有黑子。況雷電大震於初冬之月，赤氣發於暮夜之時，地震閒亦不安，風霾時乎四塞。

今朝廷毋乃猶有忠邪並進、僞得亂真歟？ 乃猶有膏澤不流、田里默歎歟？ 毋乃猶有利之未興、害之未除、爵賞之施或傷公道而害政者歟？」

十一月癸丑朔，宗室與愿更名，除福州觀察使，改名曮，令資善堂授書。 己未，皇后韓氏崩，謚曰恭淑，權攢於南山之廣教寺。 癸亥，皇子增生。 丙寅，上大行太上皇帝謚曰憲仁聖哲慈孝皇帝，廟號光宗。 東北地震。 辛卯，雨土。

十二月癸未朔，皇子增薨，追封郢王，謚沖美〔九八〕。 乙酉，日中有黑子。 辛卯，權攢光宗於永崇陵。 癸卯，祔光宗於太廟。 太廟自仁宗以來皆祀七世，崇寧初蔡京秉政，始取王肅說，謂二祧在七世之外，乃建九廟，奉翼祖、宣祖咸歸本室焉。 然王莽已營九廟，唐明皇又用之，非始於蔡京也。 紹興中，徽宗祔廟，以與哲宗同爲一世，故無所祧。 及升祔欽宗，始祧翼祖。 高宗、欽宗同爲一世，亦不祧。 由是淳熙末年太廟祀九世十二室。 及阜陵復土〔九九〕，趙汝愚爲相，遂祧僖、宣二祖，而祔孝宗。 時朱熹在經筵，獨以九廟爲正，汝愚不從，熹之議遂格。 及光宗祔廟，復不祧。 今又祀九世矣。 詔改明年元。上繼統，趙汝愚爲相，鋭意慶曆、元祐故事，故改慶元。 盡六年，而上皇及太后繼崩，中宮去世，二皇子不育，朝廷嫌之，因改明年爲嘉泰云。 乙巳，日中黑子滅，降德音於臨安、紹興府，民緣攢宮役者蠲其賦。 戊申，金主遣殿前左副都點檢紇石烈忠定、太常少卿李愈來賀明年正旦。己酉，吴曦爲太尉。庚戌，祔恭淑皇后神主於太廟。是冬，四川總領所增關外四川營田租〔100〕。詔以邊民不便，罷之。是歲，建寧府、徽嚴衢婺饒信南劍州水，建寧府、常潤楊楚通泰和州、江陰軍旱，賑之。

校證

〔一〕隊　再造本、文海本同，宋史卷三七光宗紀作「墜」。

〔二〕黄文　文海本同，再造本、永樂大典卷一二九六五作「黄艾」。兩朝綱目卷三、宋史全文卷二八均有「工侍兼侍講黄艾」。陳傅良止齋集卷一三有外制朝請郎右正言黄艾兼侍講，同書卷二三直前劄子言及：「經筵侍講妙選法從，而黄艾首預識擢」。説明黄艾曾「居講讀之任」。而史籍中卻找不到當時講讀官有「黄文」的記載，故似作「黄艾」是。

〔三〕議論　原作「義論」，文海本同，據再造本校改。

〔四〕見聞　原作「見閒」，不文，據再造本、文海本、吕中類編皇朝中興大事記講義卷二五校改。

〔五〕潛德　再造本、文海本、永樂大典卷一二九六五均作「潛」，無「德」字，類編皇朝中興大事記講義卷二五作「潛邸」。

〔六〕語　再造本、文海本同，兩朝綱目卷四、宋史卷三七光宗紀作「詔」。

〔七〕任忠　再造本、文海本同，兩朝綱目卷四、徐自明宋宰輔編年録卷二〇、佚名慶元黨禁均作「任公」。

〔八〕講義曰　再造本、文海本同，續宋編年資治通鑑卷一二作「呂中曰」。

〔九〕憸　原作「僉」，據再造本、文海本、類編皇朝中興大事記講義卷二五、劉時舉續宋編年資治通鑑卷一二校改。

〔一〇〕所以　再造本、文海本同，類編皇朝中興大事記講義卷二五作「乃以」。

〔一一〕章穎與郡坐上疏留趙汝愚也　「與郡」，原作「與群」，據再造本、文海本、兩朝綱目卷四、慶元黨禁校改。「坐」原作「察」，再造本、文海本均作「小」，作「小」句不可通，慶元黨禁作「以」，今據兩朝綱目卷四校改。

〔一二〕取其羨財　文海本作「取而羨財」，再造本、朝野雜記甲集卷一七淮東西湖廣總領所作「取撥羨財」。

〔一三〕椿管　再造本、文海本同，朝野雜記甲集卷一七淮東西湖廣總領所作「有管」。

〔一四〕趣　再造本、文海本同，朝野雜記甲集卷一七淮東西湖廣總領所作「輒」。

〔一五〕蔣傳　原作「蔣博」，據再造本、文海本、兩朝綱目備要卷四、宋史卷三九二趙汝愚傳卷四五五忠義傳、卷四七四姦臣韓侂胄傳、續宋編年資治通鑑卷一二、葉紹翁四朝聞見録甲集卷一慶元六君子校改。

〔一六〕傷　再造本、文海本同，兩朝綱目卷四、宋史卷四五五忠義傳、慶元黨禁均作「中傷」。

〔一七〕斃漢　文海本同，再造本作「薨漢」，兩朝綱目卷四、宋史卷四五五忠義傳、慶元黨禁均作「敝漢」。

〔一八〕而以爲父老歡呼　再造本、文海本同，兩朝綱目卷四、宋史卷四五五忠義傳均作「而言者以爲父老歡呼」，慶元黨禁作「而李沐以爲父老歡呼」。

〔一九〕亟悟　再造本、兩朝綱目卷四同，文海本闕文，慶元黨禁作「亟治」。

〔二〇〕兩朝綱目卷四、續宋編年資治通鑑卷一二此處均有「今朝廷清明」五字，再造本、文海本、慶元黨禁則無。

〔二一〕精別　兩朝綱目卷四、宋史卷四五五忠義傳、慶元黨禁均作「旌別」。

〔二二〕紹熙間有布衣俞古上書狂悖　「紹熙」原作「紹興」，再造本、文海本同，據本書前文及兩朝綱目卷四、慶元黨禁校改。「俞古」，本書前卷作「余古」，參見前卷校記。

〔二三〕傅信州人傅久居學校　兩「傅」字均指「蔣傅」，原均作「博」，參見前文「蔣傅」校記。

〔二四〕之心　再造本、文海本同，兩朝綱目卷四、群書會元截江網卷二七風俗均作「之恩」。

〔二五〕鼓唱　再造本、文海本作「鼓倡」，兩朝綱目卷四作「倡説」。

〔二六〕復置臺諫官言事簿　原無「簿」字，李校：兩朝綱目卷四作「復置臺諫官言事簿」。汪按：再造本、文海本作「復置臺諫官言事薄」。鑒於宋代「簿」、「薄」常常混用，今據補「簿」字。

〔二七〕張浚　原作「張俊」，再造本、文海本、永樂大典卷一二九六五同，然張俊是武將，從未任相，今據兩朝綱目卷四校改。

〔二八〕講義曰　再造本、文海本同，續宋編年資治通鑑卷一二作「吕中曰」。

〔二九〕相繼而起　「起」，再造本、文海本、類編皇朝中興大事記講義卷二五續宋編年資治通鑑卷一二均作「奮」。

〔三〇〕張栻在湖　再造本、文海本、永樂大典卷一二九六五同，類編皇朝中興大事記講義卷二五、續宋編年資治通鑑卷一二作「張栻在湘」。

〔三一〕得其説者　再造本、文海本、永樂大典卷一二九六五同，類編皇朝中興大事記講義卷二五、續宋編年資治通鑑卷一二作「得其統者」。

〔三二〕懲之甚　再造本、文海本同，類編皇朝中興大事記講義卷二五、續宋編年資治通鑑卷一二作「懲之過甚」。

〔三三〕號以私黨　再造本、文海本、永樂大典卷一二九六五同，類編皇朝中興大事記講義卷二五、續宋編年資治通鑑卷一二作「號以朋黨」。

〔三四〕丁卯　再造本、文海本同，宋史卷三七寧宗紀作「己卯」，然「丁卯」、「己卯」均不合時序，疑當作「乙卯」。

〔三五〕己丑　李校：二字原闕，據宋史寧宗紀一、兩朝綱目卷四補。汪按：再造本、文海本均無「己丑」，今從李補。

〔三六〕「尊號曰」後原脱「壽聖隆慈備福光祐太皇太后壽成皇太后曰」十八字，再造本、文海本同，據兩朝綱目卷四、宋史卷三七寧宗紀補。

〔三七〕紇石烈正　原作「赫舍哩正」，據再造本、文海本、永樂大典卷一二九六五、宋史卷三七寧宗紀回改。

〔三八〕聞風　再造本、文海本同，兩朝綱目卷四、續宋編年資治通鑑卷一二、慶元黨禁均作「文風」。

〔三九〕折帛錢　「折」原作「拆」，文海本同，據再造本、兩朝綱目卷四、續宋編年資治通鑑卷一二校改。

〔四〇〕張釜　李校：原作「張金」，據兩朝綱目卷四改。汪按：文海本作「張金」，再造本、慶元黨禁作「張釜」。

〔四一〕皇子埈　「埈」，原作「［王夋］」，據再造本、文海本、兩朝綱目卷四、續宋編年資治通鑑卷一二、宋史卷三七寧宗紀校改。

〔四二〕末　原作「未」，據再造本、永樂大典卷一二九六五校改。

〔四三〕進不敢力辭　「進」，再造本、文海本同，兩朝綱目卷四、朱熹晦庵集卷二三辭免兩次除授待制職名及知江陵府奏狀均作「遂」。

〔四四〕凡所開啓　再造本、文海本、兩朝綱目卷四均同，晦庵集卷二三辭免兩次除授待制職名及知江陵府奏狀作「凡所闢啓」。

〔四五〕多蒙采納　再造本、文海本、兩朝綱目卷四、晦庵集卷二三辭免兩次除授待制職名及知江陵府奏狀均作「多蒙開納」。

〔四六〕追斷新舊職名　「追斷」，再造本、文海本同，兩朝綱目卷四、晦庵集卷二三辭免兩次除授待制職名及知江陵府奏狀均作「追還」。

〔四七〕清朝　再造本、文海本、兩朝綱目卷四均同，晦庵集卷二三乞追還待制職名奏狀作「盛朝」。

〔四八〕喘息　再造本、文海本同，兩朝綱目卷四、晦庵集卷二三乞追還待制職名及守本官致仕奏狀均作「殘息」。

〔四九〕講義曰　再造本、文海本同，續宋編年資治通鑑卷一二作「吕中曰」。

〔五〇〕景温　再造本、文海本同，類編皇朝中興大事記講義卷二五、續宋編年資治通鑑卷一二作「謝景温」。

〔五一〕万俟卨　原作「方俟卨」，據再造本、文海本校改。

〔五二〕是亦侂胄鷹犬耳　「是亦」原作「疑」，「耳」原作「耶」，並據再造本、文海本、類編皇朝中興大事記講義卷二五、續宋編年資治通鑑卷一二校改。

〔五三〕銳然　原作「毅然」，據再造本、文海本、永樂大典卷一二九六五、兩朝綱目卷四、續宋編年資治通鑑卷一二、慶元黨禁校改。

〔五四〕流連　文海本、李幼武宋名臣言行録外集卷一七蔡元定同，兩朝綱目卷四、晦庵續集卷六答儲行之作「流漣」。

〔五五〕得其道　再造本、文海本、兩朝綱目卷四、宋名臣言行録外集卷一七蔡元定均同，惟晦庵續集卷六答儲行之作「得其理」。

〔五六〕恨無可與□語　原闕一字，再造本、文海本作「恨無可與晤語」，兩朝綱目卷四作「無可與晤語」，慶元黨禁作「恨無可與語」。

〔五七〕始終其說　再造本、文海本同，兩朝綱目備要卷四、佚名慶元黨禁均作「始悟其說」。

〔五八〕内侍省　李校：原作「内治省」，據文意改。汪按：再造本、文海本作「内治省」，兩朝綱目卷五、宋史卷四六九宦者王德謙傳均載王德謙時任「昭慶軍承宣使、内侍省押班」，可爲校改依據。

〔五九〕徐安國　李校：原作「胡安國」，據宋史寧宗紀一、兩朝綱目卷四改。汪按：再造本、文海本作「胡安國」，李校是，今從之。

〔六〇〕明答以僞學之人仍結朝典罪　再造本、文海本同，此句疑有誤。宋史卷三七寧宗紀作：「勿用僞學之人。」元陳桱通鑑續編卷一九正文：「勿用僞學之人。」注文：「……並於奏牘前甘結聲説非僞學之人。」慶元黨禁：「並於奏牘前聲説非僞學之人，且結朝典之罪。」據此仍無法推定正確原文，存疑待考。

〔六一〕僞學　原作「爲學」，據再造本、文海本、兩朝綱目卷五、續宋編年資治通鑑卷一一、慶元黨禁、張世南游宦紀聞卷九校改。

〔六二〕孝宗崩始正位號　「崩」原作「廟」，再造本、文海本、永樂大典卷一二九六五同，據宋史卷二四三后妃傳校改。文獻通考卷二五二帝系考太上皇太皇太后皇太后作「孝宗崩始稱太皇太后」，可爲佐證。

〔六三〕奧屯忠孝　「孝」字原脱，據再造本、文海本、永樂大典卷一二九六五、宋史卷三七寧宗紀補。

〔六四〕犬嘷於叢薄　「犬嘷」，再造本、文海本同，兩朝綱目卷五、續宋編年資治通鑑卷一一、慶元黨禁均作「犬嘷」。

〔六五〕毀譽舛迕　原作「毀譽旁午」，文海本作「舛午」，再造本作「舛午」，據兩朝綱目卷五、宋史卷三九四高文虎傳校改。慶元黨禁作「舛乖」，可參。

〔六六〕以傾國是　兩朝綱目卷五、宋史卷三九四高文虎傳、慶元黨禁此四字前均有「將」字，再造本、文海本均無。

〔六七〕言議之官　再造本、文海本、宋史卷三九四高文虎傳、慶元黨禁均同，惟兩朝綱目卷五作

「言路之官」。

〔六八〕遂非不悟　文海本、宋史卷三九四高文虎傳、慶元黨禁均同，再造本、兩朝綱目卷五均作「遂非不悔」。

〔六九〕序其知予之意　再造本、文海本、兩朝綱目卷五同，宋史卷三九四許及之傳作「序其知遇之意」，慶元黨禁作「叙其知遇之意」。

〔七〇〕馮履　原作「馮履常」，再造本、文海本同。據兩朝綱目卷五、宋史卷四八天文志卷八二律曆志、陳騤南宋館閣續録卷六、朝野雜記甲集卷四統天曆乙集卷五總論應天至統天十四曆删。總論應天至統天十四曆作「馮履叔常」，説明馮履字叔常，或致誤與此相關。

〔七一〕粘合忠　原作「尼瑪哈忠」，據再造本、文海本回改。永樂大典卷一二九六五作「帖合忠」。

〔七二〕孛术魯子元　原作「富珠哩子充」，據再造本、文海本、永樂大典卷一二九六五回改。

〔七三〕燕王宮　原作「燕王官」，據再造本、文海本校改，兩朝綱目卷五作「燕懿王後」，另可參宋史卷二四六宗室傳。

〔七四〕直省官　李校：原作「事省官」，據兩朝綱目卷五改。汪按：再造本、文海本作「事省官」，宋史卷三七寧宗紀、慶元黨禁均作「直省官」。後二書可爲校改佐證。

〔七五〕程松　原作「陳松」，再造本、文海本同，據兩朝綱目卷五、慶元黨禁校改。

〔七六〕汪德輔　再造本、文海本同（但下文卻作「汪德輸」），兩朝綱目卷五、朝野雜記甲集卷一三諸路解試均作「汪德輸」。有校記，可參。
〔七七〕持之　原作「待之」，文海本作「特之」，據再造本、兩朝綱目卷五、朝野雜記甲集卷一三改官須入校改。
〔七八〕皇甫鑑　原作「皇甫鎾」，文海本同，據兩朝綱目卷五、朝野雜記甲集卷一三廷對賜燭、祝穆古今事文類聚前集卷二七廷對賜燭引朝野雜記校改。
〔七九〕廉州　原作「鄘州」，宋無「鄘州」。文海本字模糊似「廉州」，據再造本、兩朝綱目卷五、朝野雜記甲集卷一三廷試賜燭、古今事文類聚前集卷二七廷對賜燭引朝野雜記校改。
〔八〇〕自言　再造本、文海本、兩朝綱目卷五均同，文獻通考卷九四宗廟考作「自首」。
〔八一〕不祛　原作「不袪」，文海本、元陳桱通鑑續編卷一九同，今據再造本、宋史卷三七寧宗紀、宋會要帝系二之五二至五四及本書前文校改。
〔八二〕范楫　原作「范揖」，據再造本、文海本、宋史卷三七寧宗紀校改。
〔八三〕奔赴　兩朝綱目卷六同，再造本、文海本、慶元黨禁均作「奔訃」。
〔八四〕夏序適中　再造本、文海本同，兩朝綱目卷六作「夏序失中」。
〔八五〕越月不雨　再造本、文海本同，兩朝綱目卷六作「閏月不雨」。
〔八六〕朕即祚　再造本、文海本同，兩朝綱目卷六作「朕即位」。
〔八七〕儲瀦　再造本、文海本同，兩朝綱目卷六作「儲偫」。

〔八八〕咎抑甚焉　再造本、文海本同，兩朝綱目卷六作「咎益甚焉」。

〔八九〕都官郎中吴旰　再造本、文海本同，永樂大典卷一二九六五作「都官郎中吴行」，兩朝綱目卷六、宇文懋昭大金國志卷二〇均作「都官郎中吴旰」。「都官」原誤「都宫」，「都宫」不文，據再造本（文海本此字殘）及上引諸書校改。

〔九〇〕壽年五十四　再造本、文海本同，兩朝綱目卷六無「壽」字。

〔九一〕道與學　再造本、文海本、兩朝綱目卷六、續宋編年資治通鑑卷一二、慶元黨禁均同，惟宋史卷四五五忠義傳作「道學」。

〔九二〕禁從　再造本、文海本、兩朝綱目卷六、續宋編年資治通鑑卷一二、慶元黨禁均同，惟宋史卷四五五忠義傳作「宰輔」。

〔九三〕龜年　再造本、文海本、兩朝綱目卷六、續宋編年資治通鑑卷一二、慶元黨禁均同，惟宋史卷四五五忠義傳作「彭龜年」。

〔九四〕孝宗未卒哭　「未」原作「求」，再造本、文海本同，據兩朝綱目卷六、朝野雜記甲集卷二當喪罷祭廟校改。

〔九五〕不儔　再造本、文海本、兩朝綱目卷六均同，朝野雜記甲集卷二當喪罷祭廟徐規先生校改爲「不壘」，謂：「據宋會要帝系二之三五及宋史卷三七寧宗紀改。按：不儔襲封嗣濮王在開禧三年七月，見上引宋會要及宋史卷三八寧宗紀。」

〔九六〕公孺　原作「公儒」，文海本字模糊難辨，據再造本、兩朝綱目卷六、慶元黨禁、宋史卷三一一呂夷簡傳附子公孺校改。

〔九七〕貴臣　再造本、文海本同，類編皇朝中興大事記講義卷一五作「權臣」。下一「貴臣」亦同。

〔九八〕謚沖美　再造本、文海本、兩朝綱目卷六均同，宋史卷三七寧宗紀作「謚沖英」，卷二三三宗室表記：「寧宗九子……次郢沖英王增」，又本書卷三〇載，嘉定十六年二月「皇子坻薨，追封邳王，謚曰沖美」。依宋制，兩皇子謚號不應相同，故皇子增當謚「沖英」。

〔九九〕復土　「土」原誤「上」，據再造本、文海本、兩朝綱目卷六、朝野雜記甲集卷二九廟七廟之制、文獻通考卷九四宗廟考校改。

〔一〇〇〕增關外四川營田租　再造本、文海本同，然「關外四川」不文。兩朝綱目卷六作「括關外營田租」，無「四川」二字。事詳見朝野雜記乙集卷一六王德和括關外營田、關外經量，亦未言及「四川」。「四川」疑有訛。

宋史全文卷二十九下

宋寧宗二

辛酉嘉泰元年春正月戊午，申嚴福建科鹽之禁。壬戌，謝深甫等薦士三十有五人，詔集記中書以待選擇。丁卯，禁路鈐按閱受餽及招軍，違者置諸法。戊辰，雪。庚午，以葛邲配享光宗廟庭〔一〕，賜謚文定。乙亥，雪。

二月戊子，詔諸州訪求明曆之士。壬辰，開資善堂。左司郎中閭丘泳爲金主報謝使，右屯衛將軍李言副之。泳尋不行，以起居舍人俞烈代之。癸巳，監察御史施康年奏：「少傅、觀文殿大學士致仕益國公周必大，首倡僞徒，私植黨與。」又言：「僞學之徒，餘孽未能盡革。願於聽言用人之際，防微杜漸。」制以周必大降充少保，依舊職致仕。先是，吕祖泰上書，既配欽州。至是，監察御史林寀亦言：「僞習之成，造端自必大，宜加絀削。」故有是命。自朱熹獲罪，黨禁益譁，稍稱善類，斥逐無遺。至薦舉考校皆爲厲禁，奸貪狼藉暴慢恣肆之流紛紛並起，填塞要塗。士知務修飭守廉隅者，例取姍侮，或及於禍。一時從遊特立不顧者，屏伏丘壑。依阿巽懦者，更名他師，過門不入，甚至變易衣冠，狎遊市肆以自別其非黨。熹講道於竹林精舍不爲輟。時多勸熹以謝絶生徒，儉德避難者，熹笑而不答，與學者黄榦書曰：「前此嘗患來學之徒真僞難辨，今卻得朝廷如此大開爐鞴煅煉一番，一等混淆夾雜之流，不須大段比磨勘辨，而自無所遁其情矣。」先是，有新某州教授余嘉者，上書政府〔三〕，乞斬熹。右丞相謝深甫語人曰：「彼何罪。」暨熹既殁，言者猶不能已。蓋侂胄用事以來，一等小人知素不齒於名教，懼一旦善類復用而己斥，於是横身以任其責。京鏜、何澹、劉德秀、胡紘四人，實專主僞學之禁，爲韓侂胄斥逐異己者。群小附之，牢不可破，天下目此四人爲魁儉云。修光宗皇帝實録。乙未，續修吏部七司法。辛丑，雨土。言者請四川制置司遇類省試年分，倣禮部附試學官，許有出身人具所業，赴制置司陳乞。委有出身通判或教授看詳。蜀人試教官自此始。

三月丙寅，雨雹。戊辰，復雨雹。頒慶元寬恤詔令役法撮要。己巳，雨雹。戊寅，臨安府大火。

是春，和州防禦使姜特立爲寧遠軍節度使。

夏四月辛巳，火乃滅。詔兩浙轉運司、臨安府上所焚民居之數於朝，厚加賑恤，死者給錢瘞之。右丞相謝深甫等以輔政無狀致天譴，請罷。不許。壬午，詔曰：「朕以渺躬，獲奉宗廟，不明不敏，無以上承天心，下育萬姓。乃者釁咎之延，閔凶洊集，嬛嬛在疚，夙夜震皇。今者譎見天地，京城大火，百萬生聚，顛踣號呼，無所歸命。夫天生烝民，付予司牧，顧朕德薄，言動差失，刑政繆盭，赫然威怒，宜譴朕躬，元元何辜，害至此極。朕方戰慄齋敕〔三〕，哀籲於上帝。二三大臣，視吾百姓艱阨，有可以全活之者，公上之須，廩庾之積，捐以與民，一無所愛。庶幾安集，慰朕慘怛之意。」〔四〕詔樞密院覈禁衛班直及諸軍營柵遭焚之數來上。癸巳，避殿減膳。甲申，命臨安府守臣察奸民縱火者以軍法治之。內出錢十六萬三千餘緡、米六萬五千餘石，賑給焚毀死亡之家。辛卯，四川制置司言：「龍州蕃部寇邊，遣官軍討之。」詔曰：「風俗侈靡，日甚一日，服食器用無復等威〔五〕。今被焚之餘，其令官民營造屋室，一遵制度，務從簡樸。銷金鋪翠，無得服用。今以宮中所有，焚之通衢。中外士庶，令有司嚴立禁防，貴近之家，尤當遵奉。苟違斯令，必罰無赦。」丁酉，御殿復膳。戊戌，以潛邸爲開元宮。丙午，詔文武臣毋得授寓居州任上務官，著爲令〔六〕。

五月戊辰，以旱禱於天地、宗廟、社稷。詔大理、三官、臨安府、兩浙州縣決繫囚。癸亥，釋諸路杖以下囚，除茶鹽賞錢。丁卯，命有司舉行寬恤之政十有六條。乙亥，監太平惠民局夏允中請用文彥博故事，以韓侂胄平章軍國重事。侂胄上疏請致仕，略曰：「臣家本業儒，遭逢聖世，繇臣曾祖先臣琦、伯祖先臣忠彥，踵登科第，接武丞輔。暨於臣先大父、先臣嘉彥，蒙神宗皇帝録先世舊勳，俾之尚主，自兹派流右列。逮至臣不能自奮，濫叨世賞，陛下龍飛之日，面奉憲聖慈烈皇后聖旨，俾臣朝夕仰裨初政。臣深惟綿薄，不足以副使令，忽聞局務官有劄子，納廟堂及臺諫，乃引文彥博故事，肆爲狂妄之説，臣聞之駭汗如雨。斯人固不足責，而臣之出處豈容不明。伏望特降睿旨，許臣守本官致仕，以全愚分。」上批其奏曰：「卿輔翊初政，累歲於兹，忠誠備殫，勳績益茂。朕方得所倚賴，豈容遠嫌，力求休佚。其體至懷，勿復有請。」於是允中遂坐免，仍令臨安府押出國門。丙子，雨。丁丑，雨雹。

六月辛巳，遣禮部侍郎陳宗召賀金主生辰。丙午，太白經天。

秋七月己卯，知樞密院事何澹罷。澹與京鏜、劉德秀、胡紘四人，實主僞學之禁，群憸附之，凡韓侂胄所以斥逐異己者，則四人之爲也。慶元五年二月，紘罷吏部侍郎。七月，德秀自吏部尚書出知婺州。六年八月，鏜以左相薨於位。至是，澹復罷政，魁憸盡去〔七〕，侂胄亦厭前事，欲稍示更改，以消釋中外意，時亦有勸其開黨禁以杜他日報復之禍者，侂胄以爲然。丁巳，以旱復禱於天地、宗廟、社稷。壬戌，釋大理、三衙、臨安府及諸路闕雨州縣杖以下囚。癸亥，雨雹。甲子，簽書樞密院事陳自强參知政事兼同知樞密院事，右諫議大夫張釜簽書樞密院事。乙丑，賜龔頤正出身，命修孝宗光宗實録。頤正，和州布衣也，本名敦頤，元祐黨人原之曾孫。國朝高宗實録，慶元、嘉泰間京鏜、謝深甫爲相時所上。孝宗光宗實録，嘉泰二年，詔寶文閣學士傅伯壽、直華文閣陸游同修。敦頤嘗著符祐本末黨籍列傳等書數百卷，淳熙末，洪邁領史院，奏官之。朝廷以其有史學，至是賜出身，除實録院檢討官，蓋付以史事。未幾而敦頤卒，乃外召傅、陸還朝。孝録比他録尤疏駁，敦頤後以光宗諱改名云。丁卯，復賑被火貧民。己卯，吳曦爲興州都統制兼知興州。吳氏世職西陲，威行四蜀，列聖皆留其子孫於中朝，所以爲慮者甚遠。曦久蓄歸蜀之志，朝廷不許。韓侂胄欲握兵權，遂遣曦還蜀，爲諸軍都統制，開邊之禍始此。

八月己卯，減奏薦恩。甲申，簽書樞密院事張釜罷參知政事。陳自强兼知樞密院事，給事中張巖參知政事，右諫議大夫程松同知樞密院事。松，池州人，知錢塘縣時，韓侂胄有愛姬小故而出，松聞之，亟賂牙儈以八百千市之。至則盛供張〔八〕，舍之中堂，夫婦上食，事之甚謹。姬皇恐莫知所爲。居數日，侂胄意解復召之，則知爲所取，大怒。松亟上謁曰：「頃聞有郡守赴闕者欲得斯人，懼遠方小吏不識事體，他日有誤鈞顔。某忝爲赤縣，職所當爲，故爲王取之耳。」侂胄意少解。姬既再入，侂胄尚未平，姬具言松所以謹待之禮，侂胄大喜，即日躐除太府寺丞。後兩旬，遷監察御史。踰年擢右正言。數月，遷右諫議大夫。既而滿歲未遷，殊怏怏。乃市一妾獻之，名松壽。侂胄遣問之曰：「奈何與大諫同名。」答曰：「欲使此賤姓名常達鈞聽耳。」〔九〕侂胄憐之，遂有執政之除。距留妾恰三年。其後帥蜀，貶官責詞有「處汚穢而不羞，莫汝爲甚」之句，蓋謂是也。丙戌，復詔侍從、臺諫、兩省集議沿江八州行鐵錢利害。

九月辛亥，遣朝臣二人決浙西圍田。己未，雨土。辛未，遣樞密院檢詳諸房文字林桷賀金主正旦。甲戌，令禮部纂集孝宗一朝典禮。

冬十月甲申，詔瑞慶節諸道毋入貢。丙戌，起居郎王容請以韓侂胄敷陳宗廟大計事迹付史官。許之。甲午，金主遣左徽使徒單懷忠〔一〇〕、秘書少監李楊來賀瑞慶節。甲辰，編光宗皇帝御集。

十一月庚申，蠲漳州民舊輸黄河鐵纜錢。丙寅，太白晝見。

十二月己卯，太白經天。庚寅，復免臨安府民身丁錢三年。辛丑，雨土。癸卯，金主遣兵部尚書紇石烈真、禮部郎中孫復來賀明年正旦。

是歲，浙西、江東、兩淮、利州路旱，賑之，仍蠲其賦。真里富國獻馴象二。

壬戌嘉泰二年春正月癸亥，蘇師旦兼樞密院都承旨。師旦本平江府書佐，韓侂胄頃爲本府兵馬鈐轄，從府假筆吏，吏以其冷局，俾師旦行。韓滿歸，蘇復還府下，丘崈爲守，嘗以事怒師旦，編管秀州。久之，韓知閤門事，師旦困甚，往依之，韓憐而置之門下。未久，上登極，韓以師旦竄名藩邸吏士内，遂用隨龍恩得官。韓以其慧辯愛之。每朝廷有議論，或使之傳言於大臣，大臣亦與之立語而已。當時侍從官則或與之接坐矣。丁卯，高宗實録成。陳自强等上，時史館無專官，未知果誰筆也。己巳，雷。

二月，弛學禁。甲申，詔：「責授寧遠軍節度副使、永州安置趙汝愚，曩因衆論，嘗掛深文。朕以其屬籍之聯，累令赦宥，可復資政殿學士。」〔一〕丁亥，修高宗皇帝正史寶訓。戊子，以治縣十二事風厲縣令。癸巳，禁行私史。

三月辛亥，詔宰執各舉可守邊郡者二三人。己未，初命諸路提刑以五月按部理囚徒，如四川、二廣之制。己巳，詔諸路帥臣、總領、監司舉可爲將帥者，與本軍主帥列上之。是月，詔薦舉除陞改、自代、十科外悉罷。自今如特旨令内外薦舉者，並具實迹以聞。

夏四月庚寅，雨雹。是年，復行混補，試者至三萬七千餘人，分六場引試云。

五月甲辰朔，日有食之。紹熙初，有武臣趙焕言曆差〔二〕，故命判太史局劉孝榮更造會元曆，又統天曆慶元五年京鏜爲相時所上也。初，會元曆既成，而布衣王孝禮言，孝榮未嘗以銅表圭面測景，故冬至後天。朝廷然之，未暇改作。至慶元四年九月朔，太史言日食於晝，草澤言食在夜〔三〕，測驗如草澤言，乃改造，曆未成而罷。三月庚戌，乃詔諸道有通曉天文曆算者，所在具名來上。五月曆成。曆經凡三卷，沿曆、他書十七種，凡二十九卷。又上臨安府進士侯望重校萬年曆十七卷，綱目二卷。至是日食五月朔，太史以爲午正，而草澤趙大猷言午初三刻半食三分，詔著作佐郎張嗣古監視渾儀，祕書丞朱欽則、著作郎王容測驗，起居舍人俞徵覆驗，卒如大猷所言，史官乃抵罪焉。蓋自渡江來，議曆差者多矣。己巳，御後殿，賜禮部奏名進士傅行簡等四百九十有七人及第、出身。

六月丙子，遣吏部郎中趙不艱賀金主生辰。己卯，臨安府火。壬午，浚浙西運河。辛卯，禁都民以火訛相驚者。己亥，命諸州改正冒姓充軍之人。庚子，雨雹。

秋七月辛亥，子𥈽爲安定郡王。癸亥，以不雨，釋諸路杖以下囚。己未，命有司舉行寬恤之政七條。庚午，禱於天地、宗廟、社稷，復行寬恤四事。

八月丙子，吏部尚書袁説友同知樞密院事。癸未，名光宗皇帝御集閣曰寶謨。己丑，詔作壽慈殿，請太皇太后還内。甲午，右丞相謝深甫等上慶元條法事類。

九月己酉，上朝壽慈宮。還，詔諭群臣曰：「朕祈請太皇太后還内，太皇太后以久違此宮，凡百安便，不欲遷移，百官宜敬悉焉。」甲寅，修皇帝會要。壬戌，奉安光宗皇帝、慈懿皇后神御於景靈宮、萬壽觀。丙寅，嗣秀王伯圭薨。伯圭，秀安僖王子偁之長子，孝宗之兄也。紹熙元年五月，遷太保，封嗣秀王。二年夏，判大宗正事。三年夏，遷太師。永阜陵成，除中書令，辭不拜。詔有司别議優崇之禮，乃除兩鎮節度使。諸子初皆補京秩，歷牧伯部使者，紹熙後，並换南班，長師夔爲使相。庚戌，臨安府言野蠶成繭。

冬十月壬申朔，詔諸州起發總領所財賦，以通判爲主管官。乙亥，上壽成慈惠太皇太后尊號曰壽成惠聖慈祐太皇太后。甲申，申嚴百司更宿之制。戊子，金主遣上護軍完顏使塘、禮部郎中張行簡來賀瑞慶節。乙未，遣吏部郎中李景和賀金主正旦。明輝受賂得罪，以閤門祗候王處久代之。追復朱熹焕章閣待制致仕。

十一月甲辰，始御正殿。乙巳，重修吏部七司法。庚子，參知政事陳自强知樞密院事，同知樞密院事許及之參知政事。乙卯，再修光宗皇帝日曆。丁巳，右丞相謝深甫等奉安皇帝日曆於祕閣。甲子，追封伯圭爲崇王，謚曰憲靖。

十二月甲戌，日有黑子，上御大慶殿，發壽成惠聖慈祐太皇太后尊號册寶，遂率群臣上於壽慈宮。甲申，立貴妃楊氏爲皇后，學士傅伯壽草制有曰：「洪惟文母，念我神孫之真。冠於後庭，俾之見於內殿。」后知書史通古，今兄次山，本太學生，能避遠權勢，不與人事，論者以爲得外戚之體。太傅韓侂胄爲太師。

講義曰〔一四〕：外戚不得預政，此祖宗家法也。自建隆至紹熙，列聖相承，不敢失墜。雖以曹佾之賢，處帝舅之重，神宗皇帝欲除佾爲中書令，而吕申公力言其不可。聖君賢相所以防微杜漸之意，蓋可見矣。惟政和六年，鄭居中由顯肅皇后之親拜爲太宰〔一五〕，此以往之失，不可效尤也。侂胄何人，夤緣戚里，干預朝政，且躐處帝師之任，是祖宗三百年之家法，至侂胄而盡壞之矣。他日兩觀之誅其能免乎〔一六〕。

庚辰，大閱。

閏十二月丁未，詔講官有當開釋者，依讀官例隨事開陳。乙卯，福州觀察使曮爲威武軍節度使，封衛國公。丁卯，金主遣兵部尚書徒單公弼〔一七〕、户部郎中張衎來賀明年正旦。是月，復周必大少傅、觀文殿大學士。

是冬，皇子坰生未踰月薨，追封華王，謚曰沖穆。

是歲，建寧府、福州、南劍、瀘州水，邵州旱，賑之。自天聖立川交子法，每再歲而易一界。紹熙二年，光宗念蜀民之勞，詔權展一年乃易。慶元間，有自四川茶馬代還者，入見言交子二年一兑，每引納貫分錢八十文足，民甚苦之。今計所多羨財，請每界展一年，永爲定制。章既下，制置司上言：「今民間每兑錢引一千，貼納錢引六十四文足，每界總領所收貼頭錢凡百八十萬緡。今欲展年，當求對補之策。」明年春，有旨許之。至是，陳曄爲總領，謝輝爲帥〔一八〕，請諸朝，復以一年一兑〔一九〕，蓋軍餉所仰，不可復展矣。

癸亥嘉泰三年春正月辛未朔。庚辰，右丞相謝深甫罷。壬午，置湖南溪洞總首〔二〇〕。戊子，龍州蕃部寇邊，遣官軍討之。甲午，參知政事張岩罷。丙申，知樞密院事陳自强兼參知政事。丁酉，雷。戊戌，車駕幸太學，謁大成殿，御化原堂，命國子祭酒李寅仲講尚書周官篇，遂幸武學，謁武成殿。監學官進秩一等，諸生推恩賜帛有差。同知樞密院事袁説友參知政事，權翰林學士、知制誥傅伯壽簽書樞密院事。伯壽辭不拜。

二月乙巳，御文德殿册皇后。吏部尚書費士寅簽書樞密院事。乙丑，流内侍王德謙於新州。

三月丙子，無爲軍民李運言兩淮鐵錢交子利害，詔户部相度利害以聞。丁丑，以陰雨，詔大理、三衙、臨安府決繫囚。有司言宜置局講求會子、鐵錢利病。詔户部併行相度。乙酉，幸聚景園。

夏四月己亥朔，日有食之。壬寅，福州言瑞麥生。丙午，出封樁庫兩淮交子一百萬，命轉運司收民間鐵錢。乙卯，知樞密院事兼參知政事陳自强等上徽宗皇帝玉牒、孝宗皇帝光宗皇帝實録。辛酉，詔宰執、臺諫子孫毋就試。乙丑，禁抑糴軍人米。

五月戊寅，知樞密院事兼參知政事陳自强爲右丞相，參知政事許及之知樞密院事兼參知政事。自强既拜相，首除蘇師旦定江軍承宣使。又有周筠者，本韓侂胄家蒼頭，亦是恭淑皇后姨夫〔二〕，補官爲浙西兵馬都監，權任在師旦之亞。庚辰，以不雨，詔大理、三衙、臨安府釋杖以下囚。癸未，命有司搜訪舊聞，修三朝正史，以書來上者賞之。

六月壬寅，遣樞密院檢詳諸房文字劉甲賀金主生辰。己酉，降大理、三衙、臨安府囚罪一等，釋杖以下。

秋七月辛未，頒慶元條法事類。出封樁庫錢十萬緡，命殿前司造戰船。壬午，權罷同安、漢陽、蘄春三監鑄錢。白虹貫日。癸未，禁江浙州縣抑納逃賦。乙未，上光宗皇帝徽號曰光宗循道憲仁明功茂德温文順武聖哲慈孝皇帝。

八月壬寅，增置襄陽騎軍。戊申，置四川茶馬提舉二員，分治茶馬事。丙辰，右丞相陳自强等上皇帝會要。庚申，王德謙死於新州。甲子，詔刑部歲終比較諸路瘐死之數而殿最之。

九月庚午，參知政事袁説友罷。壬申，以宗子希堪爲莊文太子後，更名揢。癸酉，命坑冶鐵錢司毁私錢改鑄。己卯，皇弟擢爲右千牛衛將軍。己丑，詔南郊加祀感生帝、太子庶星、宋星。是日，遣金部員外郎魯蠡賀金主正旦。

冬十月庚子，詔吕祖泰任便居住。癸卯，簽書樞密院事費士寅參知政事，華文閣學士張孝伯同知樞密院事。丙午，命兩淮諸州以仲冬教閲民兵萬弩手。丁未，大風。戊申，龍州蕃部出降。壬子，金主遣刑部尚書完顔變、户部郎中高有鄰來賀瑞慶節。

十一月壬申，上光宗皇帝徽號册寶於太廟。癸酉，朝獻景靈宫。甲戌，朝饗太廟，祀天地於圜丘，赦天下。癸未，大風。己丑，安定郡王子覿薨。更定選人薦舉改官法。庚寅，福州觀察使楊次山爲岳陽軍節度使。復置福田、居養院，命諸路提舉常平司主之。

十二月丙辰，命四川提舉茶馬，通治茶馬使事。辛酉，下詔戒敕將帥掊克。金主遣吏部尚書通吉思中〔三〕、户部郎中李達可來賀明年正旦。

是冬，金國盜起〔三〕，懼朝廷乘隙，沿邊聚糧增戍，且禁襄陽府榷場。邊釁之開，蓋自此始。

甲子嘉泰四年春正月乙丑朔。乙亥，大風。浚天長縣濠。庚辰，内侍甘昺有罪，信州居住。癸未，日中有黑子。辛卯，雷。壬辰，雨雹。廣西經略司言，西浮洞逃軍爲亂，破文昌縣，遣兵討平之。是月，辛棄疾入見，陳用兵之利，乞付之元老大臣，太師韓侂胄大喜，遂決意開邊。

二月丁酉，置莊文太子府小學教授。辛亥，命內外諸軍射鐵帖轉資。壬子，蠲臨安府逋負酒錢六萬緡。己未，立試刑法避親法。庚申，夜有赤氣亘天。

三月丁卯，臨安府火，火迫太廟，權奉神主於景靈宮。己巳，避正殿。庚午，命臨安府賑焚室。辛未，詔葺太廟。壬申，禁質賣軍器。甲戌，下詔罪己。右丞相陳自强等以火災請罷，不許。初，自强以選人入都，欲求諸州學官闕，見執政皆不遂。其所居逆旅主人善拂茶〔二四〕，自强一日見其出，問所之，曰：「某爲儀同擊茶，月給十千〔二五〕，日三往府中，每往擊茶一甌而已，餘無事也。」自强太息曰：「我嘗權儀同先生。」主人曰：「官人求闕不遂，盍見儀同乎。」自强曰：「吾貧，旅費垂盡，聞見儀同所費不少，安能辦之？」主人曰：「俟語次，試爲拈出。」旬餘無耗。一日，自强方悶坐，有直省官持帖召來日午後至府相見〔二六〕。自强莫知所謂。比至，則侍從官以次畢集，謁入，傳令先召陳知丞。韓侂胄命設褥於堂上，鄉之再拜，次召從官同坐。從官踧踖莫敢居上者。侂胄徐曰：「陳先生老儒，沈没可念。」坐客唯唯，明日連章薦其才，遂除太學録。未踰年，遷博士。數月，轉國子博士。又數月，爲祕書郎。入館半歲，除右正言、右諫議大夫、御史中丞。入臺半月餘，遂秉政。由選人至樞府，首尾四年。侂胄用事，賄賂盛行，四方饋遺公至，宰執、臺諫之門人亦不以爲訝。其所用如自强之徒尤貪鄙無狀，書題無並字輒不開。有選人家閩中，其父與自强有舊，入都求爲掌故。自强對衆厲聲曰：「外方豈不知近旨見闕方除，此何可得。」衆爲之踧踖。後旬日竟除掌故。或疑其由徑而得者〔二七〕，問之，徐曰：「丞相耳。」或曰：「丞相前日之語甚峻，何以回造化邪？」其人即坐側取一幅書示之，乃自强答書也，略曰：「珍貺鼎至，晃耀老目。」或問珍貺之名，曰：「書生安得珍玩。比所請不遂，適從王家肆中見粟金臺盞十具，重百星，以四千緡得而獻之耳。」聞者歎息而去。是春，火及自强之府，主帑吏請筦鑰於自强，自强聞變，口呿而不能言，鑰在其衣帶間，吏不敢解，由是囊橐多失遺者〔二八〕。自强移居都亭驛〔二九〕，平旦百僚往省之。自强大言曰：「郭殿前號令可謂不肅。」衆謂救火無策，未敢對。自强徐言曰：「昨從渠假五十兵搬擔仗，遂去失一金注碗。」衆愕而退。事定，侂胄謂群公曰：「丞相生事一委於火，可憐，須少助之。」於是侂胄首遺萬緡，已而饋者踵至，諸道及列城皆有助，不數月，得六十萬緡，遂倍所失之數。火之始作也，或爲之賦曰：「公議不明，臺遂焚於御史。斯文未喪，省僅保於祕書。」其末句云：「自生民以來，未嘗見此一火。」乙亥，詔百官條陳時政闕失。辛巳，立添差及祠廟限員。庚寅，復御正殿。

夏四月甲午朔，立韓世忠廟於鎮江府。命内外諸軍詳度純隊法。甲辰，知樞密院事兼參知政事許及之罷。賑恤江西水旱州縣。乙巳，參知政事費士寅兼知樞密院事，同知樞密院事張孝伯參知政事，吏部尚書錢象祖賜出身、同知樞密院事。丙辰，詔曰：「朕惟選舉之法所以公天下，而權要之臣徇私撓禁，請囑旁午，奔競日滋，寒畯見遺，乃者訓敕屢申，曾不知畏。令當必行，以儆中外。其有輒遺私書及受私書不以聞者，重置於理毋貸。」殿前司軍士與巡檢司卒鬨，擊破民居。詔捕治之，主帥以下論罰有差。

五月乙亥，詔諸軍主帥各舉部内將材三人，不如所舉者坐之。癸未，追封岳飛爲鄂王。

六月癸巳，遣起居舍人張嗣古賀金主生辰。丙申，置諸軍帳前雄效〔三〇〕，以官軍子孫補之。壬寅，詔侍從、臺諫、兩省官集議裁抑濫賞。壬子，詔諸路監司覈實諸州樁積錢米，上其數於尚書省。沿江、四川軍帥簡練軍實，上其數於樞密院。丁巳，增盧州强勇軍爲千人。

秋七月甲子，以不雨，詔大理、三衙、臨安府、兩浙及諸路決繫囚。戊辰，禱於天地、宗廟、社稷。己巳，命諸路提刑從宜斷疑獄。蠲内外諸軍所負營運息錢。辛未，蠲兩浙闕雨州縣逋租〔三一〕。戊子，命諸路提刑提舉措置保伍法。

八月己亥，右丞相陳自强等上皇帝玉牒〔三〕。甲辰，賜范祖禹謚曰正獻。癸丑，詔自今以恩賞進秩，歲毋過二官。蠲紹興府攢宫所在民身丁錢絹綿鹽。丙辰，除靜江府、昭州折布錢。戊午，參知政事張孝伯罷。

九月乙丑，得四圭，有邸玉一。詔藏於太常。丁卯，有司請更定捕盜改官法。詔侍從集議。壬午，遣大理少卿張孝曾賀金國正旦。丙戌，戒飭兩淮州縣遵守寬恤舊法。

冬十月庚子，資政殿大學士、淮東安撫使張岩參知政事。壬寅，金主遣兵部尚書完顔呂、户部郎中上官瑜來賀瑞慶節。

十一月己未朔，詔兩淮、荆襄諸州遇凶荒奏請不及者聽先發廩，即日以聞。庚申，令諸州置招軍簿。庚午，伯栩爲安定郡王。壬申，白氣亘天。庚辰，修六合縣城。

十二月癸巳，詔曰：「朕仰惟祖宗委任三司專總邦計，故能周知源委，出入有常。今之財賦名歸户部，而事權散紊不復相通，有司出納莫可稽考，吏或苛取，重困吾民。朕嘗有意變通，比覽臣僚奏疏，因思區畫。其遵孝宗皇帝典故，宰相兼國用使，參知政事同知國用事。仍於侍從、卿監中擇才識通練、奉公愛民者二人爲之屬，俾顓其職。參考内外財賦所入、經費所出，會計而總覈之。庶幾名實不欺，用度有紀焉。」遂以陳自强兼國用使，費士寅、張巖同知國用事。己亥，詔改明年元。壬子，禁州縣挾私籍没民産。

甲辰，再蠲臨安府民身丁錢三年。乙卯，金主遣殿前右副都點檢烏凌阿毅〔三〕、太常少卿賈益來賀明年正旦。

乙丑開禧元年春正月己未朔。癸酉，初置澉浦水軍。丙子，出封樁庫金一萬兩以待賞功。丁丑，以許浦水軍隸殿前司。己卯，重定選人捕盜賞爲二等。壬午，雨雹。甲申，雷。賜蘇洵謚曰文。

二月癸巳，徐安國奪三官，命史官改正大奚山賊名。癸卯，詔國用司立考覈財賦之法，下於諸路轉運司。丙午，蠲臨安府逋負酒税錢十八萬緡有奇。乙卯，雪。

三月庚申，太白晝見。辛未，申嚴生子棄殺之禁，仍令諸路主管常平官月給錢米收養之。庚辰，楊次山爲太尉。辛巳，以淮西安撫司所招軍爲强勇軍。癸未，參知政事兼知樞密院事費士寅罷。

夏四月戊子朔，同知樞密院事錢象祖參知政事兼同知樞密院事，吏部尚書劉德秀簽書樞密院事。辛卯，江陵副都統李奕爲鎮江都統，武節大夫皇甫斌爲江陵副都統兼知襄陽府。戊戌，修憲聖慈烈皇后聖德事迹。辛丑，日中有黑子。甲寅，太學生華岳以朝廷將用兵，上書諫，送建寧府編管。乙卯，大風。

五月己巳，御集英殿，賜禮部奏名進士毛自知等四百三十有三人及第、出身。復淳熙薦舉改官法。乙亥，詔曰：「朕惟親親，人道之始，而尊祖睦族禮，所以嚴宗廟、重社稷也。二帝三王之隆，靡不由之。威武軍節度使、衛國公曮，藝祖皇帝十世孫也，自幼鞠於宫中，端重聰哲，凜如成人。日者從游資善，博親義理之訓，益茂温文之德，望實之美，中外聳聞。朕承先帝洪業，夙夜祗畏，懼弗克任，歷日彌重〔三四〕，而國本未立，謂天下何。若稽嘉祐之宏模，爰暨紹熙之令典〔三五〕，有司考禮正名，朕將遵而行之。其以曮爲皇子，進封榮王。」甲申，鎮江都統戚珙遣忠義人朱裕結漣水縣弓手李全〔三六〕，焚漣水縣。金主以邊民侵掠及沿邊增戍來責渝盟。

六月戊子，罷廣東八十一墟税場。辛卯，詔内外諸軍密爲行軍之計。戊戌，命諸路安撫司教閲禁軍。己亥，遣禮部侍郎李壁賀金主生辰。庚子，資政殿學士程松爲四川制置使。辛丑，淮東安撫使鄭挺坐擅納北人牛真及劫漣水軍事敗，奪二官罷。壬寅，天鳴有聲。復同安、漢陽、蘄春三監。乙巳，右丞相陳自强等上新修淳熙以後吏部七司法。壬子，陳自强及侍御史鄧友龍請用本朝故事，以韓侂胄平章軍國事。降大理、三衙、臨安府囚罪一等，釋杖以下。

秋七月己未，右丞相陳自强等復以韓侂胄平章爲請。庚申，太師韓侂胄平章軍國事。命興元都統司增招戰兵。甲子，詔韓侂胄立班丞相上，三日一朝，赴都堂治事。丙寅，樞密都承旨蘇師旦爲安遠軍節度使、在京宫觀，領閤門事。丁卯，詔侍從、兩省、臺諫，在外待制、學士已上及内外諸軍主帥，各舉將帥、邊守一二人。戊辰，贈故丞相趙汝愚少保。己卯，平章軍國事韓侂胄等上高宗皇帝御集。壬午，詔諸路提刑、提舉司措置保甲。癸未，韓侂胄兼國用事。以不雨，詔諸路、三衙、臨安府、兩浙諸州縣及諸路決繫囚。

八月丙戌朔，蠲兩浙闕雨州縣職當錢〔三七〕。丁亥，命湖北安撫使增招神禁軍〔三八〕。癸巳，雨。乙巳，殿前副都指揮使郭倪爲鎮江都統兼知揚州。贈宇文虚中爲少保。追封劉光世爲鄜王。

閏八月戊午，編集隆興以來斷例。癸酉，罷遣應賢良方正能直言極諫科何致。戊寅，平章軍國事韓侂胄等上欽宗皇帝玉牒、憲聖慈烈皇后聖德事迹。

九月丁亥，簽書樞密院事劉德秀罷。庚子，詔官吏犯贓，追還所受如舊法。丁未，遣祕書監鄧友龍賀金主生日〔三九〕。庚戌，大風。

冬十月甲子，汀州守臣陳鑄以歲旱圖瑞禾來獻，詔奪一官。丙寅，陞嘉定府爲嘉慶府。庚子，金主遣吏部尚書紇石烈子仁、禮部郎中孟鑄來賀瑞慶節。復置和州馬監。

十一月乙酉，置殿前司神武軍五千人屯揚州。乙未，申嚴告訐之禁。

十二月癸丑朔，修孝宗皇帝光宗皇帝御集。庚午，詔兩淮、京西監司、帥、守講行寬恤之政。增刺馬軍司弩手〔四〇〕。癸酉，詔曰：「朕惟方今大計在寬民力。二浙承平歲久，生齒日繁，賦租之餘，重以身丁之斂。吏弗加省，民輸益艱，中夜以思，靡遑安處。爰敷曠澤，庸示至懷。兩浙路身丁錢絹，自開禧二年以後，其永除之。」戊寅，金主遣吏部尚書趙之傑、兵部郎中完顔良弼來賀明年正旦。時平章軍國事韓侂胄欲啓虜釁〔四一〕，之傑入見，容止倨慢，持國書逡巡卻立，若將要上爲起者。閤門覺其意，奪書以進。之傑益不平，俄贊者唱云躬身立。躬者，金主父顯宗嫌名也。顯宗名允恭。之傑端立不動。侂胄據前奏請駕還内，繼有旨更以正旦朝見。著作郎朱質上書乞斬虜使〔四二〕，侂胄雖不從，猶罷其天竺之游。

李心傳曰：按孝宗實録淳熙六年十一月乙亥，樞密院言：盱眙軍申，泗州牒，金國完顔亶已祔廟，所有廟諱及同音字並合與回避。詔下有司照會，以此例之，則躬字亦合與避，而不避者，侂胄欲以挑虜也〔四三〕。

是歲，真里富國獻瑞象。江、浙、福建、二廣諸州旱，兩淮、京西、湖北諸州水，賑之。中郎將厲仲方爲和州守。仲方本書生，嘗造戰車、九牛弩，未及用而罷去。周虎繼之，或謂虎用其戰車敗虜於清水鎮云。

丙寅開禧二年春正月癸未朔，蠲兩浙路身丁紬絹。癸巳，再給軍士雪寒錢。發米賑濟貧民。以金人使人悖慢〔四四〕，館伴使副以下奪官有差。乙未，增太學內舍生爲百二十人。辛丑，名國用司曰國用參計所。乙巳，吏部侍郎薛叔似爲湖北京西路宣諭使。己酉，雷，雨雹。辛亥，詔：「坑户毁錢爲銅，不以赦原，仍籍其家，著爲令。」是月，雅州蠻高吟師寇邊〔四五〕，遣官軍討之。

二月癸丑，壽慈宮前殿火，逮曉始熄。於是太皇太后復歸大內。甲寅，詔：「壽慈宮遺火，由朕涼德，以至回禄爲灾，上驚慈闈。可自初四日撤樂、避正殿。」又詔：「已迎請太皇太后還內中，朕連日奏請，乞不須還宮，庶便晨昏之奉，已蒙俞允。」自是車駕月四朝焉。丁巳，以久雨，詔大理、三衙、臨安府及諸路決繫囚〔四六〕。己卯，復御正殿。

三月癸巳，程松爲四川宣撫使，興州都統制吴曦爲宣撫副使。甲午，給事中鄧友龍爲兩淮宣諭使。頒開禧重修七司法。丁酉，詔諸路監司歲十一月行部理囚徒，如五月之制。己亥，車駕從太皇太后幸聚景園。乙巳，參知政事兼同知樞密院事錢象祖罷，參知政事張岩兼知樞密院事。丙午，以錢象祖懷姦避事，奪二官，信州居住。己酉，知處州徐邦憲入見，請立太子，因以肆赦弭兵。侍御史徐柟劾罷之。己未，雅州蠻作亂，四川宣撫司遣兵討捕之。

夏四月庚申，雅州蠻焚碉門寨，官軍失利。四川宣撫司調御前大軍往討之。甲子，薛叔似爲兵部尚書、湖北京西宣撫使。鄧友龍爲御史中丞、兩淮宣撫使。下納粟補官之令。戊辰，四川宣撫副使吳曦兼陝西河東路招撫使。己巳，調三衙兵增戍淮東。庚午，追奪秦檜王爵，命禮官改謚。乙亥，鎮江都統郭倪兼山東京東路招撫使，鄂州都統趙淳兼京西北路招撫使，江陵副都統皇甫斌兼京西北路招撫副使。

講義曰〔四七〕：小人擅朝，欲爲專寵固位之計，往往至於用兵。王、吕變法生事於熙河，王珪懷奸喪師於靈武，繼是則章、蔡造釁於湟、鄯，王黼稔禍於燕雲，誤國殄民〔四八〕，前後一律。今侂胄在朝，窮奸極惡，海内切齒，而復不度事勢，妄啓兵端，使三邊瘡痍，生靈魚肉，雖擢髮不足數其罪矣。

吳曦遣其客姚淮源獻關外四州之地於金人，求封爲蜀王。鎮江都統制陳孝慶復泗州。江州統制許進復新息縣。戊寅，光州忠義人孫成復褒信縣。

五月辛巳朔，陳孝慶復虹縣。吳興郡王抦薨。抦，孝宗之孫，魏惠獻王愷之次子也。光宗即位，進永興軍承宣使，封許國公。紹熙五年七月，封徐國公。慶元元年三月，封王，領昭慶軍節度使。憲聖慈烈皇后復土，遷開府儀同三司。抦早慧，孝宗愛之。慶元初，制曰：「孝宗憐早慧以鍾愛，太上念特立以垂慈，以見貴寵」云。癸未，禁邊郡官吏擅離職守。甲申，調泉州兵赴山東路會合。丙戌，江州都統王大節引兵攻蔡州，不克，官軍大潰。丁亥，詔曰：「天道好還，蓋中國有必伸之理；人心助順，雖匹夫無不報之仇。朕丕承萬世之基，追述三朝之志，蠢茲逆虜〔四九〕，猶託要盟，朘生靈之貲，奉溪壑之欲，此非出於得已，彼乃謂之當然。衣冠遺黎，虐視均於草芥〔五〇〕；骨肉同姓，吞噬極於豺狼〔五一〕。兼別境之侵陵，重連年之水旱，流移罔恤，盜賊恣行，邊陲第謹於周防，文牒屢形於恐脅。自處大國，如臨小邦，迹其不恭，姑務容忍，曾故態之弗改，謂皇朝之可欺。軍入塞而公肆創殘，使來庭而敢爲桀驁。洎行李之繼遣，復慢詞之見加，含垢納污，在人情而已極。聲罪致討，屬胡運之將傾。兵出有名，師直爲壯。況志士仁人，挺身而竭節，而謀臣猛將，投袂以立功。西北二百州之豪傑，懷舊而願歸；東南七十載之生靈〔五二〕，久蔚而思奮〔五三〕。聞鼓旗之電舉，想怒氣之猋馳〔五四〕。噫！齊君復仇，上通九世，唐宗刷恥，卒報百王。矧乎國家之冤〔五五〕，接乎耳目之近〔五六〕；夙宵是悼，涕泗無從。將勉輯於大勳，必允資於衆力。言乎遠，言乎邇，孰無忠義之心。爲人子，爲人臣，常念祖宗之憤〔五七〕。益勵執干之勇，式對在天之靈，庶幾中興舊業之再光，庸示永世宏綱之猶在。布告天下，明體至懷。」己丑，追封吳興郡王抦爲沂王。癸巳，以北伐告於天地、宗廟、社稷。江陵副都統兼京西北路招撫副使皇甫斌引兵攻唐州，官軍大敗。興元都統秦世輔出師至城固縣，軍大亂。甲午，以宗室希瞿子賜名均，爲沂王抦後，補千牛衛將軍。池州副都統郭倬、主管馬軍行司公事李汝翼會兵攻宿州，官軍敗績。壬寅，太白晝見。簡荊襄、兩淮田卒以備戰兵。癸卯，郭倬等還至蘄縣，金人追而圍之。倬執馬軍司統制田俊邁以與金人，乃得免。

六月壬午，江州都統王大節除名，袁州安置。癸丑，建康府都統李爽攻壽州，官軍敗績。

講義曰：吾與北虜〔五八〕，本不與共戴天。稽之天地之常經，參之古今之通誼，仰對祖宗九廟之神靈，俯揆臣民萬姓之公心，靖康之恥，不可不雪也，昭昭矣。南渡中興，高宗、孝宗未嘗一日忘此仇也。徒以天運未回，虜勢猶熾，故含垢茹恥，以奠安南北之赤子，曷嘗以爲可恃哉〔五九〕。今開禧間，金虜駸駸有微弱之漸，骨肉内叛，韃騎外攻〔六〇〕，固幸有機之可乘。然而恢復大計當以人材爲先。真宗之禦契丹也，必有李繼隆、石保吉，然後成澶淵克敵之勳。仁宗之制夏羌也，必有韓琦、范仲淹，然後收曩霄納款之績。侂胄何人，乃敢生事開邊乎。宜其自取誅夷之禍也。

甲辰，鄧友龍罷，尋奪三官，送興化軍居住。命丘崈宣撫兩淮，遷刑部尚書代之。乙卯，雅州蠻高吟師出降〔六一〕，官軍殺之。丁巳，復褒信縣。是日，貶郭倬等官。倬與李汝翼以宿州之敗，皇甫斌以唐州之敗，並奪三官。甲子，李爽罷，以壽州之敗也。丁卯，曲赦泗州，降雜犯死罪囚，餘皆除之。蠲其租税三年。是日，建康府副都統田琳復壽春府。戊辰，雅州蠻復寇邊，官軍既殺高吟師，是日，官軍出禁門欲深入夷界，會有爲石棚所壓者，乃遣土丁先往攻之。權提刑督捕司僉廳任處厚時在碉門，以狀白提刑劉崇之言：「本遂進焚其巢，以天稍晚，姑俟一二日。」然穴中已無首領，焚之無疑。崇之未至雅州，聞除總領財賦之命，遂歸。王鉞亦還始陽。土丁深入至白茶平，聞官軍已還，匆遽而出。既而夷人掩官軍不備，詐攜牲醪云來奠死者，及暮縱火焚臨江院，兵屯者皆死，出奔者多爲所殺。文龍州膽勇將苟顯忠聞變〔六二〕，率所部拒之，夷人稍卻。既而援軍無至者，其軍殲焉。興元府後軍準備將張全忠引數千兵繼出，賊大至，全忠戰死，官軍共失千餘人。後軍正將陳堯輔赴節制司白事，還至尼陽，聞其一軍盡沒，即自刃而死。王好謙、王鉞皆走，退屯多功（去始陽二十里），夷人進據大城山〔六三〕，距始陽不數里，盧山邊民亦皆驚遁。鉞遂入雅州。又歸興州。以綿州統領官甘選權節制，夷人晝夜焚掠，自碉門而東凡四十里靡有孑遺〔六四〕。好謙命西兵將屈彦招集土丁屯始陽，令碉門土居進士李午山鳴鳳往沙平招諭〔六五〕。又遣人約嵓蕃夾攻之。會宣撫司遣成都路兵馬都監王全將飛山義勇軍三百人同節制〔六六〕，癸酉，離成都，全、好謙共議再與之和，夷酋高奴嵬等聽許。戊寅，蘇師旦既爲韓侂冑奏劾，與在外宮觀，尋又奪三官，衡州居住，仍籍其家，除名，韶州安置。是月，兩淮宣撫丘崈至揚州，分守沿淮要害。金虜封吴曦爲蜀王，賜以金印〔六七〕。

秋七月，梁、洋義士統制母思襲取和尚原〔六八〕。詔侍從、臺諫、兩省、卿監、郎官、監司、郡守、前宰執侍從各舉人才二十人。壬午，雅州蠻出降。癸卯，張岩知樞密院事，李壁參知政事〔六九〕。丁卯，誅郭倬於鎮江府。壬申，置御前强勇軍，淮東安撫司所招者。

九月壬午，虜復陷和尚原〔七〇〕。權都統制范仲壬出師寶雞，小捷。未幾，楊輔遺書韓侂胄，言蜀兵驕，糧乏財計已匱，暫休息以規後圖未爲失計。戊子，雷。辛卯，合祭天地於明堂，赦天下。乙巳，賞復泗州功。

冬十月戊申朔，詔内外軍帥各舉智勇可爲將帥者二人。辛酉，罷瑞慶節宴。丙子，金虜自清河口渡淮，守將郭超失利，遂圍楚州。

十一月庚辰，命主管殿前司公事郭杲領兵駐真州，援兩淮。辛巳，虜犯棗陽軍，有北來韓元靚者，至真州，微露和意。自言安陽人，魏公五世孫也。丘崈遣人護送北還，令問端的。丙申，元靚人還，得幅紙，乃行省文字，崈以聞於朝。甲申，命丘崈督視江淮軍馬，除簽書樞密院事。虜犯神馬坡，江陵副都統魏友諒突圍趨襄陽，忠勇軍統制吕渭孫欲圖友諒，友諒格殺之。乙酉，趙淳焚樊城。戊子，金人犯廬州，田琳拒退之。癸巳，以金人犯淮告於天地、宗廟、社稷。乙未，避殿減膳。湖廣總領陳謙爲湖北京西宣撫副使。丙申，太師、平章軍國事韓侂胄獻家財二十萬以助軍費。金人圍廬州。丁酉，金人犯舊岷州，守將王喜遁去。戊戌，金人圍和州，守將周虎拒之。金人陷信陽軍。辛丑，金人圍襄陽。壬寅，金人陷隨州。癸卯，太皇太后賜錢一百萬緡犒軍士。詔諸路招填禁軍以待調遣。甲辰，金人犯真州。乙巳，金人犯西和州。辛亥，釋大理、三衙、臨安府杖以下囚。是月，濠州、安豐軍及並邊所屯皆爲金人所陷。

十二月戊申，金人圍德安府，守將李師尹拒之。庚戌，金人陷成州，守臣辛槱之遁去。吴曦焚河池縣，退屯青野原。癸丑，金人去和州。甲寅，金人攻六合縣，郭倪遣前軍統制郭僎救之，遇於湑浦橋，官軍大敗。倪棄揚州走。丁巳，金人陷大散關。癸亥，江陵副都統魏友諒軍潰於花泉，友諒走江陵。丁卯，金人犯七方關，興州中軍正將李好義拒卻之。戊辰，吴曦還興州。金人自淮南退師，留一軍據濠州。己巳，郭倪罷，奪三官，責授果州團練副使，南康軍安置。庚午，薛叔似、陳謙罷京湖北路安撫使〔七一〕，吴獵爲湖北京西宣撫使。復兩浙圍田。募兩淮流民耕種。壬申夜，興州天赤如血，照地如晝。自是月初，有日摩於初晴之時，至是復有此異。癸酉，吴曦始自稱爲蜀王。甲戌，鎮江副都統畢再遇爲鎮江都統、權山東京東招撫司公事。乙亥，四川宣撫使程松遁。

丁卯開禧三年春正月丁丑朔，簽書樞密院事、督視江淮軍馬丘崈罷。己卯，知樞密院事張岩督視江淮軍馬。庚辰，右丞相陳自强兼樞密使。癸未，金人陷階州。丁亥，皇子圻生。庚寅，詔建康府、兩淮民錢遺歸業。辛卯，吳曦以僞命招通判興元府、權大安軍事楊震仲〔七二〕，不屈死之。癸巳，命兩淮帥守監司招集流民。甲午，吳曦僭位於興州。甲辰，池州都統陳孝慶奪三官罷。

二月戊申，雪。壬子，以金人退師，御殿復膳。甲寅，福建路總管兼延祥水軍統制商榮削奪官爵，柳州安置。己未，吳曦反書聞，朝廷大震。韓侂胄與曦書，許以茅土之封，書與御札同發。罷西川宣撫司程松〔七三〕，以成都府路安撫使楊輔爲四川制置使。沿江制置使葉適兼江淮制置使。庚申，以不雨詔大理、三衙、臨安府決繫囚，罷諸路添差冗員。癸亥，皇子圻薨，追封順王，謚曰沖懷。甲子，賑給旱傷州縣貧民，命諸路提刑司從宜斷疑獄。丁卯，罷江、浙、京、湖、福建招軍。戊子，皇子埏生。庚午，虜去襄陽〔七四〕。

講義曰〔七五〕：高宗之抗金賊也〔七六〕，必有張、韓、劉、岳然後挫兀术〔七七〕。今則總戎三邊者誰歟？吳曦特膏粱之子弟，郭倪、郭倬、李爽、李汝翼、皇甫斌諸人又皆闒茸之庸才。平居暇日，不過尅剥士卒〔七八〕，苞苴饋賂，圖爲進身之梯媒，甚者且外交仇虜以伺中國之動静矣〔七九〕。朝廷顧以推轂制閫之事悉以委之〔八〇〕，師纔出境而前者敗、後者潰，大者殲、小者奔，罪甚者誅戮，輕者投竄，而統蜀漢之逆曦又以叛聞。用兵以來，虜之損未一二，而吾國之喪失敗亡已不可勝計矣。假使鄧禹聞之，寧不笑人於地下乎。

乙亥，安丙等誅吴曦。先是，正月辛丑，李孝義與其徒謀舉義。二月壬戌，楊巨源至興州見安丙謀之。丙喜。明日始出視事。辛未，鳳州進士楊君玉引楊巨源以見李孝義。二十六日壬申，巨源介孝義以謁安公，議遂定。君玉退與其鄉人白子申共草密詔，而安公潤色之。二十八日甲戌，巨源書密詔以納安公。二十九日乙亥，未明，好義以所結官軍殺曦於僞宫，軍士李貴斬曦首，巨源尋以義士至，君玉宣密詔，安丙權宣撫使，巨源爲參贊軍事。

三月丁丑，誅徐景望，以受僞命入利州逐總領官劉崇之也〔八一〕。己卯，利東帥劉甲帛書至行在〔八二〕，復賜帛書令從長處置。辛巳，費士寅誅董鎮於廣都。鎮，曦之客，傳僞命於成都者也。時士寅新知潼川府，未上，鎮至廣都爲所殺。鎮有遺曦書，言楊侍郎未肯通情。蓋指楊輔云。丙戌，賜安丙帛書，諭以能殺曦報國，當不次推賞，雖二府之崇亦所不吝。於是曦已誅而朝廷未知也。丁亥，趙彦吶誅禄禧於夔州。禧，曦之將也。

己丑，瀘帥李君亮遣間使至行在，就賜費士寅帛書，令叶心經理。癸巳，興州中軍統制李孝義復西和州。丙申，命吴獵兼總西事。庚子，誅吴曦露布至行在，朝廷大喜。安丙知興州兼四川宣撫副使，除端明殿學士楊輔宣撫制置使兼知成都府，許奕四川宣諭使，以起居舍人充。竄程松，落資政殿大學士、奪六官，筠州安置。忠義統領張翼復鳳州。辛丑，曲赦四川，降雜犯死罪囚，釋杖以下。詔吴曦妻子論死外，男子年十五以下，送二廣州軍編管。吴璘子孫移徙出蜀。吴玠子孫免連坐。壬寅，程松責授順昌軍節度副使、澧州安置。

夏四月戊申，湖北京西宣撫使吴獵兼四川宣諭使。命四川宣撫司察守節官吏及從僞者具名以聞。皇子埛薨，追封申王，謚曰沖懿。癸丑，降德音於兩淮、湖北、京西被兵諸州，降雜犯死罪囚，釋流以下。湖北、京西諸郡毋納今年租税。四川忠義人復大散關。己未，奉使金國通謝國信所參議官方信孺發行在〔八三〕。庚申，兵部尚書宇文紹節權江陵府、權湖北京西宣撫使。壬戌，詔四川宣諭使吴獵與宣撫司共議，分興州都統司軍之半屯於利州。丁卯，召四川宣撫使楊輔赴行在。以吴獵爲四川制置使。吴曦首函至行在。戊辰，獻於廟社，梟首三日。資政殿學士錢象祖參知政事〔八四〕。己巳，改興州爲沔州。詔存吴璘廟祀，追奪曦父吴挺官爵。庚午，贈前通判興元府事楊震仲官，官其子一人。癸酉，金人復陷大散關。甲戌，降德音於西和、成、鳳州。

五月丁丑，賞誅吴曦功。戊寅，用四川宣撫司奏，受僞命人張伸之等貸命、除名、編配二廣、湖南諸州。己丑，以不雨，禱於天地、宗廟、社稷。賜沂王抦謚曰靖惠。辛卯，太皇太后有疾，赦天下。是日，太皇太后崩。四川宣撫使司參贊軍事楊巨源與金人戰於長橋，爲所敗。庚子，復置沔州副都統制，以李孝義爲之。分沔州都統司十軍隸兩都統節制。辛丑，李孝義襲秦州，軍敗而還。

六月甲寅，賞守襄陽功。己未，李孝義遇毒死。癸亥，大府寺丞林拱辰爲金國通謝使，右驍衛中郎將林仲虎副之。中書門下省檢正諸房公事富琯爲告哀使，左屯衛將軍李謙副之。樞密院編修官劉彌正爲賀生辰使，閤門舍人陳良彪副之。癸酉，四川宣撫副使安丙殺其參議官楊巨源。

秋七月己卯，不儔爲嗣濮王。乙酉，詔曰：「朕德弗類，致天之灾。比者郡邑間被大水，加以飛蝗爲孽。永惟咎證，震悼於衷。二三大臣，其助朕思，正厥事以迪百工，俾内無誕慢私詖之風〔八五〕，外無貪墨暴刻之政。其有灾傷，當行賑恤者，具以狀聞。毋得蒙蔽。矧今兵戍久勞，瘡痍未息，一念及此，痛如朕躬，疆埸之吏，尤當極力綏輯，稱朕閔恤元元之意焉。」

八月壬戌，劉甲爲四川宣撫使〔八六〕，以密劄除之。

九月丁丑，詔以和議未可就，令諸大帥申儆邊備。己卯，侂胄復有用兵意，遂除辛棄疾樞密院都承旨，疾速赴行在奏事。會棄疾病死，乃已。辛巳，召督視江淮軍馬張岩赴行在。壬午，貶方信孺，坐以私覿物擅作大臣饋遺虜將，奪三官，臨江軍居住。甲申，減極邊官吏舉生員〔八七〕。乙酉，成肅皇后權攢於永阜陵。丙戌，詔金國通謝使還行在。命措置雄淮軍。丁亥，江淮制置使葉適罷。辛卯，鄂州都統趙淳爲殿前副都指揮使兼江淮制置使。乙未，知樞密院事張岩罷。辛丑，遣差監登聞鼓院王柟持書赴金國〔八八〕，與副元帥府。壬午，祔成肅皇后神主於太廟。

冬十月乙巳，降德音，降臨安府、紹興府罪囚一等〔八九〕，民緣攢宮役者蠲其賦。丙午，更置殿前司純隊法。乙卯，復珍州、遵義軍。丙辰，詔曰：「朕寅奉基圖，遹遵祖武，憂勤弗怠，敢忘繼志之誠。寡昧自量，尤謹交鄰之道。屬邊臣之妄奏，致兵隙之遂開，重困生靈，久勤征役，省躬自咎，攬涕何言。第惟敵人陰誘曦賊，計其納叛之日，乃在交鋒之前，是則造端豈專在我。況先捐泗上已得之地，亟諭諸將斂戍而還，蓋爲修孝之階〔九〇〕，所冀不遠之復。適傳來款，自我元戎，庸告九廟之靈，並嚴三使之選，束裝於境，持報即行。凡所要求，率多聽許，彌縫既至，悃愊備殫〔九一〕，無非曲爲於斯民，詎意復乖於所約。議稱謂而不度彼己，索壤地而擬越封陲，規取貨財，數踰千萬，雖盟好之當續，念膏血之難脧。茲敷露於腹心，用伸儆於中外。深惟暴露，重痛死傷，疆埸耗於流離，郡縣煩於供億，致汝於此，皆朕之愆。當知今日之師，誠非得已而應〔九二〕，豈無忠義，共振艱虞，思祖宗三百年涵濡之恩，極南北億萬衆創殘之苦〔九三〕，上下同力，遐邇一心，鑒往轍之莫追〔九四〕，幸方來之有濟。嗚呼，事雖過舉，蓋猶繫於綱常，理貴反求，況已形於悔艾。凡我和戰，視彼去來，各有衛上之忠〔九五〕，茂建保邦之績。緊爾有衆，體茲至懷。」甲子，詔紹興府均敷和買。

十一月甲戌，詔太師韓侂胄輕啓兵端，可罷平章軍國事，與在外宮觀。陳自强阿附充位，可罷右丞相，日下出國門。乙亥，禮部侍郎史彌遠等以密旨命權主管殿前司公事夏震誅韓侂胄於玉津園。彌遠建去凶之策，既得密旨，乃以告參政錢象祖〔九六〕、李壁〔九七〕，皇子榮王入奏，遂有此旨，仍命殿前司中軍統制、權主管本司公事夏震選兵三百防護侂胄，別選兵二百守其府門。錢象祖欲奏審，史彌遠夜往其府趣之，李壁亦言恐事留或泄，乃已。次早，侂胄入朝，至太廟前，震呵止之，其從者皆散。護聖步軍準備將夏挺以帳下親隨三十四人擁侂胄車以出〔九八〕，中軍正將鄭發、王斌引所部三百執弓鎗刀斧護送至玉津園側，殛殺之。侂胄用事十四年，威行宮省，權震天下。初以預聞內禪爲己功，竊取大權。中則大行竄逐，以張其勢。始則朝廷施設悉令稟命，後則託以臺諫大臣之薦，盡取軍國之權，決之於己。裒引姦邪，分布要路，陵悖聖傳，以正學爲僞學，横誣元老，以大忠爲大逆。紹興末年以來，臺諫每月必一請對，察官每月必一言事，從官兩月必一求見，否則謂之失職。自侂胄扼塞言路，從官既不言事，臺諫亦多牽掣。凡所論列，若位望稍高之人，蓋皆有所受。此外則每月將終必按小吏一二人，謂之月課。始者猶及釐務官與郡守之屬，已而浸及屬官曹掾，最後則簿尉、監當皆在月課之列矣。又有泛論君德時事之類，皆取其陳熟緩懦〔九九〕，絕無攖拂者言之。以至百官轉對，監司、帥守奏事亦然。或問之，則愧謝曰：聊以藉手。臺諫官則曰：聊以塞責。有監察御史當應諫乃言：「都城貨塞栗者〔一〇〇〕，皆以黃紙包之非便。乞禁止。」聞者哂之。私意既行，凶燄日熾，交通賂遺，奔走四方，童奴濫授以節鉞，嬖倖踞肆於掖庭。創鑿亭園，震驚太廟之山，燕樂語笑，徹聞神御之所。窮奢極侈，僭擬宮闈。丁巳歲，侂胄生辰，宰執、侍從至四方牧守，皆上禮爲壽。直寶文閣、四川茶馬獻紅錦壁衣、承塵地衣之屬，修廣高下皆與中堂等，蓋密量其度而預爲之也。吏部尚書獻紅牙果卓十位，衆已駭之，權工部尚書獻真珠搭襠十副，光耀奪目，蓋大長公主奩中故物。司農卿兼知臨安府最後至，出小合曰：「寒書生無以爲獻，有少果核，姑侑一觴。」啓之，乃粟金蒲萄小架，上有大北珠百枚，衆皆慚沮。丁卯歲，侂胄生辰，大臣以下皆排列所獻於天慶觀之廡下〔一〇一〕，都人競往觀之，其首列有紅榜大書云：「門生特進右丞相兼樞密使秦國公陳自强，恭遇恩主太師平章郡王降誕之辰，仰祝鈞算。」其侈靡有如此者。凡除擢要臣，選用兵帥，皆取決於廝役蘇師旦之口。己所欲爲，不復奏稟，徑作御筆批出。軍事既興，又置機速房於私第，應御前金字牌悉留其家。凡所遣發，未嘗關白。方其出入禁庭，了無顧忌，雖孝宗皇帝疇昔燕坐思政之所，亦偃然冒居，老宮人見之，爲之感涕。歲時錫燕内庭，親王戚里預焉可也。師旦刑餘賤吏，乃邀至其間，更相酬酢，褻瀆名分一至於此。勢焰薰灼，視公卿如奴僕。宰相以下，匍匐趨走，一則恩主，二則恩王，甚者尊之以聖，呼以我王。除太師麻詞有「聖之清」、「聖之和」等語。除平章麻詞有「超群倫」「洞聖域」等語。高文虎之子似孫爲祕書郎，因其誕日獻詩九章，每章用一錫字，侂胄當之不辭。辛棄疾因壽詞贊其用兵，則用司馬昭假黄鉞異姓真王故事。由是人疑其有異圖。自知積失人心，中外嗟怨，乃爲始禍之計，蓄無君之心，謀動干戈〔一〇二〕，圖危宗社，沿邊赤子骨肉流離，肝腦塗地，死於非命，不知其幾千萬人。與逆曦結爲死黨，假之節鉞，授以全蜀兵權，曦之叛逆，誰實使之。方曦之叛蜀，人盛傳封侂胄爲吴王〔一〇三〕。又謂侂胄欲與曦分吴、蜀之地而王之。有司簿錄其家，多有乘輿服御。如居用木圍，寢用龍衾，坐用升龍牙牀，飾以真紅絛結，如此等類，意欲何爲。察其用心，稽其稔惡，雖寸斬之亦不足以謝天下。殛死之日，京都士女歌舞於市。方其盛時，鋤害善類，不遺餘力，及其敗也，黨錮諸賢，無不録用，褒賚九原，衮榮千古〔一〇四〕，雖暫爲所抑，要之以久，公論未嘗不伸也。是日，新除右諫議大夫林行可方請對，自强至漏舍語同列曰：「大坡今日上殿。」俄而侂胄前驅至，象祖彷徨不知所出。尋報侂胄已押出，權吏部尚書兼權給事中陸峻、工部侍郎兼知臨安府趙善堅聞之失色，相與耳語，同列叱之。象祖探懷中堂帖授自强曰：「有旨丞相罷政。」自强即上馬，顧曰：「望二參政保全。」象祖、壁赴延和殿奏事。丙子，侂胄、自强並罷爲醴泉觀使。丁丑，責侂胄爲和州團練副使、郴州安置；自强追三官，永州居住；蘇師旦特決脊杖二十，配吉陽軍。參知政事錢象祖兼知樞密院事，李壁兼同知樞密院事。詔曰：「朕德不明，信任非人。韓侂胄懷奸擅朝，威福自己，劫制上下，首開兵端，以致兩國生靈肝腦塗地，興言及此，痛切於衷。矧復怙惡罔悛，負固彌甚〔一〇五〕，疏忌忠讜，廢公徇私，氣燄所加，道路以目。今邊戍未解，怨毒孔滋，凡百縉紳，洎於將士，當念目前過舉〔一〇六〕，皆侂胄欺罔專恣，非朕本心。今既罷逐，一正權綱，各思勉旃，爲國宣力，飭兵謹備，以圖休息，稱朕意焉。」丁丑，夏震爲福州觀察使、主管殿前司公事，將士行賞有差。戊寅，詔韓侂胄改送英德府安置，陳自强責授武泰軍節度副使，依舊永州居住。是日，又詔韓侂胄除名勒停，送吉陽軍，籍没家財；自强送韶州，並安置。有司簿録侂胄家，得蘇師旦所與書云：「步軍司人少，殿前司人多，今欲殿前司人令與步軍司相等，卻撥殿前司所多之人別立一軍，使信臣掌之。」信臣，師旦自謂也。己卯，詔師旦處斬，命廣東憲臣莅其刑，妻子編置。周筠決脊，刺配嶺外。詔曰：「奸臣擅朝，畏人議己，專事壅蔽，下情不通，政理多闕。今既竄殛，當首開言路以來忠讜。中外臣僚其各條具所見以聞。」辛巳，鄧友龍再奪五官，南雄州安置。乙酉，置御前忠鋭軍。丙戌，御史中丞衛涇簽書樞密院事兼參知政事。鄧友龍除名安置。丁亥，詔曰：「古先哲后，豫建元良〔一〇七〕。祖宗以來，厥有彝典。朕獲承至尊，休德十有四載，而主鬯尚虚，非所以重天器〔一〇八〕、正大本也。皇子曮，天姿英粹，學問日充，望足繫於人心，言有裨於治道。蔽自朕志，處以儲闈，用衍萬世無疆之緒，立爲皇太子，改名幬。」〔一〇九〕戊子，郭倬除名，梅州安置；郭僎除名，連州安置，仍籍其家。參知政事李壁罷〔一一〇〕，奪二官，撫州居住。己亥，以立皇太子赦天下。

十二月癸卯，江南東路安撫使丘崈爲江淮制置大使。罷山東京東招撫司。起居郎許奕爲金國通問使，前知真州林伯成副之。伯成不行，以帶御器械吴衡副之。乙巳，太白晝見。丁未，罷京西北路招撫使。己酉，罷葉適寶文閣待制。庚戌（許及之奪二官，泉州居住。薛叔似奪二官，福州居住。）皇甫斌再奪五官，英德府安置。癸丑，金人復陷隨州。辛酉，參知政事錢象祖爲右丞相兼樞密使，衛涇及給事中雷孝友並參知政事，吏部尚書林大中簽書樞密院事。甲子，楊次山開府儀同三司。乙丑，禮部尚書史彌遠同知樞密院事。丙寅，贈吕祖儉朝奉郎、直祕閣，官其子一人。丁卯，詔改明年元，詔曰：「頻年相繼，寰宇多虞，邊釁遽開。顧生靈之何罪，蟲蝗爲孽，與旱潦之相仍〔二一〕。皆權臣誤國之致，斯在菲質，應天之敢後〔二二〕。今則典刑以正〔二三〕，綱紀益張，乃因正月之和，適際三陽之泰，誕揚大號，亶告多方，其以明年爲嘉定元年。」是歲，浙西旱蝗，沿江諸州水。

校證

〔一〕光宗　李校：原作「九宗」，據兩朝綱目卷六改。汪按：文海本字殘似「光宗」，再造本、宋史卷一〇九禮志均作「光宗」，應作校改依據。

〔二〕政府　原作「正府」，文海本同，據再造本、兩朝綱目卷七、佚名慶元黨禁校改。

〔三〕齋敕　再造本、文海本均作「齊精」，兩朝綱目卷六作「齋精」。

〔四〕慘怛　再造本、文海本、兩朝綱目卷六均作「憯怛」。

〔五〕等威　再造本、文海本同，兩朝綱目卷六作「差等」。

〔六〕毋得授寓居州任上務官著爲令　文海本同，句不通，疑有誤。再造本作「毋得授寓居州任上務官著爲令」，宋史卷三八寧宗紀作：「詔文武臣無寓居州任釐務官，著爲令。」可參。

〔七〕澮復罷政魁愉盡去　「政」原作「正」，文海本同，據再造本、永樂大典卷一二九六五校改。文海本「政」多作「正」，此乃一例。罷政即罷知樞密院事。兩朝綱目卷七、劉時舉續宋編年資治通鑑卷一二、慶元黨禁均作「澮罷知樞密院事，魁愉盡去」。可爲佐證。

〔八〕供張　再造本、文海本、兩朝綱目卷七均同，慶元黨禁作「供帳」。

〔九〕此賤姓名　再造本、文海本、兩朝綱目卷七、宋史卷三九六程松傳、續宋編年資治通鑑卷一二、佚名慶元黨禁均作「疵賤姓名」。

〔一〇〕徒單懷忠　再造本同，文海本作「徒單還忠」。

〔一一〕資政殿學士　「政」原作「正」，文海本同，據再造本、宋史卷三八寧宗紀、卷三九二趙汝愚傳校改。

〔一二〕趙煥　本書卷二八同，再造本、文海本、宋史卷八二律曆志、朝野雜記甲集卷四紀元統元會元曆乙集卷五總論應天至統天十四曆、王應麟玉海卷一〇律曆、陳傅良止齋集卷一七趙涣補官均作「趙涣」。似作「趙涣」是。

〔一三〕草澤　此「草澤」與下文二「草澤」，原均作「章澤」，據再造本、文海本、宋史卷八二律曆志、朝野雜記甲集卷四紀元統元會元曆乙集卷五總論應天至統天十四曆、玉海卷一〇律曆校改。
〔一四〕講義曰　再造本、文海本同，續宋編年資治通鑑卷一三作「吕中曰」。
〔一五〕太宰　原作「大寧」，再造本、文海本同，據吕中類編皇朝中興大事記講義卷二六、續宋編年資治通鑑卷一三校改。另宋史卷二一徽宗紀載，政和六年五月「庚子，以鄭居中爲少保、太宰兼門下侍郎」，卷三五一鄭居中傳亦載鄭居中任太宰事，并可參。
〔一六〕兩觀　「兩」字原爲空闕，文海本兩字模糊難辨，今據再造本、類編皇朝中興大事記講義卷二六、續宋編年資治通鑑卷一三補「兩」字。
〔一七〕徒單公弼　原作「圖克坦公弼」，據再造本、文海本、永樂大典卷一二九六五回改。
〔一八〕謝輝　再造本、文海本、永樂大典卷一二九六五同，兩朝綱目卷五作「謝源明」，朝野雜記甲集卷一六錢引兑監界作「謝用光」，考謝源明字用光，可知兩朝綱目、朝野雜記所載一致，與本書異。
〔一九〕一年一兑　再造本、文海本同，兩朝綱目卷五、朝野雜記甲集卷一六錢引兑監界均作「二年一兑」。
〔二〇〕湖南　原作「胡南」，文海本同，據再造本、兩朝綱目卷八、宋史卷三八寧宗紀、續宋編年資治通鑑卷一一三校改。

〔二一〕亦是　再造本、文海本同，兩朝綱目卷八、慶元黨禁作「亦冒」。

〔二二〕通　文海本似「獨」，再造本、永樂大典卷一二一九六五均作「獨」。

〔二三〕金國　李校：原作「金主」，據兩朝綱目卷七改。汪按：再造本、文海本、永樂大典卷一二一九六五均作「金主」，續宋編年資治通鑑卷一三作「金國」。作「金國」似是。

〔二四〕善拂茶　「拂」原作「沸」，據再造本、文海本、兩朝綱目卷六、慶元黨禁校正。

〔二五〕十千　原作「士十」，文海本作「十十」，據再造本、兩朝綱目卷六、慶元黨禁校改。

〔二六〕有直省官持帖召來日午後至府相見　再造本作「有直省官持呼召來日午後至府相見」，文海本作「有直省官持叫召來日午後至府相見」，兩朝綱目卷六、續宋編年資治通鑑卷一二、慶元黨禁均作「有直省官持呼召來者，約來日午後至府相見」。

〔二七〕疑其由徑　再造本、文海本、朝野雜記乙集卷一三六部架閣官、慶元黨禁均同，惟兩朝綱目卷八作「疑其由他徑」。

〔二八〕囊橐多失遺者　再造本同，文海本作「囊橐多失遺者」，兩朝綱目卷八、慶元黨禁均作「囊橐無孑遺者」。

〔二九〕移居　原作「修居」，據再造本、文海本、兩朝綱目卷八、慶元黨禁校改。

〔三〇〕雄效　原作「雄校」，據再造本、文海本、兩朝綱目卷八、宋史卷三八寧宗紀、續宋編年資治通鑑卷一一三校改。

〔二一〕龖兩浙闕雨州縣逋租　「雨」原作「兩」，「逋」原作「補」，再造本、文海本同，據兩朝綱目卷八、宋史卷三八寧宗紀校改。

〔二二〕右丞相　李校：原作「自丞相」，據宋史宰輔表四改。汪按：再造本、文海本作「右」不誤，應作校改依據。

〔二三〕烏凌阿毅　文海本作「烏林達毅」，再造本、永樂大典卷一二九六五均作「烏凌答毅」。

〔二四〕彌重　再造本、文海本同，兩朝綱目卷八作「彌長」。

〔二五〕紹熙　再造本、文海本同，兩朝綱目卷八作「紹興」。疑作「紹興」是。

〔二六〕戚珙　再造本、文海本同，兩朝綱目卷九、宋史卷三八寧宗紀、續宋編年資治通鑑卷一三均作「戚拱」。

〔二七〕龖兩浙闕雨州縣職當錢　「雨」原作「兩」，據再造本、文海本、宋史卷三八寧宗紀校改。「職當錢」，再造本、文海本同，不見他處有載，宋史卷三八寧宗紀作「贓賞錢」，似是。

〔二八〕神禁軍　再造本、文海本同，兩朝綱目卷九、宋史卷三八寧宗紀、續宋編年資治通鑑卷一三均作「神勁軍」。

〔二九〕鄧友龍賀金主生旦　再造本、文海本同，然金主生日天壽節在八月，不該九月遣使，另宋史卷三八寧宗紀、金史卷六二交聘表均載鄧友龍使金賀正旦，係嘉泰四年九月出發，賀金泰定五年(宋開禧元年)正旦,與本書不合,本書此處似有誤,存疑待考。
〔四〇〕增刺　原作「增利」,再造本、文海本同,「增利」不文。據兩朝綱目卷九、宋史卷三八寧宗紀、續宋編年資治通鑑校改。
〔四一〕虜釁　原作「邊釁」,據再造本、文海本回改。
〔四二〕虜使　原作「北使」,據再造本、文海本回改。
〔四三〕挑虜　原作「挑兵」,據再造本、文海本回改。
〔四四〕金人　再造本、文海本作「金主」。
〔四五〕高吟師　再造本、文海本同,兩朝綱目卷九、朝野雜記乙集卷二〇丙寅沙平之變、宋史卷三八寧宗紀、續宋編年資治通鑑卷一三均作「高吟師」。
〔四六〕諸路　「路」字原脱,再造本、文海本同,據兩朝綱目卷九、宋史卷三八寧宗紀補。
〔四七〕講義曰　再造本、文海本同,續宋編年資治通鑑卷一三作「呂中曰」。
〔四八〕殄民　再造本、文海本、類編皇朝中興大事記講義卷二六同,續宋編年資治通鑑卷一三作「戕民」。
〔四九〕蠢茲逆虜　原作「惟茲北敵」,據再造本、文海本、兩朝綱目卷九回改。
〔五〇〕草莽　再造本、文海本同,兩朝綱目卷九作「草芥」。
〔五一〕吞噬極於豺狼　「極」,再造本、文海本同,兩朝綱目卷九作「劇」。

〔五二〕生靈　再造本、文海本同，兩朝綱目卷九作「遺黎」。
〔五三〕久蔚　再造本、文海本同，兩朝綱目卷九作「久鬱」。
〔五四〕猋馳　再造本、文海本同，兩朝綱目卷九作「飆馳」。
〔五五〕國家之冤　「冤」，再造本、文海本同，兩朝綱目卷九作「仇」。
〔五六〕耳目　再造本、文海本同，兩朝綱目卷九作「月日」。
〔五七〕常念　再造本、文海本同，兩朝綱目卷九作「當念」。
〔五八〕北虜　此「虜」與下文「金虜」之「虜」，原均作「人」，並據再造本、文海本回改。
〔五九〕以爲可恃　再造本、文海本同，類編皇朝中興大事記講義卷二六作「以和爲可恃」。
〔六〇〕韃騎　原作「敵騎」，據再造本、文海本回改。
〔六一〕高吟師　似應作「高吟師」，參開禧二年正月條校記。下文「高吟師」同此。
〔六二〕茍顯忠　「茍」，文海本字殘似「苟」，再造本、兩朝綱目卷九、朝野雜記乙集卷二〇丙寅沙平之變均作「苟」。
〔六三〕大城山　再造本、文海本、兩朝綱目卷九均同，朝野雜記乙集卷二〇丙寅沙平之變作「水城山」。
〔六四〕孑遺　原作「子遺」，不文，據再造本、文海本校改。
〔六五〕土居進士李午山　再造本、文海本、兩朝綱目卷九均同，惟朝野雜記乙集卷二〇丙寅沙平之變作「土居貢士李牛山」。

〔六六〕王全　再造本、文海本、兩朝綱目卷九、朝野雜記乙集卷二〇丙寅沙平之變均同，惟續宋編年資治通鑑卷一三作「王金」。

〔六七〕金虜　此「金虜」與下文「金虜自清河口渡淮」之「金虜」，原均作「金人」，並據再造本、文海本、兩朝綱目卷九回改。

〔六八〕毋思　文海本同，再造本、續宋編年資治通鑑卷一三作「毋思」。朝野雜記乙集卷一八丙寅淮漢蜀口用兵事作「毌丘思」。疑後者是。

〔六九〕李壁　原作「李璧」，據再造本、文海本、兩朝綱目卷九、宋史卷三八寧宗紀校改。

〔七〇〕虜　此「虜」與下文「虜犯棗陽軍」、「虜犯神馬坡」之「虜」，原均作「敵」，並據再造本、文海本回改。

〔七一〕京湖北路安撫使　再造本、文海本同，按：前文述本年四月，薛叔似任湖北京西宣撫使，十一月，陳謙爲湖北京西宣撫副使，故此應作「罷京西湖北路宣撫使、副使」。兩朝綱目卷九作「罷宣撫使、副」，可證。

〔七二〕權大安軍事　「事」原作「士」，再造本、文海本同，據兩朝綱目卷九、宋史卷三八寧宗紀校改，續宋編年資治通鑑卷一三作「權大安軍」。

〔七三〕罷西川宣撫司程松　再造本、文海本同，按前文作「四川宣撫使程松」，則此當作「罷四川宣撫使程松」，「西」疑爲「四」之訛，「司」疑爲「使」之訛。宋史卷三八寧宗紀作「罷程松四川宣撫使」。

〔七四〕虜　原作「敵」，據再造本、文海本、兩朝綱目卷九回改。

〔七五〕講義曰　再造本、文海本同，續宋編年資治通鑑卷一三作「吕中曰」。

〔七六〕金賊　原作「金人」，據再造本、文海本回改。

〔七七〕兀术　原作「烏珠」，據再造本、文海本回改。

〔七八〕不過　原作「不遇」，據再造本、文海本、類編皇朝中興大事記講義卷二六、續宋編年資治通鑑卷一三校改。

〔七九〕虜　此「虜」與下文「虜之損」之「虜」，原均作「敵」，並據再造本、文海本回改。

〔八〇〕推轂制閫　「閫」原作「間」，據再造本、文海本、續宋編年資治通鑑卷一三校改。

〔八一〕劉崇之　原作「劉智夫」。李校：按，智夫名崇之，見續宋編年資治通鑑卷一三。史籍不當以字行。汪按：朝野雜記乙集卷二〇丙寅沙平之變作「劉崇之智夫」，可證應作「劉崇之」。再造本、文海本均作「劉智夫」，然作「劉崇之」是，今從李校。

〔八二〕劉甲　原作「劉師文」，李校：按，師文名甲，見宋史卷三九七劉甲傳。史籍不當以字行。汪按：再造本、文海本亦作「劉師文」，此似是沿襲朝野雜記乙集卷一八丙寅淮漢蜀口用兵事目文字所致。李氏原書非史書，故例用字代名。今依李校，以名易字。

〔八三〕方信孺　「孺」原作「儒」，再造本、文海本同，據下文及兩朝綱目卷一〇、宋史卷三八寧宗紀卷三九五方信孺傳校改。

〔八四〕資政殿　「政」原作「正」，文海本同，再造本闕文，據宋史卷三八寧宗紀校改。

〔八五〕誕慢　再造本、文海本、兩朝綱目卷一〇均作「誕謾」。

〔八六〕劉甲　原作「劉師文」，參見前文校記。

〔八七〕舉生員　再造本、文海本、宋史卷三八寧宗紀均作「舉主員」，兩朝綱目卷一〇作「舉員」。

〔八八〕登聞鼓　李校：原脱「登」字，據兩朝綱目卷一〇補。汪按：再造本、文海本均無「登」字，然有「登」字意較全，姑從李校。

〔八九〕降臨安府　李校：原脱「降」字，據兩朝綱目卷一〇補。汪按：再造本、文海本均無「降」字，然有「降」字意較全，姑從李校。

〔九〇〕修孝　文海本同，再造本闕文，兩朝綱目卷一〇作「修好」。

〔九一〕愊愊　「愊」原誤「幅」，再造本、文海本作「福」，據兩朝綱目卷一〇校改。

〔九二〕誠　再造本、文海本同，兩朝綱目卷一〇作「忱」。

〔九三〕極　再造本、文海本字難辨，兩朝綱目卷一〇作「拯」。

〔九四〕往轍　再造本、文海本同，兩朝綱目卷一〇作「既往」。

〔九五〕各有　再造本、文海本同，兩朝綱目卷一〇作「各肩」。

〔九六〕參政 原作「參正」，文海本同，據再造本、兩朝綱目卷一〇、朝野雜記乙集卷七開禧去凶和戎日記、慶元黨禁校改。

〔九七〕李壁 原作「李璧」，再造本、文海本同，據兩朝綱目卷一〇、朝野雜記乙集卷七開禧去凶和戎日記、慶元黨禁校改。下文「李壁」同。

〔九八〕準備將 原作「淮北將」，據再造本、文海本、兩朝綱目卷一〇、朝野雜記乙集卷七開禧去凶和戎日記、慶元黨禁校改。

〔九九〕緩懦 文海本字不清，再造本、兩朝綱目卷七、慶元黨禁、續宋編年資治通鑑卷一三均作「緩慢」。

〔一〇〇〕塞栗 文海本同，再造本闕文，兩朝綱目卷七、慶元黨禁作「炒栗」。

〔一〇一〕天慶觀 原作「大慶觀」，據再造本、兩朝綱目卷七、慶元黨禁校改。

〔一〇二〕蓄無君之心謀動干戈 再造本、文海本、兩朝綱目卷一〇同，慶元黨禁作「蓄無君之謀，輕動干戈」。

〔一〇三〕人盛傳封侂胄爲吴王 再造本、文海本均同，兩朝綱目卷一〇、慶元黨禁均作「人盛傳金封侂胄爲吴王」。

〔一〇四〕衮榮 再造本、文海本同，兩朝綱目卷一〇、慶元黨禁作「哀榮」。

〔一〇五〕負固彌甚 文海本同，再造本闕文，兩朝綱目卷一〇、徐自明宋宰輔編年録卷二〇、葉紹翁四朝聞見録戊集卷五因韓黨詔諭中外百官均作「負國彌甚」。

〔一〇六〕目前　再造本、文海本同，兩朝綱目卷一〇、宋宰輔編年録卷二〇、四朝聞見録戊集卷五因韓黨詔諭中外百官均作「前日」。

〔一〇七〕豫建　文海本同，再造本闕文，兩朝綱目卷一〇作「丕揵」。

〔一〇八〕重天器　再造本闕文，文海本、兩朝綱目卷一〇均作「重大器」。

〔一〇九〕改名幬　「幬」字原脱，再造本闕文，據文海本、兩朝綱目卷一〇補。

〔一一〇〕李壁　原作「李璧」，再造本、文海本同，據兩朝綱目卷一〇、宋史卷三八寧宗紀校改。

〔一一一〕與旱潦之相仍　再造本、文海本同，樓鑰攻媿集卷四二改嘉定元年詔作「與旱潦以相仍」。

〔一一二〕敢後　再造本、文海本同，攻媿集卷四二改嘉定元年詔作「敢慢」。

〔一一三〕今則典刑以正　文海本同，再造本作「今則典刑□□」，攻媿集卷四二改嘉定元年詔作「方今典刑已正」。

宋史全文卷三十

宋寧宗三

戊辰嘉定元年春正月戊寅，右諫議大夫葉時、殿中侍御史黄疇若、監察御史章燮余崇龜等上言：「侂胄專政，無君僭上不道，乞梟其首領，置之淮甸積屍叢塚之間，以謝天下。」不許。辛巳，章再上。又不許。詔曰：「朕以渺躬，獲遵洪業，所期恭己治可致於無爲，乃昧知人，失浸成於偏信。自奸臣之怙勢，畏公議之靡容，屏蔽聰明，排斥忠直，利害莫從而上達，威福自得以下移。逮兹更化之初，亟出求言之令，倏再踰於月，律猶罕見於奏封。豈習俗相仍，激昂者寡，抑精誠弗至，顧忌者多。厥今百度未釐，二邊未靖，人才乏而未究搜羅之術，民力困而未明惠養之方。救此弊端，寧無良策。乃若箴規主失，指摘奸邪，人所難言，朕皆樂聽。倘有裨於事實，詎敢吝於褒章。其或過差，務從寬假。凡我縉紳之彦，暨於芻蕘之微，久鬱之懷，諒欣聞於申命。竭誠以告，庶共厎於丕平。」壬午，監登聞鼓院王柟自河南通書回，持金人牒，求韓侂胄函首。詔侍從兩省臺諫集議。丙戌，右諫議大夫葉時等復請梟韓侂冑函首於兩淮。詔三省樞密院詳議以聞。壬辰，同知樞密院事史彌遠知樞密院事，起居郎許奕爲金國通謝使，閤門舍人吴衡副之。

二月丁未，陞天水縣爲軍。戊申，追復故相趙汝愚觀文殿大學士，盡叙元官，謚曰忠定。詔史官，應紹熙以來，韓侂冑事迹及姦言誣史並行改正。於是，彭龜年、孫逢吉、呂祖儉以次賜謚、録後，黨錮諸賢以次召用。壬子，詔臨安府賑濟流民。甲寅，雪。戊午，前四川宣撫使程松授果州團練副使，賓州安置。甲子，罷前吏部尚書劉德秀遺表贈官。是月，郴州黑風峒寇羅世傳爲亂，招降之。

三月癸酉，以毛自知首論用兵，奪進士第一大恩例。戊子，詔曰：「朕臨御以來，仰遵累朝恭儉之規，菲食卑宮，躬行以移風俗。而志勤道遠，觀感未孚。況姦倖弄權，故相同惡，上下交利，賄賂公行。監司郡守並相倣傚，貪婪無厭，狼藉已甚。朕方厲精更始，申加訓飭，以儆有位。繼自今各務精白一心，以承至意，其有緣公濟私，尚爲故態，必罰無赦。尚其戒哉。」復秦檜王爵贈謚。己丑，監登聞鼓院王柟自軍前再還行在，議以韓侂冑首梟於兩淮。壬辰，以函首事降黄榜曉諭兩淮、荆襄、四川。乙未，詔臨安府遣東南第三副將尹明斲侂冑棺，取其首送江淮制置大使司。是春，皇子垍生〔一〕。

夏四月丙辰，詔後省科别群臣奏疏可行者以聞。贈彭龜年寶謨閣直學士。落李沐寶文閣學士。戊午，韶州安置陳自强再責授復州團練使〔二〕，雷州安置，仍籍其家。

閏四月辛未，置拘榷安邊錢物所〔三〕。壬申，雨雹。癸未，皇子坦薨，追封肅王，謚曰沖靖。詔大理、三衙、臨安府及諸路闕雨州縣決繫囚，釋杖以下。甲申，詔曰：「朕更化厲精，祗若古訓，爲萬世長策，先圖其大者。皇太子温文粹美，學問夙成，欲使與聞國論，通練事機，以增茂儲德。二三大臣各兼師傅，賓僚用申羽翼之助。其相與協心輔導，成朕愛子之義，以綿我家無疆之慶。是惟休哉。自今再遇視事，可令皇太子侍立，宰執赴資善堂會議。」乙酉，右丞相兼樞密使錢象祖兼太子少傅，參知政事衛涇雷孝友、簽書樞密院事林大中並兼太子賓客。辛卯，以旱禱於天地、宗廟、社稷。癸巳，減常膳。乙未，蠲兩浙闕雨州縣貧民逋賦，命大理、三衙、臨安府、兩浙州縣決繫囚。丙申，幸太一宫、明慶寺禱雨。丁酉，詔曰：「朕惟祖宗傳序之重〔四〕，祗懼靡遑。而去歲以來，蝗蝻爲灾，冬既無雪，春又不雨，夏且半矣，祈禬不應。天灾流行，固亦有之，在於今兹，關係實重。邊鄙甫定，流徙未復，漕運不至，糴價已增〔五〕，苟失歲事，何以保邦。傳不云乎，屋漏在上，知之在下。其播告中外，凡朕躬不逮，朝政闕失，田里愁歎，軍民疾苦，盡言無隱。朕將採而用之，無小無大，惟既乃心，稱朕意焉。」

五月辛酉，御集英殿，賜禮部奏名進士鄭自成等四百二十有六人及第、出身。甲子，太白經天。乙丑，以飛蝗爲灾，減常膳。丁卯，詔侍從、臺諫條上闕政，監司、守令條上民間利害。是月，初，光宗既祔廟，當議配享，而一朝三相中，周必大、留正皆嘗以學黨得罪，故論者欲用葛邲。及是黨禁解，必大之子、新知筠州綸乞以其父配享廟庭。詔兩制、禮官詳議。其後正之孫、祕閣校理元剛復言其祖首侍崇陵講讀，後在相位，始終六年，當以其祖配。權禮部尚書章穎乃乞並用二公配享，後亦不果行焉。

六月庚午，金虜歸大散關〔六〕。辛未，歸濠州，又歸隔芽關。乙亥，衛涇罷。甲申，簽書樞密院事林大中薨於位。乙酉，以蝗生，禱於天地、社稷。丙戌，詔侍從、兩省、臺諫舉沿邊守臣。辛卯，史彌遠兼參知政事。

秋七月辛丑，賜呂祖泰官。先是，祖泰以上書忤韓侂胄，配欽州牢城。至是，改正過名，特補上州文學。尋改授迪功郎、監潭州南岳廟。癸丑，丘崈同知樞密院事。甲寅，許奕歸自虜庭〔七〕。

八月戊辰，出豐儲倉米賑貧民。辛未，丘崈薨於江陰之里第。甲戌，侍從、臺諫、兩省詳議會子折閱利害。辛巳，婁機同知樞密院事，樓鑰簽書樞密院事。丙戌，詔禮部侍郎許奕、起居舍人曾從龍考訂監司、守令所條民間利害，擇可行者以聞，其未條上者趣之。甲午，出米二十萬石，賑江淮流民。

九月己未，先是，金虜遣諭成使完顔侃、喬宇來。辛丑，入見。至是，以和議成諭天下。乙丑，大風雨，降德音於沿邊諸州。

是秋，背嵬軍謀議，以九月二十八日安資政生祠落成之日舉事〔八〕，已結連劍、利諸軍矣。前一夕，安公家人夢聽事下有坐甲者數百，是日，安公心忽動，俄有告變者，捕爲首八人誅之。隆慶府後軍統制官張林知其謀，命憲臣宋正仲鞫實，獄成，當死。詔以其有誅叛之功，奪防禦使，除名，嶺南羈管云。

冬十月丙子，錢象祖爲左丞相，史彌遠爲右丞相，雷孝友爲樞密院事兼參知政事，婁機參知政事，樓鑰同知樞密院事。己卯〔九〕，褒録慶元上書楊宏中、徐範、張衜各循一資〔一〇〕，周端朝、林仲麟各免文解，蔣傳已亡〔一一〕，詔以束帛賜其家。庚辰，伯祝爲安定郡王。癸未，金主遣使來賀瑞慶節。是月，詔蔡璉追毁出身文字〔一二〕，除名勒停，配贛州牢城。詔賜朱熹謚，依條與遺表恩澤。太常博士章俠初議謚曰「文忠」，考功郎官劉彌正覆謚議曰：「謚，古也。複謚，非古也。謚法曰：謚生於行者也。苟當於行，一字足矣，奚複哉。」其議略曰：「六經，聖人載道之文也。孔氏没，獨子思、孟軻氏述遺言以持世，斯文以是未墜。漢諸儒於經始采掇以資文墨。涉隋、唐間，河汾講學已不造聖賢閫域。

最後韓愈氏出，或謂其文近道耳。蓋孔氏之道，賴子思、孟軻氏而明，子思、孟軻之死，此道幾熄。及本朝而又明，濂溪、横渠、二程子發其微，程氏之徒闡其光，至公，而聖道粲然矣。初，太常議以『文忠』謚公，按公在朝廷之日無幾，正主庇民之學鬱而不施，而著書立言之功大暢於後，合『文』與『忠』謚公，似是而非也。有功於斯文簡矣而實也。本朝歐、蘇不得謚『文』，而得之者乃楊大年、王介甫。介甫經學不得爲醇，其事業亦有可恨。大年政復文士耳，文乎文乎，豈是之謂乎。世評韓愈爲文人，非也。原道曰：『軻之死，不得其傳。』斯言也，程子取之，公晚爲韓文考異一書，豈其心亦有合與。請以韓子之謚謚公。」從之，乃謚曰文。

講義曰：此寧宗皇帝轉移士習之機也〔三〕。慶元以來，權倖擅朝，僞以排天下之正學，黨以空天下之名流，人心憤鬱久矣。今權倖誅殛，天開日明，海内翹首以觀維新之化，而聖意拳拳，首舉節惠之典於文公，一時學者，知所趨向矣。豈非吾道之幸哉。

黄榦曰：先生以一心而窮造化之原，盡性情之妙，達聖賢之藴。以一身而體天地之運，備事物之理，任綱常之責。明足以察其微，剛足以任其重，弘足以致其廣，毅足以極其常。其存之也，虚而静；其發之也，果而確；其用之也，應事接物而不窮；其守之也，歷變履險而不易。本末精粗，不見其或遺；表裏初終，不見其或異。繼往聖將微之旨，啓前賢未發之機，辨諸儒之得失，闢異端之訛謬。明天理，正人心，事業之大，又孰有加於此者。竊聞道之正統，待人而後傳。自周以來，任傳道之責，得統之正者，亦不過數人，而能使斯道彰彰較著者一二人而止耳。由孔子而後，曾子、子思繼其微，至孟子而始著。由孟子而後，周、程、張子繼其絶，至先生而始著。蓋千有餘年之間，孔孟之徒所以推明是道也，既已煨燼殘缺，離析穿鑿而微言絶矣。周、程、張子崛起於斯文湮鬱之餘、人心懷蠹之後〔一四〕，扶持植立，厥功偉然。未及百年，踳駁尤甚。先生出，而自周以來聖賢相傳之道，一旦豁然大明中天，昭晰呈露。謚之曰文，不亦宜乎。

丙辰，金主璟卒，無子，金人立葛王褎之子允濟（嘉定六年遇弑）。

十一月戊午，右丞相史彌遠以母喪去位。癸亥，皇太子請賜史彌遠第於行在，令就第持服。許之。庚午，四川初行當五大錢。

十二月戊辰，左丞相錢象祖罷。陞嘉興府爲嘉興軍。杖殺利州忠義人李大用。初，大用與其徒結集屯駐諸軍，欲以某日舉事，先縱火焚倉庫，然後殺總領、轉運及西統制，據城爲變。部分已定，其徒趙吉懼事不濟，遂詣總領所告變。捕得大用，即牧場杖死之，其徒死者八人。賞吉錢千緡，送蓬州養老，吉行至葭萌縣，大用之黨追殺之，裂其屍棄之於道，取其錢而去。李沐再奪三官，信州居住。戊寅，改命曾從龍弔祭金國。己卯，黎州蠻蓄卜寇邊，破州之碉子寨〔一五〕。先是，蓄卜之弟悶巴至三衝爲人所殺，部將趙鼎、總轄官魏大受懼生事，脅害之土丁以骨價錢三千三百引償之（在紹熙五年）〔一六〕。有白水村者，青羌往來渡頭也，其民舊與青羌交通。慶元初，郡徙之安静寨，青羌不以爲便，乞還之白水（開禧二年）。既而蓄卜又言：大受嘗以袍印許之而不獲。欲與青羌偕往邛部川，假道女兒城以入寇。於是，寨言於州，乞以財帛送都王母令假道〔一七〕。知州楊伯昌從之（開禧三年）。至是秋，蓄卜遂以兵至三村。總轄官董忠顯連告急，伯昌命嚴兵待之。俄伯昌召去，朝奉郎趙公庀代爲守〔一八〕，聞羌人且至，遣禁兵八十偕土丁往拒之，兵至茆坪而蓄卜已渡河，軍丁迎敵不勝，進攻茆坪寨，官軍射退之，遂掠三松、蠶沙、横山、三增、白羊諸社〔一九〕，又進據茹山，而安静、艮溪、茆坪、谷堆諸寨皆爲所隔，公庀亟遣西兵正將党壽以所部七十人及土丁俱往策應〔二〇〕。壽輕敵徑進，戰於茹山，官軍失利。郡又調西兵禁兵之未發者，命興元府後軍統制王光世將之以行。羌人自茆坪寨下以皮船載生兵渡河，寨官李茂引兵至河際射之，一舟八人俱溺。光世憚羌人勢盛，留屯三衢不敢進，羌人焚掠既盡，乃渡河南歸。光世乃僞走捷旗，稱會合兵丁趕逐羌賊，道路已通。時並河諸村生業無遺矣。癸未，前右丞相史彌遠辭賜第，許之。己丑，太府卿宇文紹節爲賀金國登位使，閤門舍人周登副之。是月，御筆趙汝愚特贈太師，進封沂國公。

是歲，江淮制置大使司汰部淮軍歸農，淮東揀刺八千餘人，以補鎮江大軍及武鋒軍之闕，淮西揀刺二萬六千餘人，以爲御前武定軍。

己巳嘉定二年春正月庚子，詔內外有司條陳節用之事。辛丑，金主遣裴滿正、孫椿來告哀。詔遵義軍聽珍州節制〔三〕。丁巳，同知樞密院事樓鑰參知政事，御史中丞章良能同知樞密院事，吏部尚書宇文紹節簽書樞密院事。庚申，金主遣蒲察知剛、劉仲淵來獻遺留物。詔侍從、兩省、臺諫各舉監司郡守治行尤異者二三人。癸亥，賜故相趙雄諡曰文定。

二月己巳，金主遣使來告即位。庚午，黎州蠻寇邊，犯艮溪寨〔三〕，官軍與戰，敗焉。先一日，軍正程伯雄引兵至安静寨。翊旦，羌賊自聖婆城下引兵二千過河，後軍統領王光世自前寨遣兵援之，衆寡不敵，皆爲羌兵掩殺。壬申，伯雄遣大兵千餘人拒敵，西義勇陣於山下，禁軍義勇次之，土丁義勇陣於河濱。布陣甫畢，羌人已逼，箭鑿皆無所施。賊先攻西義勇，將官鞠忠引衆走〔三〕，陣遂亂。禁軍義勇悉爲所圍，將官曹适戰死〔四〕。賊乘勢逐官軍至寨下。甲戌，羌賊乃歸。制置司聞之，復遣興元府右軍準備將劉信將移屯兵三百往援。合前後所遣義勇而兵凡九百。命成都府總管馮興統之，而賊去遠矣。壬午，詔會子折閱日甚，侍從、兩省以下各條上所見。丁亥，罷法科試經義六場舊法。戊子，大風。壬辰，遣内侍趣前右丞相史彌遠還行在賜第。

三月丙申，雨雹。辛丑，罷諸軍招軍。己酉，詔民以減會子之直籍没家財者，有司立還之。戊午，禁兩淮官吏私買民田。庚申，命浙西及沿江諸州給流民病者藥。辛酉，罷漳泉福州、興化軍賣廢寺田〔二五〕。壬戌，出内庫錢十萬緡，爲行在貧民棺槥費。

夏四月乙丑，詔諸路監司督州縣捕蝗。戊辰，江淮制置司言，敢放廬州忠義一萬五百餘人歸農〔二六〕。辛未，詔有司條上明堂冗費。甲申，賜行在諸軍死者棺錢。戊子，賜楊震仲謚曰節毅。

五月丙申，史彌遠起復右丞相。丁酉，以旱詔諸路監司決繫囚，劾守令之貪殘者。借補訓武郎羅日愿等謀爲變。日愿者，江西人，開禧之用兵也，以策干韓侂胄得官，充忠義軍統制。侂胄既誅，其黨閩人劉鐸爲浙西提刑司檢法官，坐口語送大理，其詞頗連日愿。朝廷恐其枝蔓，不復治，第流鐸於湖南。日愿不自安，且鬱鬱不得志，密結惡少。是歲春，熒惑入太微垣，犯左執法，日愿謂主宫庭及大臣有咎。遂與殿前司中軍訓練官楊明及其徒徐濟、趙珉等合謀，以收黑風峒傜人爲名，聚衆爲亂。部分已定，有守闕進勇副尉景德常在臨安，日愿令濟、珉邀德常共泛西湖，至胭脂嶺，以所謀告之，且許事成以爲户部尚書兼知臨安府。德常乃投匭上變，事下大理。戊戌，獄成，日愿磔於市，其徒十二人論死，餘悉黥隸廣南及海外州。庚子，詔侍從、兩省、臺諫各舉監司、郡守有政績才望者二人，以補郎官之闕。辛丑，申命州縣捕蝗。癸丑，詔兩淮、荆襄守令以户口多寡爲殿最。乙卯，釋大理、三衙、臨安府、兩浙州縣杖以下囚，除茶鹽賞錢。己未，以旱，詔群臣上封事。庚申，禱於天地、宗廟、社稷。

六月癸亥朔，命浙西諸州諭民種麥豆，毋督其租。詔臺省及諸路監司速決滯獄。戊辰，奉安成肅皇后神御於景靈宫。乙酉，復禱雨於天地、宗廟、社稷。己丑，命江西、福建、二廣豐稔諸州糴運以給行在，仍償其費。辛卯，京湖制置司言，放散諸州新軍及忠義二萬六千人餘歸農。

秋七月癸巳，命有司舉行寬恤之政五條。乙未，詔凶荒州郡七歲以下男女聽異姓收養，著爲令。己亥，蠲信陽、荆門、漢陽軍民賦。壬寅，命兩淮轉運司給諸州民麥種〔二七〕。癸卯，募民以賑飢免役。

〔八月〕甲子〔二八〕，聽兩淮諸州民行鐵錢於沿江八州。乙丑，安丙爲四川制置大使，罷宣撫司。甲戌，御大慶殿，册皇太子。丁丑，皇太子謁太廟。戊寅，詔皇太子改名詢。己卯，黎州蠻復寇邊。丙戌，出米十萬石賑兩淮飢民。

九月己亥，朝獻景靈宫。庚子，朝享太廟。辛丑，合祭天地於明堂，赦天下。丙午，增太學内舍生十員。癸丑，命吏部郎官劉爚等審定中外所陳會子利害，上於朝。己未，遣大理卿費培賀金主正旦。

冬十月壬戌，以徐邦憲兼知臨安府。時都城米價踴貴，楮幣不通。乞丐之人有群攫餅餌於傳法寺前者。御史臺上章，論守臣區處無策。邦憲丐免，章四上，乃免兼知臨安府。丁卯，命京湖制置司募逃卒及放散忠義，以補廂禁軍之闕。丁丑，金主遣使來賀瑞慶節。己丑，命兩淮轉運司給諸州民稻種，減公私房廊白地錢什三，如淳熙故事。

十一月辛卯朔，沔州統制張林等謀作亂，事發，貸死，除名，廣南羈管。甲午，詔浙西監司募飢民修水利。乙未，以歲飢，罷雪宴。是月，郴州黑風峒寇李元礪爲亂。黑風洞屯〔二九〕，在郴、吉之間，而地屬郴之桂陽縣。初，羅孟二者，名世傳，峒之首酋也，去年世傳出掠省地，已而受招。詔補承節郎。去年二月，世傳之犯省地也，郴州舉人李元礪嘗助官軍擊賊。元礪，素以武斷鄉曲，群盜皆畏之。比世傳受招諭功行賞，而元礪不及，遂去爲盜。盜推爲帥。時江湖方艱食，飢民及汰兵多附之，遂至數萬。至是，連破吉、郴諸縣。詔遣荆鄂江池大軍討之。

十二月壬戌，賜李顯忠謚曰忠襄。甲子，四川制置大使司調官軍渡河與黎州蠻戰，官軍大敗。乙亥，詔諸州毋糴職田租。

是歲，旱蝗，楊楚衡郴吉州、南安軍盜起。

庚午嘉定三年春正月甲辰，詔曰：「朕以眇躬〔三〇〕，君臨方夏，明有未燭，德有未孚。頃緣奸臣妄開邊釁，科役繁重，人不聊生，旱蝗頻仍，更不加恤〔三一〕，使吾赤子皆轉徙以無依，而彼奸民因誘引以爲暴〔三二〕。靖言致寇，敢昧責躬。近而淮〔三三〕、楚兩郡之間，遠則江湖數邑之地，生齒遭其蹂躪，室廬致於毀焚，惕若興懷，爲之旰食。今禁旅揚威而並進，鄉豪戮力以爭先，震疊無前，蕩平有日。言念脅從之衆，豈皆好亂之氓。與其假息以偷生，孰若轉禍而爲福。今則宏開禁網，誕布寬書，推予不殺之仁，畀爾更生之路。倘復舊業，即爲良民。尚惟郡縣字人之官，共宣朝廷惠下之澤，亟蘇民瘼，庸副朕心。其楚衡郴吉州、南安等處盜賊，惟捕渠魁外，其餘脅從，並行原貸，許以自新。」又詔曰：「歲比旱蝗，民食不登，捐瘠流亡，良可哀痛。朕蠲租發廩，日夕惴惴，惟恐賑恤弗及，亦冀在位有以分朕之憂。而監司守令鹵莽具文，未副朕意。其能按察而無拘攣歟？撫字而無刻剥歟？不然，何吾民不安業而忍爲寇盜之歸也。繼自今以體國爲心，以舉職爲能，旌褒選擢，朕不汝靳。其或緣奸作邪，營私自豐，使上德壅於下，下怨叢於上，厥有常憲，斯言不偷〔三四〕。毋忽。」丙午，雨土。癸丑，雷。

二月辛酉，黎州蠻復寇邊，官軍失利。先是，飛虎軍既敗，朝廷方議擇黎州守臣，會聞大使司已遣官節制，乃亟命通判成都府何德彦知黎州，節制軍馬，用金字牌遞行（去年十二月）〔三五〕。初，安癸仲自舊寨歸，留統領官傅順董炤、軍正程伯雄在後寨捍虜。至是，羌人自艮溪寨下用皮船渡河，攻相嶺寨。炤引所部兵百餘人寨後突出禦之。賊登堡子城，炤又逐之。賊自旦至晚不得食，走之河岸，衆已疲矣。西漢地土丁知賊飢困，欲馳下勦之，炤恐分其功，戒土丁毋得進。會日暮，炤移泊蘁地寨。夜，羌人秉炬度船，若將屯者〔三六〕，而滅炬載兵以來，詰朝再戰，賊兵數倍，炤不能支，乃拔兵而去。丙寅，新知黎州何德彦至州視事。癸仲還眉州。未幾，總管馮興以制置大使司之命，部西兵三百至州。賊不復出。丁卯，前知崑山縣徐挺之、縣丞范大雅犯贓，刺面配英德府、賓州，仍籍其家。庚午，詔楚州武鋒軍歲給累重錢如大軍例。壬午，以工部侍郎王居安知隆興府，督捕峒寇。居安，台之黄岩人〔三七〕，進士高第。韓侂胄死之日，自館職擢爲諫官。俄以事改起居郎，又坐他累奪一官罷去。江淮盜起，復官知太平州，除直龍圖閣、兩浙西路提點刑獄公事，甚有風采。乃召爲工部侍郎，使之平賊。居安至江西，賊方四出，廣南東路安撫使廖俁遏其入嶺之路，賊遂出没洪、潭間，頃之，又移梅嶺，摧鋒軍擊賊者殲焉。

三月丁酉〔三八〕，蠲成都府荒歉諸州民間逋負〔三九〕。己亥，以湖南轉運判官曹彦約知潭州，督捕峒寇。彦約，南康軍人，知名士也。開禧末，除知澧州，未上，會虜入淮漢〔四〇〕，彦約攝守漢陽，堅守不動，用是遷兩官，提舉荆湖北路常平公事，又遷提點刑獄公事。庚子，賜彭龜年謚曰忠肅。甲寅，官軍捕殺楚州賊首湖海。乙卯，罷福建、江東路招軍一年。丙辰，以久雨，釋兩浙州縣繫囚。

夏四月癸亥，李元礪犯南雄州，游騎至韶州，會江湖諸司言，元礪請降，獨知隆興府王居安有所未白〔四一〕，乃少俟之。既而居安言，元礪降書侮慢，有甘罰錢之語。賊既不能入廣，復犯江西。乙丑，決行在繫囚釋杖以下。丙寅，詔泰、吉州民經賊蹂踐者，監司、守臣安集之。戊辰，出内庫錢二十三萬緡，賜行在軍民。

五月乙未，淮賊悉平，詔寬恤淮南殘破州縣。辛丑，廢忠鋭軍。甲辰，詔去歲旱蝗，百官應詔封事，兩省擇可行者以聞。乙巳，命沿海諸州督捕海寇。戊申，經理兩淮民田。庚戌，以江陵忠勇軍爲御前忠勇軍。癸丑，以久雨，發豐儲倉米賑貧民。是月，詔追贈朱熹中大夫、寶謨閣直學士，門人蔡元定亦特贈迪功郎。元定制曰：「士之遇不遇，天也。其或擯斥於生前，而獲伸於死後。天理昭昭，未有久而不定者。爾問學有源，操修無玷，杜門著書，初無與於世者，不幸見誣，亦遭遠謫〔四二〕，今是非已定，爾則殂矣。朕甚愍之。其贈以官，慰爾泉下，死雖莫贖，尚知享哉。」

六月丁巳朔，日有食之。壬戌，命有司舉行寬恤之政十有九條。癸亥，遣起居郎黄中賀金主生辰。己卯，楊次山爲少保，封永陽郡王。詔三衙、江上、四川諸軍主帥覈實軍籍，欺冒者以贓論。是月，池州副都統許俊、江州都統劉元鼎與李元礪戰於江西，皆不利。知潭州曹彦約親與賊戰，亦爲所敗，勢愈熾。

秋七月辛卯，申嚴圍田增廣之禁。癸卯，定南班爲三十員。

八月乙亥，大風拔木。是月，臨安府蝗。

九月丙戌朔，詔三衙、江上諸軍陞差將校，必以材藝年勞，其徇私者臺諫及制置、總領覈之。癸丑，遣司農卿錢仲彪賀金主正旦。

冬十月丙辰朔，福州觀察使根爲安德軍承宣使。乙丑，詔四川總領所毋受宣制司節制。壬申，雷。金主遣使來賀瑞慶節。丁丑，推南雄州戰歿將士恩。辛巳，廢鄂州都統司威勝軍。

十一月癸巳，賞楚州平賊功。乙巳，遣朝臣二人往兩淮路與提舉官議收浮鹽。李元礪迫贛州、南安軍。詔以重賞募人擒捕之。

十二月丙辰，詔江淮諸司嚴飭守令安集流民。戊午，參知政事婁機罷〔四三〕。丙寅，兵部尚書兼知臨安府趙師𢍰免兼知臨安府，軍器少監兼國子司業陳武免兼國子司業。

先是，府民有因訟行賕者，事連武學生柯子沖、盧宣德〔四四〕，理院案上，當贖銅七斤，師䍐書判各決竹箄二十，押出府城，仍申國子監照會。士論譁然，諸生乃陳詞於學官，學官備申監，監以申尚書省及御史臺、諫院。右學之士亦詣都省投牒，執政出語頗抑士，士愈不平，復群稟司業及學官，於是監學以狀申都省。未報，武學生周源等遂空學赴監投牒，繳納綾紙，不肯歸齋。其詞大略以爲：「趙師而不經本監，不申朝廷，輒取天子之學生撻之公庭之下，屏之國門之外，蔑視學校，不有君父。況師䍐本權臣之死黨〔四五〕，奴事蘇、周，賄結貪相，奸回駔儈，暴虐貪殘，實小人之渠魁。當時譏之者曰：『奸邪誰不附韓王，師䍐於中最不臧。手拾骰錢詼寵婢，身當勸酒舞齋郎。叩頭雅拜尊師旦，畫膝爲書薦自强。更有一般人不齒，也曾學犬吠山莊。』此皆小人之不屑爲，彼乃甘心爲之。更化之後，黨韓之人誅斥殆盡，而斯人獨漏網。朝廷拔拭而用之者，特以小人有材，或能辦事。今既經年，徒聞貪酷，前此肆無忌憚，特爲天子結怨於民。今兩生之辱，是爲天子結怨於士。諸生見幾而作，多已告假，所存無幾。源等亦何面目復爲天子學生，所有敕給綾紙，隨狀繳納。」於是監學繳申臺省，且並乞罷黜。太學之士亦詣監投牒，其略云：「往歲權臣得志之初，始斥逐忤己者五六人，然猶未敢加以鞭撻，猶有待於晝旨也。今師䍐乃爲權臣之所不爲，是可忍也，孰不可忍也。右學諸生已訴之臺省，且復相率而去矣。竊謂文武雖分而道則同，學校雖二而體則一。伏乞備申朝廷，敷奏施行，無使異日天下誦之、國史書之曰：「守臣撻逐天子學生自今日始。」陳武復爲備申都省。師羼乃上章待罪。其自辨數甚悉而理終屈。執政知士論不可遏，乃畫旨府尹放罷。詔獄官放罷〔四六〕，推勘二吏斷勒永不收叙，尚書省劄下，令學官安職，士人歸學。又劄臨安府，今後兩學士人或因公事合行追會，先當申國子監，候報乃施行。而太學之士復詣檢鼓院進狀，學官連銜再乞罷黜，方有是命。師羼既爲諸生所攻，明年竟以奉祠而去，不復再入矣。湖南賊羅世傳縛李元礪以降，峒寇悉平。元礪欲圖世傳，而先爲世傳所縛，其徒就執者二十有八人。於是，江西、湖南安撫司皆言大戰於秋平野，生擒元礪。而湖南又言本司不敢争奪，已解赴江西矣。奏未至，會鎮江都統制畢再遇赴召，朝論欲遣再遇討之。於是元礪已就擒，而朝廷未知也。辛巳，金人遣使來賀明年正旦。黎州蠻青羌曳失索請降。

是歲，臨安府、紹興府、嚴衢州大水，賑之，仍蠲其賦。著作佐郎仲貫府轉對〔四七〕，請追爵周敦頤、程顥、程頤、張載，列於從祀，未克行。

李心傳曰：四先生繼絶學於千載之後，正人心，明天理，自游、夏諸賢有不能。及其視馬、鄭諸儒之功孰多。雖以配享可也。然論道統之傳，則當升曾子、子思於堂上，而姑列四先生及朱先生於從祀，余老矣〔四八〕，自念不及與朝廷之議，會有達者舉行之云。

辛未嘉定四年春正月己丑，馬湖夷都蠻攻嘉定府犍爲縣之利店寨，陷之。馬湖蠻者，西爨昆明之别種也。其地在梁爲南寧州，承聖中，刺史徐文盛召去，有爨瓚者遂據其地〔四九〕，子孫相傳。其後分爲東西焉。西爨之酋姓董氏，國初，董春惜貢馬〔五〇〕，詔書嘉納之。其後又以板來售，蠻自載至叙州江口，與人互市，官司置場征之，謂之抽收場。馬湖之地，東南接石門（亦叙州徼外蠻），西南接沙漠虚恨（嘉定府徼外蠻）及黎、雅諸蠻與吐蕃之境〔五一〕，而北接叙州之商州寨、宣化縣，西接嘉定之賴因、沐川（犍爲管下二寨名），西北接叙州之宜賓。初，賴因寨本夷地，治平間，把截將王文揆始據險立寨〔五二〕，侵耕夷人山垻，名賴因莊。夷人訴之，事聞，有旨以其地歸董蠻。既而寨民私賂之，以償其侵地之税，於是蠻人每歲至賴因，謂之索税。其後税頗增，寨民亦厭苦之。及是，馬湖蠻將入寇，而夷都土蠻先以書抵利店寨將言之，寨將以爲蠻人要索之常，不即省。歲除之前夕，寨民有失牛者，夜出求之，見火滿四山，始疑寇至，乃以狀白犍爲縣，未達，而蠻已大入。或曰蠻始欲寇中鎮寨，中鎮有備不可入，聞利店稍富實，而寨丁少，乃攻之。知寨段松悉寨丁七十餘人迎敵，或死或逃，蠻遂圍其寨。寨地勢低，蠻人憑高投木石以擊之〔五三〕，衆莫能拒。又二日，蠻人以雲梯登城，松力戰十三合，無與援者，寨民驚潰，自投山水而死亡者數百人。松爲蠻所執，臠割而殺之，掠其二子，盡劫寨民之貲，焚其居，驅老弱婦女數百人而去。甲辰，以四川鹽擔錢對減激賞絹一年。丙午，詔湖南、江西諸州經賊蹂踐者，監司、守臣考縣令安集之實，第其能否以聞。是月，江西西路安撫司捷報至，乃命王居安同許俊召募土人，識認李元礪，正身訖，照條盡法施行。

時居安已械送元礪赴都，既被命。二月乙卯，遂就磔元礪於吉州。壬戌，俊復言：「羅世傳生擒元礪，已給元所降賞錢二萬緡，乞授之官。」詔授世傳武翼郎、閤門祗候。丙子，雪。辛巳，罷廣西諸州牛税。

閏二月甲辰，廢淮西武定軍。丁未，大風。辛亥，濠州推官鄭宰、鍾離縣尉王御犯贓，除名，刺面，配真州。詔諸路帥臣、監司、守、令恪守朝廷賑恤之令〔五四〕，及盗發不即捕者，重罪之。

三月己未，命臨安府賑給病民，賜棺錢。丙子，沔州將劉世雄等謀據仙人原爲亂，事覺伏誅。辛巳，馬湖蠻又犯籠鳩堡，本路安撫司調移屯西兵二百人戍犍爲縣。

夏四月甲申，禁兩浙、福建州縣科折鹽酒。己丑，詔兩淮守臣毋預除代。以吴曦没官田租，爲關外四州旱傷州縣代輸秋税。詔内外諸軍虚數冒請之人聽自首，違者重坐之。丙午，賜黑風峒名曰效忠，錫以銅印。羅世傳乞補文資，乃改授通直郎、簽書節度判官廳公事。命既下，守臣王居安遣吏迓之，世傳疑不敢出。戊申，出内庫錢瘞疫死者貧民。是月，四川制置大使司置安邊司，以經制蠻事。命成都路提刑李𡌴〔五五〕、潼川府安撫許奕共領之。始議猶欲招安，而蠻人玩狎終不肯出。大使司議遣兵平之，或謂曠日持久，勞師費財，不如招納之利。持論不同，由是久不決。初，𡌴聲言某日以兵出，寨蠻頗憚之。會東帥司揭榜敘州境上，大略言：本司已與西路商量，決無深入之理，仰邊民安集，毋得驚擾。蠻人見之，知西路揚聲紿己，益無所憚云。

五月戊辰，廢巢縣忠勇軍。乙亥，御集英殿，賜禮部奏名進士趙建大等四百六十有五人及第、出身。

六月丁亥，遣户部員外郎余嶸賀金主生辰。會金人爲韃靼所攻〔五六〕，道不通，嶸不至而還。降京畿囚罪一等，釋杖以下。辛丑，更定四川諸軍軍額。癸卯，廢江西敢死軍。

秋七月壬戌，太白晝見。丙寅，詔四川官吏嘗受僞命者，自今毋得敘用。丁丑，詔軍興以來爵賞冒濫者，聽自陳，除其罪。

八月壬辰，申嚴太史局補試局生之制。

九月辛酉，敘州蠻寇邊，官軍嚴備以待之，蠻乃去。丁丑，遣刑部員外郎程卓賀金主正旦〔五七〕。詔附會開邊得罪之人，自今毋得叙用。乙亥，羅世傳爲其黨胡有功所殺，詔以世傳初命授之。李元礪爲盜凡三年，聲揺吴、蜀，至是就擒，人皆相慶焉。

冬十月己卯朔，命有司更定玉牒凡例。甲辰，以韃靼攻擾金國，命江淮、京湖、四川制置司謹備邊。

十一月己酉朔，日有食之。癸丑，賞平峒寇功。甲戌，申嚴諸軍陞差之制。

十二月辛巳，奉議郎張鎡坐扇揺國本，除名，象州羈管。癸未，以會子折閲不行，遣官體訪江浙諸州。

講義曰：愚讀史記商君列傳見其變法易令，必立賞徙木，以示信於民。喟然歎曰：「信之爲用大矣。商君刻薄固不足道，然猶知信之不可廢，況堂堂大國乎。」且自中興用楮以來〔五八〕，幾年爲界，界滿則易，法之常也。自權臣用兵，楮之造印日多，而楮之折閲日甚。上之人急於秤提之，故當舊楮之界未滿，而新楮之出已頒〔五九〕，豪商巨賈，囊篋舊藏一旦廢棄，盡爲無用之物，國失大信，人啓疑心，何怪其畏避而不敢收蓄哉。所以新楮頒行之後，市井不通，反以彌甚。小民嗸嗸，操楮四走無所易泉。幸而得售，不啻如有意外之獲。推尋其源，皆由上失信而下生疑耳。雖復今日遣體訪之使，明日罪不收之家，豈不均爲紛紛歟。

乙巳，金主遣使來賀明年正旦。

是歲，金主爲韃靼所攻，賀生辰使不至。金主璟之在位也，允濟被命往靖州受黑韃靼進奉，見其王忒没真桀傲不遜〔六〇〕，恐爲邊患，欲歸白璟除之，會璟卒，不果（在嘉定元年）。是歲，韃靼入貢，允濟遣重兵分屯山後，欲就進場襲殺之，然後引兵深入。會金之糺軍有詣韃靼告其事者，韃靼疑不信，言者再至，韃靼遣人伺之，得其實，遂遷延不進。是秋，韃兵猝至〔六一〕，與金人戰於灰河，凡三日，勝負未分。忒没真選精騎三千，馳突金軍，金軍亂，忒没真自以大軍乘之〔六二〕。允濟急命西京留守紇石烈執中領大兵〔六三〕，迎敵於大勝甸。執中者，老將也，知兵善戰，自允濟之立，心常不服。至是，不肯力戰。其下觀望，遂大敗，執中以百騎奔還。允濟怒罷之。韃兵至翠屏口，金又大敗，乘勝攻奉聖州破之〔六四〕，進軍野狐嶺〔六五〕。允濟再遣兵迎敵，以車爲陣，又大敗。是冬，韃兵至晉山縣，距燕京百八十里。

壬申嘉定五年春正月己巳，詔諸路通行兩浙倍役法，著爲令。壬申，賜李孝義謚曰忠壯。是月，韃靼兵至居庸關〔六六〕，金左將軍完顔福海棄關遁。金主允濟素鄙吝，士不用命。允濟議以細軍五千自衛奔南京（即開封府），會細軍五百人自相激厲，誓死迎敵，殺韃兵數百〔六七〕。韃兵懼不敢進，問所俘鄉民此軍有幾何，鄉民紿曰三十萬，韃靼懼，遂斂兵而退。

二月壬午，罷兩淮軍興以來借補官。詔成都府路帥臣兼領叙州兵甲事。

三月庚戌，四川制置大使司遣兵分道討叙州蠻，其酋米在請降。初，大使司知蠻不可致，遣興元後軍統制劉雄等二人，將西兵千人自嘉、叙二州並進。又遣本路提刑司檢法官安伯恕往叙州節制之。官軍入蠻境，方接戰，有土丁斷小酋之首，蠻人驚潰，官軍小捷。其酋米在據羊山江之水囤，堅不肯降。囤在峻灘之中，水淺舟不可行，濤深人不可涉。大使安丙聞之，移書李壆曰〔六八〕：「但聲言伐木造大舟，攻其水囤，則米在自降矣。」壆從之，米在果請降。然不肯受盟。邊吏遣土丁十餘人入蠻爲質，米在乃令其徒數十詣寨納降。安邊司盡以十二年税犒與之，米在以墮馬爲辭，終不出。是役也，所掠邊民數百人，得還者十三人而已。戊辰，以久雨，詔大理、三衙、臨安府、兩浙州縣決繫囚。甲戌，以廣東、湖南、京西盜平，監司、帥臣進職有差。丙子，申嚴選人捕盜改官法。

夏四月壬寅，詔自今告人從僞者必指事實，誣告者坐之。

五月庚午，詔諸路州縣坑冶以通判、令、丞主之。癸酉，安南國王李龍𣉏卒，以其子昊旵爲安南國王〔六九〕。詔州縣見役人毋納免役錢，役滿後輸〔七〇〕。

六月癸未，遣吏部郎中傅諴賀金主生辰。乙酉，禁江北諸州民行銅錢。

秋七月庚申，賞降叙州蠻功。戊辰，以雷雨毀太廟屋，避殿減膳。

八月甲戌朔，御後殿，復膳。命左右司置進狀籍，察前斷之冤抑者罪之。九月丙午，太白晝見。己酉，有司上續編中興禮書。庚戌，遵義寨夷楊煥來獻馬。辛未，罷沿海諸州海船錢，遣刑部郎官應武賀金主正旦。

冬十月辛巳，詔諸路總領官歲舉可爲將帥者二三人，安撫、提刑舉可備將材者各二人。戊子，金主遣使來賀瑞慶節。癸巳，詔侍從、臺諫、兩省官集議釐正光宗配饗功臣。戊戌，雷，遣使弔祭安南。

十一月庚申，朝獻景靈宮。辛酉，朝饗太廟。壬戌，祀天地於圜丘，赦天下。

十二月丁丑，再蠲濠州租稅一年。壬午，詔諸路轉運司參考州縣新舊稅籍，蠲其横增之數。己亥，金主遣使來賀明年正旦。

癸酉嘉定六年春正月庚申，簽書樞密院事宇文紹節薨。詔侍從、臺諫、兩省官帥守監司各舉實才二三人。

二月丁丑，太白晝見。丙戌，有司上嘉定編修吏部條法總類。丁亥，雪。乙未，詔宗室毋與胥吏通姻，著爲令。

三月癸亥，參知政事樓鑰罷。夏四月丙子，同知樞密院事章良能參知政事。甲午，復法科試經義法，仍命雜流進納人毋得試。

五月丁卯，以不雨，命大理、三衙、臨安府決繫囚。命四川諸司措置州縣支移錢物，上於尚書省。戊辰，修慶元六年以來寬恤詔令。

六月乙亥，詔刑部歲終上諸州未決之訟於尚書省，擇其最久者罪之。丁丑，遣起居郎董居誼賀金主生辰〔七一〕。金國亂，居誼不至而還。丁亥，復監司臧否守令及監司、郡守舉廉吏所知。丙辰，詔三衙、江上諸軍主帥各舉堪爲將帥者二三人。

八月己巳朔，詔諸路監司、帥臣舉所部官吏之才行卓絶、績用彰著者。庚午，知思州田宗範謀作亂，夔州路安撫使遣兵討平之。是月，金國弒其主允濟。

是秋，韃靼兵復至山後〔七二〕，都元帥完顔福興迎敵而敗。允濟黜之，復起紇石烈執中爲右副元帥〔七三〕，將武藝軍三千往迎敵。先是，左副元帥南平者，迎合允濟之意，沮格軍賞，衆共怨之。執中因人心之憤，欲廢允濟，以誅南平爲名，軍至東華門外，召南平計事，手刃殺之。宮中聞變，門皆不開。執中召細軍大將金焘語之曰：「吾此來特誅亂臣耳，非有叛意也。」俄而細軍俱來救駕。焘諭止之。衆憚執中威名，無敢動者，獨關西大將軍都統完顔善羊引所部五百人至，皆爲武藝軍所殺。執中以善羊驍勇，召其父福海令招之，善羊大呼告其父曰：「老賊欲反朝廷，何爲降之。」復力戰至午，手殺數十人，身中數矢而死。執中遂進入東華門。允濟遣其子蔣王持詔出投於門下，募能殺執中者，白身除大興尹，世襲千户。軍民皆無應者。執中欲縱火焚門，守門將軍合住啓之，執中引兵入宫，侍衛皆散走，進至大安殿。允濟望見之，遥呼曰：「聖主令臣何往？」曰：「歸舊府耳。」允濟入後宫，邀其后俱出。后曰：「出則被殺矣。」執中見其久不出，遣兵就執之，併其妻子囚於舊府。遂召豐王珣之長子譚哲馬，以御寶付之。執中尋遣内侍李監丞弑允濟於其府。豐王至燕京，執中率百官迎於道，遂立爲帝，降允濟爲東海侯，拜執中太師、都元帥，領省事，封澤王。

九月甲辰，蠲荆湖諸州逋負二十八萬緡有奇。

閏九月戊辰朔，詔御史臺置考課監司簿。丙戌，以金主新立，命四川謹邊備。己丑，詔湖北監司、守令賑恤旱傷。癸巳，雷。甲午，右丞相史彌遠等上三祖下七世仙源類譜高宗皇帝寶訓皇帝玉牒會要。乙未，大雷。丙申，詔曰：「朕欽若天命，矜愛元元，夙夜靡寧，惟恐有闕。乃後九月氣已屬冬，雷未收聲，將以警朕，惕若祇懼，祇省厥愆，二三大臣，其悉心叶力交修不逮，庸副朕躬，仰承天戒焉。」史彌遠請罷政，不許。

冬十月丁酉朔，申嚴互送禁。戊申，起居舍人真德秀爲賀金主登位使。閤門舍人周師鋭副之。金國亂，德秀遂不至而還。庚戌，遣起居郎李𡌴賀金主正旦〔七四〕，𡌴亦不至而還。辛亥，金左監軍高乞殺其都元帥紇石烈執中。初，韃兵至紫荆關〔七五〕，距燕京一百里。執中欲誘其兵南至涿、易，乃聚兵擊之。韃破涿、易，至皂河之西〔七六〕，欲渡橋，執中方病足，乘車督戰。韃兵大敗。翊日再戰，執中疾甚不能出，遣高乞以糺兵五千拒之，失利不至，執中欲斬之，金主珣以其有功，諭令免死。執中益其兵，令出曰：「勝則贖罪，敗則誅無赦。」高乞出戰自夕至曉，忽北風大作，吹石揚砂，不能舉目，韃人乘風縱火馳擊之〔七七〕，高乞軍大潰，自度必爲執中所殺，遂引糺軍圍執中之府，突入其卧內殺之，退詣應天門待罪。珣以高乞掌兵權，不敢加罪，盡取從執中弒逆之人殺之。於是韃靼主忒没真留其大將撒没曷圍燕京〔七八〕，及引兵攻取河東北、山東諸州。甲子，金主遣使來告即位。

十一月癸未，虛恨蠻寇嘉定府峨眉縣中鎮寨（寨在羊山江南，去府二百五十里，硬寨在沙北）。先是，蠻人數爲邊害，乍叛乍服。嘉泰間，其都王崖烈始款中鎮請五年犒物，刻石作誓而歸。提刑司但以四年犒物予之。蠻人數來，欲得本年犒物，官執例不予。蠻人怒，掠邊民十四人而去，土丁追之，梟其七級。制置司聞之，乃於羊山江南築師院平等三硬寨以防其衝突。蠻徑犯師院平（三年三月），又犯籠篷堡。寨將馬櫄知不可遏，乃遣人與之打話。陳謙提點本路刑獄，亦欲招安之。蠻人聽許，乃遣峨眉令楊鴻往中鎮受其降（四年正月）。蠻至寨未給犒間，櫄以其屢抄掠也，恨之，多所要索，蠻怒而去。檟伺其出寨，俾土丁邀之於道，殺蠻人北二等三十二人。蠻人怨怒，自是不出者十餘年。去年提點刑獄公事李皐屢招來之〔七九〕，不至。至是，提點刑獄公事楊伯昌、知嘉定府事任處厚方會飲，坐中有土丁二人馳報蠻人六七款寨，願受犒，且納蠻刀爲信，寨已給降旗矣。翼日，再得報，蠻近寨者已六十餘人。午後，又報有二百餘人夜扣硬寨門求戰，已出土丁二千渡江禦之矣。檟又言：寨有土丁及家人凡五千，皆驍勇可用，不必濟師。時知縣事宋大椿及尉皆沿檄以出，在邑惟主簿一人，於是蠻人近塞六七百人犯硬寨，殺土丁一人，掠土丁近二百人復歸巢穴。提刑司不欲生事，乃遣人就邛部州招安之〔八〇〕。

十二月壬寅，蠲瓊州鹽錢。癸亥，金主遣使來賀明年正旦。

是歲，兩浙諸州大水，賑之。上取孝宗敬天兩圖置諸左右，常用省覽。

甲戌嘉定七年春正月丁卯朔，四川制置大使司遣提舉皂郊博馬務何九齡等〔八一〕，率諸將及金人戰於秦州城下，敗還。甲戌，韃靼遣三騎叩濠州塞〔八二〕，求納地請兵，守臣應純之諭遣之。

二月丁未，青羌卜籠十二骨來降。卜籠者，青羌部族也〔八三〕，性殘忍，多器械，專仰鹵掠爲生。十二骨者，乃十二種也。丁丑，雷。參知政事章良能薨。壬子，知沔州都統王大才斬何九齡及諸將等七人，梟首境上，以其事聞於朝，且檄報鳳翔都統使，仍關牒川陝四路監帥司。又遣人往廣安捕九齡之子世昌亦斬之。初，諜者言虜有內難〔八四〕，議論紛然，朝廷聞之，以御札賜大使司及大才，令益謹守備，毋啓邊釁。九齡本廣安粥爵人，遽結忠義人謀取秦州。虜先知之，故敗。會大使安丙奏：「大才圖爲宣撫使，設意傾陷，令邊報不一，或有緩急，必致誤事。」詔大才特降一官，大使司於是結局云。

三月，四川制置大使安丙同知樞密院事，成都府路安撫使董居誼爲四川制置使〔八五〕。庚辰，金國來督二年歲幣。戊子，金國來止賀正旦使。壬辰，詔利州路安撫節制本路軍馬，如兩淮安撫之制。

夏四月癸卯，蠲福建沿海諸州貧民納鹽。辛酉，詔三衙、江上、四川諸軍具士馬實數以聞。

五月丁丑，太白經天。庚辰，詔修玉牒官二年一具草以進。乙酉，御集英殿，賜禮部奏名進士袁甫等五百四人及第、出身。壬辰，命有司考賦禄之制，裒類成書，以爲法式。

六月辛丑，以旱，命諸路州軍禱雨。甲辰，詔諸路監司、守臣速決滯獄。壬子，釋大理、三衙及兩浙路杖以下囚。丁巳，置嘉定府邊丁二千人以備蠻，命制置、安撫諸司給其費。

秋七月甲子朔，左諫議大夫鄭昭先簽書樞密院事兼權參知政事。戊辰，詔省吏毋授參議官。乙亥，金主來告遷於南京。金虜自爲韃人所攻〔八六〕，中原諸路之兵皆僉往山後一帶防遏〔八七〕，無兵可守，悉僉鄉民爲兵，上城守禦。韃人盡驅其家屬來攻，父子兄弟往往遥相呼認。由是人無固志，所至郡邑皆一鼓而下。自冬徂春，凡破九十餘郡，所過無不殘滅。兩河、山東數千里之地城郭盡爲丘墟，惟大名、真定、青、鄆、邳、海、沃、順、通州有兵堅守，未能破。韃人復還燕京，燕京糧乏，軍民餓死者十四五。金主珣遣人議和，忒没真欲得其公主〔八八〕，所需甚衆，又請左丞相完顏福興爲質，珣皆從之。韃人來選女，時公主見在者七人，惟允濟少女小姐姐甚秀慧，遂以予之。又令珣嚮其國遥拜，珣不敢拒。又以撒没曷圍燕之久〔八九〕，未嘗鹵掠，欲得犒軍金帛，珣亦從之。韃人遂歸。居庸關，在燕京之北百一十里，路隘險，守兵數萬，欲候韃兵歸而擊之〔九〇〕，而完顏福興在軍中傳金主命，已與韃粗議和〔九一〕，不許擅出兵。韃人過關，取所虜山東、〔九二〕兩河少壯男女數十萬皆殺之，遂引歸。於是，河南路統軍蒲撒七斤奏乞徙都開封府。珣從之。其姪霍王從彝諫曰：「祖宗山陵、宗廟、社稷、百司庶府皆在燕京，豈宜棄之而去。」珣曰：「燕京乏糧，不能應辦。朝廷百官諸軍今暫往南京，候一二年間，糧儲豐足，復歸未晚也。」從彝乞自督運，珣不從。從彝憂憤成疾而死。珣自涿、保州、中山府而南至真定，留幾月，復自大名路由新衛州渡河，以至開封，肆赦境内。庚寅，起居舍人真德秀上疏，請毋予金國歲幣。從之。

講義曰：歲幣，祖宗之不得已也。當金虜强盛之時，屈中國之尊而納賂於蠻夷，已爲不可，況其敗亡之餘，吾不聲罪致討，而猶遣一介行人，致貢於穹廬之前，亦獨何哉。此忠臣烈士所以力争之也。

是月，夏國以書來四川，議夾攻金人，不報。初，金人既併遼地，乾順事之甚謹。金人踵遼人故事，册爲夏國王，歲時入貢，逮今百年。嘉定初，夏人始爲韃靼所攻，遣使求援，金主允濟新立，不能救。韃人至興靈而返，夏人恨之。金人亦爲韃所擾，勢益衰，夏國遂叛。其左樞密使吐蕃路都招討使萬慶義勇令蕃僧減波把波賫蠟書二丸，至西和州之宕昌寨，欲與本朝合從犄角，恢復故疆。蕃兵總管傅翊得而上之〔九三〕。制置使董居誼初入蜀，不之報。由是訊中絶〔九四〕。

八月乙未，罷四川宣制司所補官。癸卯，復建宗學，置博士、諭各一人，弟子員百人。金國復來督歲幣。乙巳，太白經天，禁州縣沮壞義役。戊申，同知樞密院事安丙至近畿，詔以爲觀文殿學士、知潭州。是月，韃人復攻中原。金主珣既遷都汴京，韃人聞之，怒曰：「既和而還，是有疑心而不釋憾，特以講和爲款我之計耳。」乃分兵下中原州郡，又遣使至開封索犒軍金銀等。珣皆予之。

九月壬戌朔，日有食之。太白晝見。癸卯，雷。乙亥，右丞相史彌遠等上高宗皇帝中興經武要略。戊寅，調殿前司兵增戍天長縣。丙戌，以久雨，釋大理、三衙、臨安府杖以下囚。庚寅，釋兩浙路杖以下囚，除茶鹽賞錢。

冬十月壬辰朔，出内帑錢賑臨安府貧。戊戌，廢邛州嘉定監。丁巳，命四川監司及大郡知州辭見如舊制。是月，嘉定府峨眉縣寨將馬櫄羈管大寧監，坐私用邊租，激虛恨蠻人之變也。先是，邛部川蠻人速臼至羅忽寨，言虛恨蠻人有歸順意。提刑司遣官往中鎮寨，隨宜應接。於是，虛恨都王遣其徒庫崖來議。庫崖以馬櫄嘗殺北二也，疑之，欲得其子弟爲質。櫄難之。已而，沈黎大度河監渡官劉如真遣其子與親屬凡三人〔九五〕，入蠻爲質，庫崖乃肯來。既渡河，抵北岸，欲索十二年歲犒，凡爲絹二千四百匹、鹽茶四千七百斤、銀百兩、鉄釜二百〔九六〕，牲酒之屬不與焉。又欲得都王每三年轉官告命、金帶、紫袍、銅印之屬，及北二等三十二人骨價。初，櫄之上世有田在寨之南北岸，歲收租四千餘石。後有旨以其田贍兵，世選馬氏一人爲寨將，佃户爲土丁，防守邊面。所謂歲犒者，例以邊租七百石市之。自北二死，蠻人不出，租税悉爲櫄所私。至是，度無以償，乃好詞紿蠻人歸諭都王，因其出塞，遣土丁二百襲之。至牛渡遇諸蠻，即縱兵掩殺，庫崖與其徒三十六人皆死。蠻人大怒，取質子三人刳裂之。議者因欲以殺蠻爲功，提點刑獄公事楊伯昌不可，乃以標屬吏。標令其家丁百數詣提刑司訟冤，僚吏多請釋之，伯昌不從。卒正其罪。獄竟，計贓當死，上于朝，有旨制置司酌情行遣。尋奏奪標官，羈管。於是籍土丁之壯健者二千人，月廩之，俾守諸寨。蠻人聞標以罪去，怨怒稍解，既又知邊頭有備，憚之，自是不復輕出抄掠矣。

十一月辛酉朔，遣著作郎聶子述賀金主正旦。刑部侍郎劉鑰等及太學諸生上章，言其不可，不報。丙戌，命浙東監司覆災傷州縣蠲放之數〔九七〕，發常平米賑之。罷四川制置大使司所開鹽井。

十二月甲午，復罷同安監鑄錢。丁巳，金主遣使來賀明年正旦。

是冬，燕京之糺軍叛，與韃靼共圍燕京〔九八〕。

是歲，黎州蠻蓄卜始降。先是，青羌卜籠既降，知軍州事袁柟知蓄卜勢孤，乃令安靜寨總轄杜軫諭之出漢。蓄卜疑漢人殺之，有邛部川都王之弟部勒者，與軫謀遣漢人入蓄爲質，蓄卜乃來，從者凡三百餘人。柟與通判州事周壎聚廳受其降。蓄卜膝行而前，抱柟之足，柟以錢帛厚犒之。蓄卜留州城十日，將渡河，乃送還漢人十一而去。柟言於朝，得報下四川制置司、利州東路安撫司各常切措置鎮撫，務令邊界安静，毋或引惹生事。自蓄卜犯邊至此，更七年而後定云。

乙亥嘉定八年春正月辛未，師禹開府儀同三司、嗣秀王。故淮南轉運判官施宿犯贓，追奪官爵，仍籍其家。詔侍從、兩省、臺諫各舉將材三人。戊子，申嚴銷金鋪翠之禁。

二月丙午，知樞密院事雷孝友罷〔九九〕。壬子，蠲平江府五郡逋負米萬三千石有奇，釋其囚繫。己未〔一〇〇〕，雨土。

三月辛酉，詔大郡歲舉廉吏二人，小郡一人。己亥，以旱，命諸州縣禱雨。丙子，蠲臨安府茶鹽賞錢，釋兩浙諸州罪囚。辛巳，應賢良方正能直言極諫科何致坐妄造事端，熒惑衆聽，配廣州牢城。癸未，安定郡王伯柷薨〔一〇一〕。丙戌，釋江淮闕雨州縣杖以下囚。

夏四月乙未，幸太乙宫、明慶寺禱雨。辛丑，避殿減膳。壬寅，禱雨於天地、宗廟、社稷。癸卯，詔中外臣民直言時政得失。甲辰，右丞相史彌遠等請罷政，不許。乙巳，德音降行在及諸路雜犯死罪以下囚，釋杖以下。

五月辛酉，雨。韃人破燕京〔一〇二〕。先是，東平之援兵五萬至安次，遇韃兵不戰而潰〔一〇三〕。大名之兵八萬，至固安亦潰。惟真定之兵四萬，合保、涿援兵一萬，至旋風寨與韃人戰，凡二日，糧絶而敗。自是内外不通。至是，燕京破，都元帥完顔福興自到死。山東群盜大起，燕京宫室雄麗，爲古今之冠。韃人見之驚畏，不敢仰視。既而爲亂兵所焚，火月餘不滅。其所積貨財初無所用，至以銀爲馬槽，金爲酒瓮。撤没曷所居至用金飾龍牀〔一〇四〕、足踏、金杌子，僭奢如此，而徵督不已，燕人患之。辛酉，御殿復膳。己卯，命利州路安撫司招刺忠義人。癸未，復命有司禱雨。甲申，詔臟吏毋得減年參選，著爲令。乙酉，出米六萬石，賑糶臨安府貧民。

六月丙辰，詔兩浙、江淮路諭民雜種粟、麥、麻、豆，有司毋收其賦，田主毋責其租。

秋七月庚申，置三省、樞密院主管架閣文字〔一〇五〕。辛酉，簽書樞密院事鄭昭先參知政事，禮部尚書曾從龍簽書樞密院事。壬戌，詔四川立楊巨源廟，名曰褒忠。戊辰，命兩淮諸州毋納今年秋税，其極邊五州併明年夏税悉蠲之。癸酉，蠲臨安、紹興府貧民夏税。丙子，出米三十萬石，賑糶江東飢民。庚辰，詔皇弟摺更名思正，皇姪均更名貴和。甲申，詔職田蠲放如民田，違者坐之。

八月己丑，賜張栻謚曰宣。庚子，申嚴宗子訓名法。丁未，權罷旱傷州縣比較賞罰。己酉，禁州縣遏糴。是月，蘭州盜程彦暉求内附，四川制置使董居誼卻之。

九月丙寅，雷。己巳，朝獻景靈宫。庚午，朝饗太廟。辛未，合祭天地於明堂，赦天下。乙未，命六部各類赦書寬恤事，下諸路監司推行。

冬十月壬寅，金主遣使來賀瑞慶節。

是冬，金虜花帽軍擊韃靼於杏花營〔一〇六〕，敗之。花帽軍者，本户部令史郭忠率山後軍民以擊逐韃人、虜人〔一〇七〕，後名其軍爲花帽軍云。初，韃人既破燕京，自河東渡河攻潼關，不能下，乃由嵩山小路趨汝州，遇山澗，輒以鐵槍相鎖連接爲橋以渡〔一〇八〕。於是潼關失守。金主急召花帽軍於山東，至是，韃兵至杏花營，距汴京纔二十里，花帽軍擊敗之。韃兵復取潼關，自三門、析津乘河冰合布灰引兵而渡，自是不復出。金主乃命平章事胥鼎爲大帥，專守關輔。然陝西諸州間亦有爲所破者，惟燕南雄、霸數州乃三關舊地，塘濼深阻，韃兵不能入。虜將張甫、張進二人據信安軍以守之〔一〇九〕。又有遼東宣撫使蕭萬奴者，本遼人〔一一〇〕，乘女真之亂自立爲帝，據遼東七路，欲併燕、代、魏、晉而有之，韃人不能破也。金人自阿骨打稱帝〔一一一〕，至是九十有八年而失國，兩河既爲韃人所擾，山東叛之，自南遷後累遣使詣韃人求和，雖未聽從，而賂遺不輟。忒没真憐其意〔一一二〕，欲許之，而撒没曷恥於無功，堅持不可。忒没真謂曰：「譬如圍場中，獐鹿吾已取之矣，獨餘一兔，汝累年不能收，盍遂捨之。」撒没曷不從，遣人諭金主曰：「汝欲議和，可去帝號稱臣，當封汝爲王。」而金國之群臣亦不從。有言於珣，願以死雪國恥者，珣亦爲之感憤云。

十一月丙辰朔，伯澤爲安定郡王。癸亥，太府寺丞施累爲賀金主正旦使，閤門舍人陳萬春副之。

十二月己丑，詔楊巨源、李孝義子孫各進一官。辛未，金主遣使來賀明年正旦。是歲，兩浙、江東西路旱蝗。

丙子嘉定九年春正月乙丑，賜呂祖謙謚曰成。置馬軍司水軍。乙亥，遣司農寺丞留筠賀金主生辰。丙子，命諸州招塡軍籍。辛巳，罷諸路旱蝗州縣和糴及四川關外科糴。

二月甲申朔，日有食之。丙申，雪。辛亥，東、西兩川地大震。

三月乙卯，又震。甲子，又震。馬湖夷界山崩八十里，江水不通。丁卯，又震。壬申，又震。丁丑，詔侍從、臺諫、兩省舉可爲監司者各二人。

夏四月戊戌，秦州人唐進與其徒何進等引衆十萬來歸，四川制置使董居誼拒卻之。

五月癸丑朔〔一二〕，太白晝見。

六月辛卯，西川地震。壬辰，又震。乙未，又震。黎州山崩。戊申，賑恤浙西被水州縣，寬其租稅。

秋七月戊辰，詔邊縣擇才不拘常法，其餘並遵三年之制。

九月甲申，詔江東監司覈州縣被水最甚者，蠲其租。

冬十月癸亥，西川地震。甲子，又震。丙寅，金主遣使來賀瑞慶節。

十一月庚寅，遣軍器監丞陳伯震賀金主正旦〔一一四〕。癸卯，以程彦暉攻圍鞏州迫近川界，命利州副都統劉昌祖移駐西和州以備之。

十二月癸丑，以宗學隸宗正寺。丁巳，再給諸軍雪寒錢。乙丑，遷天水軍於舊縣，置知軍以下官。乙亥，金主遣使來賀明年正旦。

丁丑嘉定十年春正月辛巳，雷。癸巳，雨土。乙未，大風。庚子，宗正寺主簿錢撫爲賀金主生辰使，水軍統制馮柄副之。甲辰，以盱眙〔一一五〕、淮安軍、天長縣戍兵隸殿前司。

二月庚申，地震。壬戌，雪。

夏四月丁未朔，虜人引兵入寇〔一一六〕，犯光州中渡鎮，執榷場官盛允升殺之，分兵犯樊城。戊申，鄂州江陵府副都統王守中引兵拒之，金人遂分兵圍棗陽、光化軍。丙辰，詔江淮制置使李珏、京湖制置使趙方措置調遣，仍聽便宜行事。辛酉，廬州鈐轄王辛敗金人於光山縣之安昌寨，殺其統軍完顏掩〔一一七〕。壬戌，金人遁去，隨州、光化軍皆以捷聞。

時金虜既爲韃靼所擾〔一八〕，山東畔之，虜東阻河〔一九〕、西阻潼關，地勢益蹙，遂有南窺淮、漢之謀，兵端復啓矣。丁卯，詔出戍官兵毋分口券全給其家。辛巳，以久雨，釋大理、三衙、臨安府杖以下囚，蠲茶鹽賞錢。

五月甲申，御集英殿，賜禮部奏名進士吴潛等五百二十有三人及第、出身。癸卯，趙方上疏，請下詔北伐，遂傳檄招諭中原官吏軍民。

六月庚戌，太白晝見。戊午，詔曰：「朕厲精更化，一意息民。犬羊跨我中原〔二〇〕，天厭久矣。狐兔失其故穴，人競逐之，豈不知機會可乘，讎恥未復，念甫申於信誓，實重啓於兵端。故寧弗廷伸進取之謀〔二一〕，不忍絶使傳往來之好，每示固存之義，初無幸釁之心，豈謂亡胡遽忘大德〔二二〕，皇華之旆朝返〔二三〕，赤白之囊夕聞。叛卒鴟張，率作如林之旅，飢甿烏合，驅爲取麥之師。貪婪無厭，僥倖嘗試，宜人神之共憤，亦覆載所不容。守將效忠，開門而決戰，兵民賈勇，陷陣以争先。群酋既殲〔二四〕，殘黨自靖〔二五〕，允賴蕩攘之力，迄成綏靜之功。然除戎當戒於不虞，縱敵必貽於後患。咨爾有衆，永肩厥心。毋忽其既退而懷苟安，毋狃於屢勝而忘遠略。屬炎蒸之在候，念戍役之方勞。雖摧枯拉朽之非難，而執鋭披堅之不易。視其暴露〔二六〕，如己焚燬〔二七〕，一朝背好，誰實爲之。六月飭戎，予非得已。諒深明逆順曲直之理，其孰無激昂奮發之思。師出無名，彼既自貽於顛沛；兵應者勝，爾宜共赴於事功。若能立非常之勳，則爾有不次之賞〔一二八〕。尚其聽命，朕不食言。」以黄榜募京西忠義人進討。辛未，東川大水。癸酉，太白經天。

秋七月丙子朔〔一二九〕，日有食之。戊寅，以不雨，釋諸路杖以下囚。甲申，雅州蠻寇邊焚碉門寨，遣官軍討之。丁亥，嗣濮王不儔薨。庚子，詔諸軍將佐有罪，送屯駐州鞫之，罷軍士涅刑。

八月乙丑，詔監司、郡守各舉威勇才略、可任將帥者二人。

冬十月乙巳朔，以久雨，釋大理、三衙、臨安府及兩浙諸州杖以下囚。癸酉，蠲三衙、江上諸軍公私逋負錢。

十一月丁丑，大風。庚辰，太白晝見。壬午，廢遵義軍。甲申，詔浙東提舉司出米十萬石賑給貧民。戊戌，太白經天。

十二月戊申，以軍興，募民納粟補官。乙卯，詔由武舉進者毋復應文舉。癸亥，金鳳翔副統軍完顏贇以步騎萬人寇四川。戊辰，迫湫池堡。己巳，陷天水軍，守臣黄炎孫遁去。金人攻白環堡破之。庚午，迫黄牛堡，統制劉雄棄大散關遁，金人據之〔一三〇〕。

戊寅嘉定十一年春正月壬午，京東路忠義李全率衆來歸，詔以全爲京東路總管。戊子，金人圍皂郊堡。壬辰，利州麻仲率忠義人焚秦州永寧寨〔一三一〕。乙未，以度僧牒千給四川軍費。丁酉，詔四川忠義人立功，其賞視官軍。金人犯隔芽關，興元都統李貴遁去，官軍大潰。

二月甲辰〔三〕，金人焚大散關而去。乙巳，沔州都統王大才馬蹶，死於河池。丙午，皂郊陷，死者五萬人。丁未，金人陷湫池堡。戊申，金人圍隨州、棗陽軍，游騎至漢上，均州守臣應謙之棄城走。辛亥，四川制置司招忠義人復皂郊。丙辰，白虹貫日，楚州鈐轄梁昭祖焚金人糧舟於大清河，京東忠義副都統沈鐸遣兵助之〔三〕。

三月丁丑，金人焚湫池堡而去。戊子，利州統制王逸等率官軍、忠義復皂郊。金副統軍完顏贇、包長壽遁去。沔州軍士郭雄追斬贇首而還，長壽僅以自免。己丑，沔州都統劉昌祖至皂郊。辛卯，忠義人十餘萬出秦州，官軍繼進至赤谷口，王逸傳昌祖之命退師，且放散忠義人，軍大潰。癸巳，包長壽合長安、鳳翔之衆復攻皂郊，遂移西和州。是日，鎮江忠義統制彭惟誠等敗於泗州。丙申，劉昌祖焚西和州而遁，守臣楊克家棄城去。戊戌，金人陷西和州。

夏四月甲辰，劉昌祖焚成州而遁，守臣羅仲甲棄城去。是日，金人去西和州。戊申，命四川增印錢引五百萬，以給軍費。階州守臣侯頤棄城去。是日，金人去成州。戊午，金人復犯大散關，守將王立遁去。己未，金人犯黃牛堡，興元都統吳政拒退之。癸亥，政至大散關，執王立斬之，軍聲大振。

五月乙亥，命四川制置司招集忠義人。　癸亥，蚩尤旗見，其長竟天。　丁亥，詔侍從、臺諫、兩省官集議平戎、禦戎、和戎三策。

講義曰：當時廟堂之議，草茅書生固莫之聞也。　且以事勢言之，國家自開禧輕舉之後，士卒敗亡，將帥竄逐，楮券折閱而不行，帑藏匱乏而莫繼，自保不暇，何暇謀人。　則平戎之策，姑遲之可也〔一三四〕。　金虜吾之世仇，其不可與通也昭昭矣。　當其强盛之時，講信修睦以奠安南北之生靈〔一三五〕，猶有説也。　今也，豺狼群嘷，狐兔失穴〔一三六〕，事勢非前日比矣。　奔走俯伏於穹廬之前〔一三七〕，新起之强胡〔一三八〕，中原之豪傑，寧不易我而誚我乎。　則和戎之策，斷不可行也。　無已，則禦戎一策乃當今之急務乎。　蓋在嘉定間，胡運衰微〔一三九〕，猶且張大聲勢，嘯聚飢甿，以蹂踐吾之三邊。　而吾以堂堂大國，顧乃搏手無策，曾不殘虜若乎〔一四〇〕？　是必蒐兵選將，足食豐財，川蜀關隘之當守者守之，上流兩淮之當防者防之。　朝廷上下，朝夕刻厲，勉爲自治之計，則虜將望風畏慴，不敢嗤秦無人矣。　然則合三策而論，舍禦戎之外，將奚取哉。

壬辰，嚴試法官七等之制。

六月辛酉，詔湖州賑恤被水貧民。

秋七月癸酉，知天水軍黄炎孫追三官，辰州居住。　乙酉，修孝宗皇帝寶訓。　辛卯，蠲四川、關外諸州税役。甲午，蠲光州民兵戰死之家税役。

九月己卯，朝獻景靈宫。庚辰，朝饗太廟。辛巳，合祭天地於明堂，赦天下。辛卯，安定郡王伯澤薨。

冬十月戊申，興元都統吴政、利州都統張威各進三官，劉昌祖奪五官，韶州安置。丙午，羅仲甲奪三官，常德府居住。楊克家奪三官，道州居住。侯顒奪三官，撫州居住。戊午，大風。壬戌，修盱眙軍城。壬申，金人寇安豐軍之黄口灘。是月，陝西人張羽來歸。

十二月己亥朔，新知揚州應純之罷。是歲，諸路户一千二百六十六萬九千六百八十四，口二千八百三十七萬七千四百四十一。

己卯嘉定十二年春正月戊辰朔〔四二〕，召四川制置使董居誼赴行在。新利州路安撫使聶子述爲四川制置使。庚辰，金人犯湫池堡，守將石宣拒退之。甲申，金人攻白環堡，守將董炤拒退之。戊子，金人犯成州，沔州都統張威自西和州退守仙人原。庚寅，金人犯隨州、棗陽軍，又破信陽軍之二寨。京西諸將引兵拒之。辛卯，金人犯西和州，守臣趙彦呐設伏以待之，金人殲而還。金人犯安豐軍，建康都統許俊遣將拒。金人焚成州，犯河池，守將張斌遁去。癸巳，金人圍安豐軍，分兵圍光州，攻光化軍，破鄖山縣，進逼均州。甲午，金人陷鳳州，守臣雷雲棄城去。虜人夷其城〔一四二〕。乙未，吴政戰死於黄牛堡，虜乘勝攻武休關。

二月戊戌朔，虜破光山縣。太白晝見。壬寅，虜圍棗陽軍，京湖制置使趙方遣統制扈再興救之，不能進而還。癸卯，破武休關，興元都統李貴遁還。利路提刑、權興元府事趙希昔棄城去。丁未，陷興元府。戊申，攻棗陽軍。甲子，虜始去〔一四三〕。己酉，遣殿前司軍八千人防捍江西。庚戌，曾從龍兼江淮宣撫使，除同知樞密院事，任希夷簽書樞密院事。辛亥，虜陷大安軍〔一四四〕，守臣李文子棄城去。分兵犯洋州，守臣蔡晉卿遣兵拒之，不克，遂陷。壬子，董居誼自利州遁去，沔州都統張威遣統制石宣邀擊金虜於大安軍〔一四五〕，大破之。金將巴土魯安棄軍走，爲我師所獲。虜聞之遂遁去。丁巳，京湖制置使趙方遣統制扈再興等引兵三萬餘人，分二道出攻唐、鄧州，隨州忠義軍劉世興等引兵攻唐州。甲子，罷董居誼召命。乙丑，夏人來議夾攻，利路安撫丁焴許之。

三月己巳，鄭昭先知樞密院事〔一四六〕，曾從龍參知政事。癸酉，虜焚洋州城而去〔一四七〕。乙亥，興元軍士權興等作亂，犯巴州，守臣秦季櫄棄城去。鄂州都統劉世榮會兵攻唐州。丁亥，太白晝見。權興等降。甲午，虜自盱眙退師〔一四八〕。

閏三月己未，以雷雲棄鳳州，奪三官，送梅州安置。辛酉，旌吴政死節，贈右武大夫、忠州刺史。壬戌，招諭四川官軍忠義人。癸亥，興元軍士張福、莫簡等作亂，以紅巾爲號。

是春，虜圍安豐軍及滁、濠、光州，江淮制置使李珏命池州都統制武師道、忠義軍都統制陳孝忠救之，皆不能進。虜分兵犯邊，自光州犯黄州之麻城，自濠州犯和州之玉磧〔一四九〕，自盱眙至滁州之全椒來安、揚州之天長、真州之六合。淮南流民渡江避狄，諸城皆閉。虜遊騎數百至東采石楊林渡，建康大震。京東總管李全自楚州、忠義總轄孚先自漣水軍，各引兵來援，虜乃解去。全追擊敗之於曹家莊，獲其貴將，或以爲金主子婿云。

夏四月庚午，張福入利州，四川制置使聶子述遁去，總領財賦楊九鼎爲所殺。丁丑，掠閬州。丁亥，掠果州。癸巳，參知政事曾從龍罷，同知樞密院事鄭昭先兼參知政事。崇信軍節度使、開府儀同三司、萬壽觀使安丙爲四川安撫使，董居誼落職，奪三官。

五月乙未朔，四川制置使聶子述赴行在。興元賊張福迫遂寧府，潼川府路轉運判官權府事程遇孫棄城去。丁酉，德音，降兩淮、荆襄、湖北、利州路沿邊諸州雜犯死罪，釋流以下，仍蠲今年租税。己亥，太學生何處恬等伏闕上書，以工部尚書胡榘欲和金人，請誅之以謝天下。

講義曰：愚聞紹興中，秦檜自虜來歸〔一五〇〕，倡爲南自南、北自北之説，一旦建議和戎，胡銓慨然上書，請竿檜首於藁街。今槩非銓之後歟。方殘虜渝盟引兵入寇〔一五一〕，槩顧欲與虜講和，以偷旦夕之安，是上則忘國耻下則忘家學也。學校公議之地，安能逃其譏議乎。

張福入遂寧府，焚其城。甲寅，四川宣撫司命沔州都統張威引兵捕，張福入普州，守臣張已之棄城去。癸亥，詔侍從、兩省、臺諫各舉文武可用之才二三人。

六月戊辰，張福屯於普州之茗山。庚午，張威引兵至。丙子，太白晝見。辛巳，西川地震，太白晝見。陞棗陽縣爲軍。癸未，張福請降。乙酉，威執之歸於宣撫司。丁亥，嗣濮王不𢢼薨〔一五二〕。金人招諭李全等，全等不聽。辛卯，太白經天。癸亥，利州路安撫使丁焴復以書約夏國攻金人。

秋七月丙申，張福伏誅。董居誼復奪二官，永州居住。庚子，張威生擒賊衆一千三百餘人誅之。以莫簡自殺言於宣撫司。紅巾賊悉平。癸亥，李全引兵至齊州，僞知州王贇以城降。

八月戊辰，復合利州東、西路爲一。

九月丙午，罷江淮制置司，置沿江、淮東西制置司，寶文閣待制李大東爲沿江制置大使，淮南轉運判官趙善湘爲主管淮西制置司公事，淮東提刑賈涉爲主管淮東制置司公事兼節制京東河北路軍馬。
十一月辛亥，楊次山進封會稽郡王。癸丑，楊次山薨。
十二月壬申，京東路節制司言尅復京東、河北二府、九州、四十縣。乙亥，築興元府城。丁丑，雅州蠻入盧山縣。辛巳，焚碉門寨，邊丁大敗。己卯，四川宣撫司遣兵取洮州。召諸將議出師，招諭中原豪傑、官民，勸以歸附。乙酉，金人犯鳳州之長橋。丁亥，四川宣撫司命罷洮州之師。己丑，京湖制置司遣統制扈再興等引兵六萬人，分三道出境。庚寅，賞茗山捕賊功。
庚辰嘉定十三年春正月丁酉，統制官扈再興引兵攻鄧州，鄂州都統許國攻唐州，不克而還，金人追之，遂寇樊城，趙方督諸將拒退之。己亥，雅州蠻復掠盧山縣，遣兵捕之。己酉，不凌爲嗣濮王。戊午，夏國復以書來四川，議夾攻金人。
三月辛卯朔，雨土。丁巳，黎州土丁叛，遣兵討之。
夏四月庚申朔，淮東制置賈涉招諭山東、兩河豪傑，勸以來歸。
五月庚寅朔，雅州蠻降。戊寅，右丞相史彌遠等上三祖下第七世宗藩慶繫録皇帝玉牒刊正憲聖慈烈皇后聖德事迹光宗皇帝玉牒。
六月癸酉，御集英殿，賜禮部奏名進士劉渭等四百七十有五人及第、出身。四川宣撫使安丙爲少保。丙子，李全爲左武衛大將軍。壬午，季先爲果州團練使、漣水軍忠義副都統，命赴樞密院議事，未至殺之。

秋七月戊戌，以京東、河北諸州守臣告付京東、河北節制司。丙午，簽書樞密院事任希夷兼參知政事。丙辰，四川宣撫司招黎州土丁降之。癸亥，皇太子詢薨。

八月壬申，四川宣撫使安丙遺夏人書，定議夾攻金人。己卯，賜皇太子謚曰景獻。癸未，四川宣撫司命利州都統王仕信引所部赴熙、鞏州，會夏人，遂傳檄招諭陝西五路官吏軍民，勸以歸附。甲申，復海州，以將作監丞徐晞稷知州事。盱眙將石珪叛入漣水軍，詔即以珪爲漣水忠義軍統轄。

九月辛卯，夏人引兵圍鞏州，且來趣師。太白晝見。王仕信引兵發宕昌。乙未，四川宣撫司統制質俊、李寔引兵發下城。戊戌，四川宣撫司命諸將分道進兵，沔州都統張威出天水，利州副都統程信出長道，興元副都統陳立出大散關，興元統制田冒爲宣撫司帳前都統[一五三]，出子午谷，金州副都統陳昱出玉津[一五四]。己亥，張威下令所部諸將毋得擅進兵。庚子，質俊等克來遠鎮。辛丑，王仕信克鹽川鎮。壬寅，質俊等自來遠鎮定攻定邊城[一五五]，金人來救，進等擊破之[一五六]。乙巳，程信、王仕信引兵與夏人會於鞏州城下。丁巳，攻城不克。庚戌，金人犯皂郊堡，沔州都統董炤等與戰，官軍大敗。壬子，程信及夏人攻鞏州，不能下，信引兵趨秦州。丙辰，夏人自安遠寨退師。

冬十月丁巳朔，程信邀夏人共攻秦州。夏人不從。信遂自伏羌城引軍還，諸將皆罷兵。戊寅，程信以四川宣撫使之命，斬王仕信於西和州。四川宣撫司以張威不進兵，罷其軍職。

十一月甲午，詔刊正紹熙五年以後日曆。庚戌，大風。壬子，臨安火。

十二月戊午，大風。壬申，漣水忠義軍統轄石珪叛奔鞬鞀。癸未，鎮江副都統翟朝宗以「皇帝恭膺天命之寶」來獻。

辛巳嘉定十四年春正月丙戌朔，雪。釋杖以下囚。乙未，雷，地震。以李全自山東還，出緡錢六萬爲犒賞費。庚子，立四川運米賞格。

二月庚申，分光州所納民於淮西諸州。戊辰，金人圍光州。己巳，犯五關。壬申，治舟於團風，弗克濟，遂圍黃州，分兵破諸縣。又遣別將犯漢陽軍。丁丑，李全棄泗州遁還。甲申，詔淮東、京湖諸路應援淮西，沿江制置司防守江面，權殿前司職事馮榯將兵駐鄂州〔二五七〕，京東忠義都統李全將兵救蘄、黃，榯不果行。

三月丙戌朔，鄂州副都統扈再興引兵攻唐州。丁亥，金人陷黃州，淮西提刑、知州事何大節棄城遁而死。庚寅，長星見。李全引兵自楚州救淮西。癸巳，扈再興引所部趨蘄州。甲午，太白晝見。乙未，詔京湖制置司趨蘄、黄。己亥，金人陷蘄州，知州事李誠之及其家人、官屬皆死之。癸丑，金人退師，扈再興邀擊，敗之於久長鎮〔一五八〕。甲寅，晦，又敗之。

夏四月乙卯朔，復置諸王宮大小學教授。乙丑，命任子簾試於御史臺。戊辰，金人渡淮而北，李全遣兵追擊敗之，扈再興亦以捷聞。

五月甲申朔，日有食之。壬辰，右丞相史彌遠等上孝宗皇帝寶訓、皇帝會要。丙申，西川地震。乙巳，右丞相史彌遠等上慶元寬恤詔令，詔頒之。

六月甲寅朔，初置沿江制置副使於鄂州。丙寅，詔曰：「朕以渺躬，嗣臨大統，夙夜祇懼，不敢荒寧。荷天之休，海内用乂，而國嗣未建，非所以嚴社稷、奉宗廟，朕深念焉。皇姪福州觀察使貴和，沂靖惠王之子，猶朕之子也。重厚英敏，天稟夙成，屬近且賢，聞於中外，蔽自朕志，爰舉恩徽，以昭立愛之義。夫計安天下，强本爲先，親親賢賢，厥自古始〔一五九〕，非朕所得私也。其以爲皇子，改賜名竑。」是日，以竑爲武寧軍節度使〔一六〇〕，進封祁國公。丁卯，以立皇子告於天地、宗廟、社稷。乙亥，太祖十世孫與莒補秉義郎。丙子，降京畿囚罪一等，釋杖以下。辛巳，大風。

秋七月丁亥，京東、河北節制司言：蒙國大將獻本朝「皇帝恭膺天命之寶」。詔禮官討論受寶禮儀以聞。辛丑，趙方爲京湖制置大使，賈涉爲淮東制置使兼京東河北路節制使。丁未，修光宗皇帝寶訓。

八月癸丑朔，京湖制置大使趙方卒。乙卯，賜右丞相史彌遠家廟。參知政事任希夷罷知福州。壬戌，兵部尚書宣繒同知樞密院事，給事中俞應符簽書樞密院事。甲子，以秉義郎與莒爲右監門衛大將軍，賜名貴誠。乙丑，追封故相史浩爲越王。丙辰，改謚忠定，配饗孝、光廟庭。戊寅，以皇姪、右監門衛大將軍貴誠爲果州團練使。

九月癸未，立貴誠爲沂靖惠王後。己丑，朝獻景靈宮。庚辰，朝饗太廟。辛卯，合祭天地於明堂，赦天下。

冬十月癸丑，京東、河北節制司言，復滄州。詔以趙澤爲河北東路鈐轄、知州事。甲寅，復以齊州爲濟南府，兖州爲襲慶府。庚申，興元府城成。丙寅，夏人復以書來四川趣會兵。庚午，雷。

十一月癸巳，詔左翼軍受泉州節制。己亥，少保、四川宣撫使安丙薨。己酉，詔曰：「朕以付託之重，顧瞻中土，怛然於懷，惟知修德勝殘〔二六〕，夙夜黽勉。迺者山東、河北連城慕義，殊方效順，肅奉玉寶來獻於京，質理温純，篆刻精古，文曰：『皇帝恭膺天命之寶』。曁厥圖册，登載粲然，實惟我祖宗之舊。繼獲玉檢，其文亦同。今殘虜浸微，群心丕應，先朝之寶，眷焉復還，非皇穹之眷方隆，列聖之靈有屬，豈繄涼德〔一六二〕，乃克臻此。書不云乎，以昭受上帝，天其申命用休。朕曷敢不承。其以來年元日受寶於大慶殿。」是月，京東安撫張林叛，以京東諸郡降於韃人，韃人遣葛合赤縣等來計事〔一六三〕。

十二月庚申朔，簽書兼參知政事鄭昭先罷。

閏十二月辛巳朔，同知樞密院事宣繒兼參知政事，俞應符兼權參知政事。丙午，奉安玉璽於天章閣，命近臣告於天地、宗廟、社稷。戊申，以殿前司同正將華岳等謀爲變〔一六四〕，殺之。

是歲，浙東、江西、福建諸州旱，沔、成、階、利州水，賑之。

壬午嘉定十五年春正月庚戌朔，御大慶殿受寶。癸丑，立李誠之廟於蘄州。甲寅，褒贈蘄州死事官吏，官其子孫有差。丁巳，詔撫諭山東、河北軍民將帥官吏。己未，以受寶赦天下。監司、帥守上表稱賀，文武官各進秩一等，大犒諸軍。甲戌，陞鄂州武昌縣爲壽昌軍。

二月庚子，罷御史臺簾試任子法。

三月丁巳，詔江西提舉司賑恤旱傷州縣。

夏四月壬午，詔蘄州毋納今年租稅。

五月庚戌，太白晝見。甲寅，詔監司慮囚，察州縣匿囚者劾之。丁巳，皇子祁國公竑進封濟國公。己未，以皇姪果州團練使貴誠爲邵州防禦使。壬戌，知濟南府种賚等攻張林於青州〔一六五〕，林遁去。己巳，修孝宗經武要略。

六月辛卯，權參知政事俞應符薨。

秋七月甲子，詔江淮、荆襄、四川制置、監司條畫營田來上。

八月己卯，命户部詳議義役。辛卯，詔文武官毋得歸宗，著爲令。甲午，彗出氐。

九月辛亥，同知樞密院事宣繒參知政事，給事中程卓同知樞密院事，吏部尚書薛極賜出身、簽書樞密院事。癸丑，雷，大雨雹。丁巳，復以隨州三關隸德安府，置關使。壬戌，彗没。辛未，太白晝見。

冬十月丙子，以收復京東州軍犒賞忠義有差。己丑，命禮官裒集受寶本末爲書，藏於祕閣。

十一月戊午，降德音於京東、河北路，罪無輕重皆除之。

十二月乙亥朔，出米五萬石賑臨安府貧民。丙子，以雪寒，釋京畿及兩浙諸州杖以下囚。丁亥，李全爲保寧軍節度使、右金吾衛上將軍、京東路鎮撫使。是歲，諸路户一千二百六十六萬九千三百一十，口二千八百八十二萬五千七十。

癸未嘉定十六年春正月戊申，嚴贓吏法。己酉，皇子坻生。丁巳，雷。辛酉，命淮東制置司賑濟山東流民。

二月戊子，雨土。戊戌，皇子坻薨，追封邳王，謚曰沖美。

三月戊申，張林所部邢德來歸，京東、河北路鎮撫節制大使司以爲言，詔邢德進二官〔一六六〕，復以爲京東東路副總管。丁卯，詔以米五萬二千五百石賑道州飢。

夏五月戊申，賜禮部奏名進士蔣重珍等五百四十九人及第、出身有差。

六月壬午，賈涉卒。丁酉，程卓薨。

秋八月辛巳〔一六七〕，詔州縣經界，毋增紹興税額。癸未〔一六八〕，申嚴舶船銅錢禁。

九月庚子朔，日有食之。乙巳，詔江淮諸司賑恤被水貧民。乙卯，雷。

冬十一月辛亥，太平州水，詔賑恤之。

十二月辛巳，命淮東西總領及沿江被水州募江西、湖南民入米補官。壬辰，雷。

甲申嘉定十七年春正月戊戌朔，録程頤後。

講義曰：朝廷之所尊崇，天下之所慕尚也。曩者，伊洛之學嘗排擯於權臣之手矣，更化以來，既表章其學於群邪攻詆之餘，復録用其後於綸旨褒崇之日〔一六九〕，垂世之規模遠哉〔一七〇〕。挹坐上之春風，立門外之暮雪，學者皆知所趨向矣。

癸亥，命淮東西、湖北轉運司提督營屯田。

二月癸巳，蠲台州逋賦十萬緡有奇。甲午，命臨安府賑糶平民。

三月癸丑，雪。是月，金人入寇，迫西和州。尋引兵還。

夏四月辛卯，詔廬州賑糶饑民。乙未，賜李全、彭義斌錢三十萬緡，爲犒賞戰士費。

五月戊戌，詔覈實兩淮、京湖、四川、江上諸軍之數。

六月丁卯朔，太白經天晝見。辛未，皇孫銓生。癸酉，知西和州尚震午坐寇至謀遁，奪三官，岳州居住。壬辰，京東、河北鎮撫節制大使司言，大名府蘇椿等舉城皆歸，詔悉補官，即以其州授之。

秋七月丁酉，命福建路監司賑恤被水貧民。辛亥，師嵒爲嗣秀王。

八月乙亥，罷通州天賜鹽場。癸未，以皇孫銓爲左千牛衛大將軍，尋薨。丙戌，上不豫。濟國公竑立爲皇子既四年，儲位尚虛。皇姪邵州防禦使貴誠德譽日聞，上屬意久之。壬辰，召宰執入禁中，趣定大議。

閏八月乙未朔，申嚴兩浙諸州輸苗過取之禁。丙申，詔曰：「朕以菲涼，獲承休緒〔一七一〕，念國嗣之未建，嘗以皇弟沂靖惠王之子爲子矣。審觀熟慮，猶以本支未强爲憂。皇姪、邵州防禦使貴誠，亦沂靖惠王之子，猶朕之子也〔一七二〕。聰明天賦，學問日新，既親且賢，朕意所屬，俾並立焉。深長之思，蓋欲爲異日無窮之計也。其以爲皇子改賜名昀。」又詔皇子、檢校少保、武寧軍節度使〔一七三〕、濟國公竑爲開府儀同三司、判寧國府，進封濟陽郡王。皇子、邵州防禦使昀爲武泰軍節度使，封成國公。赦天下。丁酉，夜漏未盡，上崩於福寧殿，年五十七，遺詔皇子即皇帝位，尊皇后爲皇太后，垂簾聽政。

乙酉寶慶元年春正月己丑，上謚曰仁文哲武恭孝皇帝，廟號寧宗。

三月癸酉，權攢於會稽之永茂陵，祔太祖第十三室。三年九月，加今謚。帝謙仁恭儉出於自然，蚤親師儒，留意學問。黄裳在王府五年，輔導尤爲有力。自天文、地理、人事之紀，以及三代、漢、唐治亂得失之數，本朝制度典章，人才議論之要，莫不爲帝言之。隨事獻規，率多補益。帝嘗曰：「黄翊善之言亦難堪，惟我則能受之。」彭龜年性鯁直，有聞必告，帝亦未嘗不從也。即位之日，首召朱熹於長沙，以備勸講。因議置講讀官十員，各專一書，不以雙隻日各二講。又復作講之制〔一七四〕，皆前所未有也。趙汝愚當國，方欲引裳共政，未兩月而裳卒，帝始無所親倚。韓侂胄以導達中外之言，浸用事。龜年既以論侂胄而退，貴戚吴琚謂人曰：「上初無堅留侂胄之意，有一人繼言之，去之易爾。」而一時臺諫皆其支黨，執政大臣又多與之相表裏者，卒稔其惡，以底大僇。開禧用兵，帝心弗善也。侂胄死，諭大臣曰：「恢復豈非美事，但不量力。」聖意可知矣。在位三十餘年，池臺苑囿無所增益，府庫之財未嘗妄費。袴履雖敝，或加補濯，而愛民之念始終弗替。一遇水旱，憂見顏色，御衆臨下率從寬簡。故吴曦以世將據蜀，不勞資斧而授首〔一七五〕。江淮湖鎮之區〔一七六〕，寇盜或作，旋即底定。皆履信思順之所致也。升遐之日，遠邇哀慕。昔先民邵雍言：「本朝之盛，前代不及者有五，而百年四葉居其一焉。維中興四葉，享國九十有八年，上視先朝，同一軌轍，深仁厚澤，浹於海隅，垂裕後昆，有衍無極。嗚呼，美哉。」

史臣曰：國朝自建炎再造，至於紹熙、慶元之交，正學興行，治效彰灼，一時人才，於斯爲盛，實乾道之所培養也，而寧宗皇帝得而用之。觀夫上畏天戒，下畏民嵒，帝之心也；克勤於邦，克儉於家，帝之行也。故其初年，忠賢之士聚於朝廷，四方嚮風，駸駸乎有慶曆、元祐之望。逮戚倖盜權之始，士之見微慮遠者逆折其鋒，雖竄斥而不悔，厥後起於廢錮之餘，拔去凶邪，嘉靖王室，帝終賴之。蓋君子小人消長之分，繫乎天下國家安危之決如此，此先王之所必謹也。且夫慶、泰、禧、定之間，中外多虞，事機沓至，而帝信厚謙慈，罔有逸德，仁念純熟，對於神明，卒保乂安，以貽後嗣。書曰：「我受命無疆維休」，以今推之〔一七七〕，詎不信哉。

校證

〔一〕皇子垍　原作「皇子珀」，再造本、文海本同，據兩朝綱目卷一一、宋史卷三九寧宗紀校改。宋史卷二三三宗室表：「寧宗九子，長不及名，次……埈，次……坦，次……增，次……坰，次……圻，次……墌，次肅沖靖王垍，次……坻。」可知寧宗諸子名字都帶「土」字旁。下文「皇子垍」之「垍」，原亦作「珀」，也據此校改。

〔二〕團練使　按宋朝官員貶黜例授團練副使，疑此處脫「副」字。

〔三〕拘榷安邊錢物所　「拘榷」，宋史卷三九寧宗紀同（有校記可參），文海本字不規範難辨，朝野雜記乙集卷一五提領拘催安邊錢物所作「拘催」。作「拘催」近是。

〔四〕傳序之重　再造本、文海本同，樓鑰攻媿集卷四二閔雨求言詔作「傳祚之重」。

〔五〕已增　再造本、文海本同，攻媿集卷四二閔雨求言詔、兩朝綱目卷一一均作「日增」。

〔六〕金虜　此「金虜」與下文九月己未條的「金虜」，原均作「金人」，並據再造本、文海本回改。

〔七〕虜庭　原作「北庭」，據再造本、文海本回改。

〔八〕落成　李校：原作「洛成」，據續宋編年資治通鑑卷一一改。汪按：劉時舉續宋編年資治通鑑卷一一無「落成」事，實應爲兩朝綱目卷一一。再造本作「落成」，文海本作「洛成」，前者可作校改依據。

〔九〕己卯　李校：原作「乙卯」，據兩朝綱目卷一一、續宋編年資治通鑑卷一四改。汪按：文海本作「乙卯」，再造本、宋史卷三九寧宗紀均作「己卯」。作「己卯」合時序，李校是，再造本、宋史可作校改依據。

〔一〇〕張銜　參本書卷二九上慶元元年夏四月庚申條校記。

〔一一〕蔣傳　參本書卷二九上慶元元年夏四月庚申條校記。

〔一二〕蔡璉　原作「蔡連」，據再造本、文海本、宋史卷三九寧宗紀、續宋編年資治通鑑卷一四、兩朝綱目卷一一校改。

〔一三〕機　原作「機」，文海本字模糊。據再造本、吕中類編皇朝中興大事記講義卷二七校改。

〔一四〕斯文湮鬱之餘人心懷蠹之後　再造本、文海本同，黄榦勉齋集卷三六朱熹行狀作：「斯文湮塞之餘人心蠹壞之後。」

〔一五〕碉子寨　李校：「碉」字原闕，爲空格，據兩朝綱目卷一一補。汪按：朝野雜記乙集卷二〇戊辰畜卜之變、宋史卷四九六蠻夷傳可爲校補佐證。再造本、文海本作「裯子寨」，然作「碉子寨」似是。

〔一六〕害之土丁　再造本、文海本同，朝野雜記乙集卷二〇戊辰畜卜之變、兩朝綱目卷一一作「寨之土丁」。

〔一七〕乞以財帛送都王母令假道　文海本同，再造本作「乞以財帛送都王毋令假道」，朝野雜記乙集卷二○戊辰畜卜之變作「乞以財帛遺都王毋令假道」，宋史卷四九六蠻夷傳作「數以貲遺其都王毋俾假道」。

〔一八〕趙公庀　再造本、文海本、兩朝綱目卷一一均同，朝野雜記乙集卷二○戊辰畜卜之變作「趙公庀」。

〔一九〕諸社　文海本同，再造本作「諸杜」，朝野雜記乙集卷二○戊辰畜卜之變、兩朝綱目卷一一、宋史卷四九六蠻夷傳均作「諸村」。

〔二○〕党壽　原作「党壽」，宋史卷四九六蠻夷傳同（但有校記可參），據再造本、文海本、朝野雜記乙集卷二○戊辰畜卜之變、兩朝綱目卷一一校改。下文「（党）壽」，順改。

〔二一〕遵義軍　李校：原作「遵議軍」，據宋史地理志五改。汪按：再造本、文海本、永樂大典卷一二九六五均作「遵議軍」，然作「遵義軍」似是，今從李校。

〔二二〕艮溪寨　再造本、文海本、兩朝綱目卷一二同，宋史卷四九六蠻夷傳作「艮溪寨」，「艮溪寨」又見于葉適水心集卷一七王文禮墓誌銘。

〔二三〕鞠忠　「鞠」，再造本、文海本、兩朝綱目卷一二同，朝野雜記乙集卷二○戊辰畜卜之變作「鞫」。

〔二四〕曹适　原作「遭适」，再造本、文海本同，據朝野雜記乙集卷二○戊辰畜卜之變、兩朝綱目卷一二校改。

〔二五〕賣廢寺田　「賣」字原脱，據再造本、文海本、永樂大典卷一二九六五、宋史卷三九寧宗紀補。

〔二六〕敢放廬州忠義一萬五百餘人歸農　再造本、文海本同，然「敢放」不文，宋史卷三九寧宗紀作「放廬、濠二州忠義軍歸農」。兩朝綱目卷一二載：江淮制置使何澹言：「本司近放散廬、濠州忠義二萬五百八十六人各令歸業。」原文疑有誤，待考。

〔二七〕轉運司　原作「諸州民」，據再造本、文海本、兩朝綱目卷一二、宋史卷三九寧宗紀校改。

〔二八〕八月　李校：二字原闕，據宋史寧宗紀三、兩朝綱目卷一一補。汪按：再造本、文海本無「八月」，李校是，今從補。

〔二九〕屯　再造本、文海本同，作「屯」不文，兩朝綱目卷一二作「者」，似是。

〔三〇〕眇躬　兩朝綱目卷一二同，再造本、文海本、王應麟玉海卷二〇二辭學指南引真西山原貸盜賊許以自新各令復業詔、真德秀西山文集卷一九復業仍仰州縣多方賑恤詔均作「眇身」。

〔三一〕更不加恤　「更」，再造本、文海本同，兩朝綱目卷一二、玉海卷二〇二辭學指南引真西山原貸盜賊許以自新各令復業詔、西山文集卷一九復業仍仰州縣多方賑恤詔均作「吏」。

〔三二〕誘引　再造本、文海本作「誘情」，兩朝綱目卷一二作「誘脅」，玉海卷二〇二辭學指南引真西山原貸盜賊許以自新各令復業詔、西山文集卷一九復業仍仰州縣多方賑恤詔均作「誘怵」。

〔三三〕淮　再造本、文海本、兩朝綱目卷一二、西山文集卷一九復業仍仰州縣多方賑恤詔均同，惟玉海卷二〇二辭學指南引真西山原貸盜賊許以自新各令復業詔作「盱」。

〔三四〕不偷　文海本同，再造本、兩朝綱目卷一二作「不渝」。

〔三五〕金字牌遞行　再造本、文海本同，朝野雜記乙集卷二〇戊辰畜卜之變作「金字遞遣行」，兩朝綱目卷一一作「金字牌遞遣行」。

〔三六〕屯　再造本、文海本同，兩朝綱目卷一二作「遁」。

〔三七〕台　原作「合」，再造本、文海本同，宋代黄岩隸屬台州，據陳耆卿赤城志卷三三人物、館閣續録卷七官聯校改。

〔三八〕丁酉　原作「丁亥」，依時序，應作「丁酉」，據再造本、文海本、兩朝綱目卷一二、宋史卷三九寧宗紀校改。

〔三九〕蠲成都府荒歉諸州民間逋負　宋史卷三九寧宗紀作：「蠲都城及荒歉諸州民間逋負。」兩朝綱目卷一二作「蠲逋負。都城及荒歉諸州民間逋負悉蠲之。」疑「成都府」爲「都城及」之訛。

〔四〇〕虜　原作「敵」，據再造本、文海本回改。

〔四一〕有所未白　再造本、文海本、兩朝綱目卷一二均作「未有所白」。

〔四二〕亦　字原爲空闕，再造本、文海本作「宗」，兩朝綱目卷一二，續宋編年資治通鑑卷一四、李幼武宋名臣言行録外集卷一七蔡元定、慶元黨禁均作「亦」。據補。

〔四三〕婁機　「機」原作「幾」，文海本同，據再造本、宋史卷三九寧宗紀、徐自明宋宰輔編年録卷二〇、續宋編年資治通鑑卷一四、兩朝綱目卷一二校改。

〔四四〕盧宣德　再造本、文海本、宋史卷二四七宗室師羼傳同，兩朝綱目卷一二、俞文豹吹劍録外集、梁克家淳熙三山志卷三二人物作「盧德宣」。

〔四五〕師羼　「羼」字原爲空闕，據再造本、文海本補。

〔四六〕放罪　再造本、文海本同，兩朝綱目卷一二、吹劍録外集均作「放罷」。

〔四七〕仲貫府　再造本、文海本同，朝野雜記乙集卷四元豐至嘉定宣聖配享議作「仲貫甫」。且於卷一一李季章所知多佳士、卷一六隆興至嘉泰積考改官沿革兩次言及「余弟仲貫甫」，似作「仲貫甫」是。

〔四八〕余　原作「念」，據再造本、文海本、朝野雜記乙集卷四元豐至嘉定宣聖配享議校改。

〔四九〕爨𧸖　再造本、文海本、朝野雜記乙集卷二〇辛未利店之變均同，四庫本兩朝綱目卷一三作「爨攢」，點校本兩朝綱目卷一二作「爨𧸖」。

〔五〇〕董春惜　再造本、文海本、兩朝綱目卷一二、宋會要輯稿蕃夷五之一一均同，宋史卷四九六蠻夷叙州三路蠻、朝野雜記乙集卷二〇辛未利店之變則作「董春措」。

〔五一〕西南接沙漠虛恨　「西南」，徐規先生校改爲「西北」，稱「據譚其驤師主編中國歷史地圖第六册六九—七〇潼川府路圖改」。又將下文「西北接叙州之宜賓」校改爲「東北接叙州之宜賓」。這樣校改古籍似有不妥，今不取。見徐規點校朝野雜記。「沙漠」，再造本、文海本、兩朝綱目卷一二均同，朝野雜記乙集卷二〇辛未利店之變作「沙漠」。

〔五二〕王文撲　再造本、文海本、兩朝綱目卷一二均同，朝野雜記乙集卷二〇辛未利店之變作「王文撥」。

〔五三〕憑高　原作「馮高」，再造本、文海本同，據朝野雜記乙集卷二〇辛未利店之變、兩朝綱目卷一三校改。

〔五四〕恪守　原作「格宁」，不文，再造本、文海本作「格守」，據兩朝綱目卷一三校改。

〔五五〕李㚟　「㚟」原爲空闕，據兩朝綱目卷一三補。下文「李㚟」同此。

〔五六〕韃靼　原作「蒙古」，據再造本、文海本、兩朝綱目卷一三回改。本年下文計五「韃靼」，均同此。

〔五七〕賀　李校：原作「和」，據宋史寧宗紀三改。汪按：再造本、文海本作「賀」，可作校改依據。

〔五八〕且自　原作「且白」，文不通，據再造本、文海本校改。

〔五九〕新堵之出　再造本、文海本同，類編皇朝中興大事記講義卷二七作「新堵之界」，後者似更合語法。

〔六〇〕忒没真　原作「特穆津」，據再造本、文海本回改。本卷下文「忒没真」同此。

〔六一〕韃兵　此「韃兵」與本段下文二「韃兵」，原均作「蒙古兵」，並據再造本、文海本回改。

〔六二〕忒没真　原作「赫舍哩」，「赫舍哩執中」即「紇石烈執中」，爲金軍大將，不當率大軍擊金軍，顯誤，據再造本、文海本、朝野雜記乙集卷一九女真南徙、兩朝綱目卷一三校改。

〔六三〕紇石烈執中　原作「赫舍哩執中」，據再造本、文海本回改。本卷下文「紇石烈執中」同此。

〔六四〕勝　原作「敗」，「乘敗」不文，據再造本、文海本并參朝野雜記乙集卷一九女真南徙、續宋編年資治通鑑卷一四校改。

〔六五〕野狐嶺　「狐」原誤「孤」，文海本同，據再造本、朝野雜記乙集卷一九女真南徙、續宋編年資治通鑑卷一四、兩朝綱目卷一三校改。

〔六六〕韃靼　原作「蒙古」，據再造本、文海本回改。本月下文「韃靼懼」之「韃靼」，同此。

〔六七〕韃兵　原作「蒙古兵」，據再造本、文海本回改。下文「韃兵懼不敢進」之「韃兵」，同此。

〔六八〕李亶　原作「李戛」，文海本作「亶」，據再造本、兩朝綱目卷一三校改。朝野雜記乙集卷二〇辛未利店之變作「季允」，「季允」乃李亶之字。下文「戛」順改。

〔六九〕昷　文海本字難辨，再造本、宋史卷三九寧宗紀、兩朝綱目卷一三作「昷」。

〔七〇〕後　再造本、文海本作「役」，宋史卷三九寧宗紀、兩朝綱目卷一三作「復」。

〔七一〕董居誼　李校：原作「黃居誼」，據宋史寧宗紀三、兩朝綱目卷一三改。汪按：文海本作「董居誼」，再造本作「黃居誼」。

〔七二〕韃靼　原作「蒙古」，據再造本、文海本回改。

〔七三〕紇石烈執中　原作「赫舍哩執中」，據再造本、文海本回改。本卷下文「紇石烈執中」同此。

〔七四〕李亶　原作「李戞」，再造本、文海本均作「李亶」，「亶」當爲「亶」之異寫，現據宋史卷三九寧宗紀及前後文校改。

〔七五〕韃　此「韃」與下文三「韃」字，原均作「蒙古」，並據再造本、文海本回改。

〔七六〕皂河　原作「早河」，再造本、文海本同，據朝野雜記乙集卷一九女真南徙、兩朝綱目卷一三校改。

〔七七〕韃　原作「敵」，據再造本、文海本回改。

〔七八〕韃靼主忒没真留其大將撒没曷圍燕京　「韃靼」原作「蒙古」，「忒没真」原作「特穆津」，「撒没曷」，原作「薩木哈」，並據再造本、文海本回改。

〔七九〕李亶　李校：原作「李戞」，據兩朝綱目卷一三改。汪按：朝野雜記乙集卷二〇癸酉虚恨之變：「壬申夏，李季允（亶）來司臬事，屢招來之，蠻人終不至。」文海本字難辨。再造本作「李亶」。李校是，今從之。

〔八〇〕邛部州　再造本、文海本同，朝野雜記乙集卷二〇癸酉虚恨之變、兩朝綱目卷一三作「邛部川」。按似作「邛部川」是，宋史卷四九六蠻夷傳將多處「邛部州」均校改爲「邛部川」，可參。

〔八一〕提舉皂郊博馬務　「博」原作「傅」，據再造本、文海本、兩朝綱目卷一四（後者作「提舉皂郊博易鋪務」）校改。

〔八二〕鞑靼　原作「蒙古」，據再造本、文海本回改。

〔八三〕部族　原作「部候」，文海本同，據再造本、兩朝綱目卷一四校改。

〔八四〕虜　此「虜」與下文「虜先知之」之「虜」，原均作「金」，並據再造本、文海本回改。

〔八五〕董居誼　原作「董居諠」，再造本、文海本同，據兩朝綱目卷一四、宋史卷三九寧宗紀、續宋編年資治通鑑卷一四校改。

〔八六〕金虜自爲鞑人所攻　「金虜」，原作「金人」；「鞑人」原作「蒙古」，並據再造本、文海本回改。本月下文計五「鞑人」，除最後一「鞑人」原作「蒙古人」外，原均作「蒙古」，並據再造本、文海本回改。

〔八七〕僉　再造本、文海本同，朝野雜記乙集卷一九鞑靼款塞作「遷」。

〔八八〕忒没真　原作「特穆津」，據再造本、文海本回改。

〔八九〕撒没曷　原作「薩木哈」，據再造本、文海本回改。

〔九〇〕鞑　原作「蒙古」，據再造本、文海本回改。

〔九一〕鞑靼　原作「蒙古」，據再造本、文海本回改。本月下文「鞑靼」同此。

〔九二〕虜　原作「獲」，據再造本、文海本回改。朝野雜記乙集卷一九女真南徙作「掠」。

〔九三〕藩兵　再造本、文海本同，朝野雜記乙集卷一九女真南徙作「番兵」，差强。

〔九四〕訊中絶　原作「議中絶」，再造本同。文海本作「訊中絶」，朝野雜記乙集卷一九西夏扣關、兩朝綱目卷一四作「虜訊中絶」。據校改。

〔九五〕大度河　再造本、文海本同，朝野雜記乙集卷二〇癸酉虚恨之變、兩朝綱目卷一四作「大渡河」。

〔九六〕鉄釜　原作「黄金」，再造本、文海本作「鉎金」，據朝野雜記乙集卷二〇癸酉虚恨之變、兩朝綱目卷一四校改。

〔九七〕覆　再造本、文海本、兩朝綱目卷一四作「覈」。

〔九八〕韃靼　原作「蒙古」，據再造本、文海本回改。

〔九九〕雷孝友　李校：原作「審孝友」，據兩朝綱目卷一四改。汪按：再造本、文海本均作「雷孝友」，應作校改依據。

〔一〇〇〕己未　李校：原作「乙未」，據宋史寧宗紀三、兩朝綱目卷一四改。汪按：再造本、文海本均作「乙未」，然依時序當作「己未」，今從李校。

〔一〇一〕伯柷　原作「伯祝」，據再造本、文海本、宋史卷三九寧宗紀卷二四四宗室傳、元陳桱通鑑續編卷一九、文獻通考卷二七七封建考校改。

〔一〇二〕韃人　此「韃人」與本年下文七「韃人」，原均作「蒙古」，並據再造本、文海本回改。

〔一〇三〕韃兵　此「韃兵」與本年下文三「韃兵」，原均作「蒙古」，並據再造本、文海本回改。

〔一〇四〕撒没曷　原作「薩木哈」，據再造本、文海本、兩朝綱目卷一四回改。本年下文二「撒没曷」

同此。

〔一〇五〕架閣　原作「罙閣」，文海本同，據再造本、兩朝綱目卷一四、潛説友咸淳臨安志卷四行在所録引主管架閣文字綦更生記題名校改。

〔一〇六〕金虜　原作「金人」，據再造本、文海本回改。

〔一〇七〕虜人　原作「金人」，據再造本、文海本回改。

〔一〇八〕鐵槍　原作「鐵相」，據再造本、文海本、朝野雜記乙集卷一九韃靼款塞、兩朝綱目卷一五校改。

〔一〇九〕虜將　原作「金將」，據再造本、文海本回改。

〔一一〇〕本遼人　原作「木遼人」，據再造本、文海本、朝野雜記乙集卷一九韃靼款塞、兩朝綱目卷一五校改。

〔一一一〕阿骨打　原作「阿固達」，據再造本、文海本、朝野雜記乙集卷一九女真南徙回改。

〔一一二〕忒没真　原作「特穆津」，據再造本、文海本回改。下一「忒没真」同此。

〔一一三〕癸丑朔　李校：宋史寧宗紀三、兩朝綱目卷一五均作「癸酉」。汪按：再造本、文海本均作「癸丑朔」，李校是，今從之。

〔一一四〕正旦　李校：原作「生旦」，據宋史寧宗紀三改。汪按：再造本、文海本均作「生旦」，李校是，今從之。

〔一一五〕盱眙　「盱」原作「旴」，文海本同，據再造本校改。

〔一一六〕虜　原作「金」，據再造本、文海本回改。

〔一一七〕完顔掩　「完」原作「元」，再造本、文海本均同，據兩朝綱目卷一五、宋史卷四〇寧宗紀、續宋編年資治通鑑卷一五校改。

〔一一八〕金虜既爲韃靼所擾　「虜」，原作「人」，「韃靼」，原作「蒙古」，並據再造本、文海本回改。

〔一一九〕虜　原作「惟」，據再造本、文海本回改。

〔一二〇〕犬羊跨我中原　原作「兵戈侵我疆埸」，據再造本、文海本、兩朝綱目卷一五回改。

〔一二一〕寧弗廷伸進取之謀　「弗」，再造本、文海本同，兩朝綱目卷一五作「咈」。「伸」，再造本、文海本、兩朝綱目卷一五均作「紳」。

〔一二二〕亡胡　原作「金人」，據再造本、文海本、兩朝綱目卷一五回改。

〔一二三〕皇華之旆朝返　「旆」，再造本、文海本、兩朝綱目卷一五均作「轡」。「返」，再造本、文海本同，兩朝綱目卷一五作「遣」。

〔一二四〕群酋　原作「金衆」，據再造本、文海本、兩朝綱目卷一五回改。

〔一二五〕自靖　再造本、文海本同，兩朝綱目卷一五作「自潰」。

〔一二六〕其　再造本、文海本同，兩朝綱目卷一五作「爾」。

〔一二七〕焚燬　再造本、文海本作「焚恢」，兩朝綱目卷一五作「焚惔」。

〔二八〕爾　再造本、文海本同，兩朝綱目卷一五作「亦」。

〔二九〕丙子　李校：原作「丙申」，據宋史寧宗紀三、兩朝綱目卷一五改。汪按：再造本、文海本均作「丙子」，應作校改依據。

〔三〇〕據之　原作「擄之」，李校：兩朝綱目作「據之」。汪按：再造本、文海本均作「據之」，今據校改。

〔三一〕利州　李校：原作「利州路」，兹據兩朝綱目卷一五、續宋編年資治通鑑卷一五删「路」字。汪按：再造本、文海本均作「利州路」，然李校是，今從之。

〔三二〕二月　李校：原作「三月」，據兩朝綱目卷一五改。汪按：再造本、文海本作「三月」，宋史卷四〇寧宗紀作「二月」，作「二月」合理，今從李校。

〔三三〕沈鐸　原作「沈釋」，文海本作「沈釋」，據再造本、兩朝綱目卷一五、宋史卷四〇寧宗紀、續宋編年資治通鑑卷一五校改。

〔三四〕姑遲之可也　「可」原作「何」，句不可通，今據再造本、文海本、類編皇朝中興大事記講義卷二七校改。

〔三五〕奠安　「奠」字原爲空闕，據再造本、文海本、類編皇朝中興大事記講義卷二七補。

〔三六〕豺狼群嗥狐兔失穴　原作「邊方争長北敵播遷」，據再造本、文海本、類編皇朝中興大事記講義卷二七回改。

〔一三七〕奔走俯伏於穹廬之前 再造本、文海本同，然句無主語，類編皇朝中興大事記講義卷二七此前有「苟一介行李」五字，似是。

〔一三八〕强胡 原作「强鄰」，據再造本、文海本回改。

〔一三九〕胡 原作「敵」，據再造本、文海本回改。

〔一四〇〕虜 此「虜」與下文「虜將望風畏懾」之「虜」，原均作「敵」，據再造本、文海本回改。

〔一四一〕戊辰 李校：原作「戊寅」，據宋史寧宗紀三、兩朝綱目卷一五、續宋編年資治通鑑卷一五改。汪按：再造本、文海本均作「戊寅」，據時序作「戊辰」是，今從李校。

〔一四二〕虜 此「虜」與下文「虜乘勝攻武休關」、「虜破光山縣」之「虜」，原均作「金」，並據再造本、文海本回改。

〔一四三〕虜 原作「兵」，據再造本、文海本回改。

〔一四四〕虜 此「虜」與下文「虜聞之遂遁去」之「虜」，原均作「金」，並據再造本、文海本回改。

〔一四五〕金虜 原作「金兵」，據再造本、文海本回改。

〔一四六〕鄭昭先 原作「董昭先」，據再造本、文海本、兩朝綱目卷一五、宋史卷四〇寧宗紀校改。

〔一四七〕虜 此「虜」與下文「虜圍安豐軍」、「虜分兵犯邊」、「虜遊騎數百」之「虜」，原均作「金」，並據再造本、文海本回改。

〔一四八〕虜 此「虜」與下文「虜乃解去」之「虜」，原均作「敵」，並據再造本、文海本回改。

〔一四九〕玉磧　再造本、文海本、兩朝綱目卷一五同，宋史卷四〇寧宗紀、續宋編年資治通鑑卷一五均作「石磧」。

〔一五〇〕虜　此「虜」與下文「欲與虜講和」之「虜」，原均作「金」，並據再造本、文海本回改。

〔一五一〕殘虜　原作「金人」，據再造本、文海本回改。

〔一五二〕不慓　再造本、文海本、宋史卷四〇寧宗紀卷二四五宗室傳、劉克莊後村集卷四三、卷四四玉牒初草、文獻通考卷二七七封建考均作「不嫖」。通鑑續編卷二〇作「不標」。

〔一五三〕田冒　再造本同，文海本字模糊，兩朝綱目卷一六、宋史卷四〇寧宗紀、續宋編年資治通鑑卷一五均作「田冐」。

〔一五四〕玉津　文海本字難辨，再造本、兩朝綱目卷一六、宋史卷四〇寧宗紀、續宋編年資治通鑑卷一五均作「上津」。

〔一五五〕定攻　再造本、文海本同，兩朝綱目卷一六、宋史卷四〇寧宗紀均作「進攻」。

〔一五六〕進等　再造本、文海本同，兩朝綱目卷一六、宋史卷四〇寧宗紀均作「俊等」。從上下文看，作「俊等」是。

〔一五七〕馮㮙　原作「馮塒」，文海本作「馮撍」，再造本、兩朝綱目卷一六、宋史卷四〇寧宗紀、續宋編年資治通鑑卷一五、羅大經鶴林玉露卷一一均作「馮㮙」，據校改。

〔一五八〕久長鎮　再造本、文海本同，兩朝綱目卷一六、宋史卷四〇寧宗紀、續宋編年資治通鑑卷一五均作「天長鎮」。

〔一五九〕厥自古始　「自」，再造本、文海本、兩朝綱目卷一六均作「有」。

〔一六〇〕武寧　再造本、文海本同，兩朝綱目卷一六、宋史卷四〇寧宗紀、卷二四六宗室傳及本書卷三一均作「寧武」。

〔一六一〕勝殘　再造本、文海本同，兩朝綱目卷一六作「勝威」。

〔一六二〕緊　再造本、文海本同，兩朝綱目卷一六作「伊」。

〔一六三〕葛合赤縣　「縣」，再造本同，文海本字模糊，兩朝綱目卷一六作「孫」。

〔一六四〕華岳　原作「軍岳」，據再造本、文海本、兩朝綱目卷一六、宋史卷四〇寧宗紀校改。

〔一六五〕种贇　原作「仲贇」，再造本、文海本同，據兩朝綱目卷一六、宋史卷四〇寧宗紀、續宋編年資治通鑑卷一五、通鑑續編卷二〇校改。

〔一六六〕邢德　「邢」原誤「刑」，再造本、文海本同，據前文及兩朝綱目卷一六、宋史卷四〇寧宗紀、續宋編年資治通鑑卷一五校改。

〔一六七〕秋八月　原作「秋七月」，據再造本、文海本、兩朝綱目卷一六、宋史卷四〇寧宗紀、續宋編年資治通鑑卷一五校改。

〔一六八〕李校于「癸未」前加「八月」，謂：「二字原闕，據宋史寧宗紀四、兩朝綱目卷一六補。」汪按：原文誤將「秋八月」誤爲「秋七月」，致使李校誤以爲應在此補「八月」二字，實誤，今不從。

〔一六九〕綸旨　再造本、文海本同，類編皇朝中興大事記講義卷二七作「綸音」。

〔一七〇〕垂世　再造本、文海本同，類編皇朝中興大事記講義卷二七作「聖世」。

〔一七一〕休緒　原作「體緒」，再造本、文海本作「体緒」，「休緒」爲宋代常用語，今據兩朝綱目卷一六、明程敏政新安文獻志卷二宋程珌立皇姪貴誠爲皇子詔校改。

〔一七二〕猶朕之子也　再造本、文海本、新安文獻志卷二程珌立皇姪貴誠爲皇子詔同，兩朝綱目卷一六作「亦朕之猶子也」，新安文獻志卷二程珌立皇姪貴誠爲皇子詔注引「程雪樓曰」同。

〔一七三〕武寧　參見本書嘉定十四年六月丙寅條校記。

〔一七四〕作講　再造本、文海本同，兩朝綱目卷一六作「坐講」。後者似是。彭龜年止堂集卷一〇恭書紹熙甲寅賜講筵詔後跋曾述宋寧宗復坐講制事，可參。

〔一七五〕不勞資斧　再造本、文海本同，兩朝綱目卷一六作「不勞斧鉞」。

〔一七六〕湖鎮　再造本、文海本同，兩朝綱目卷一六作「湖嶺」。「江淮湖鎮」不文，「江淮湖嶺」似是。

〔一七七〕以今推之　再造本作「以大惟艱」，文海本作「以大推艱」。

宋史全文卷三十一

宋理宗一

理宗皇帝，乃太祖皇帝十世孫、寧宗皇帝子也。初，孝宗時，望氣者言：會稽有天子氣，後三十年當生真人。太祖九世孫、榮文恭王家於紹興府之山陰縣，夫人全氏，以開禧元年正月癸亥誕上於虹橋里第。前一夕，榮王夢一紫金帽人來謁〔一〕，比寤，夜漏未盡十刻，室中五采爛然，起視赤光屬天，如日正中。既誕三日，家人聞户外車馬聲，亟出，則寂無所睹。幼嘗晝寢〔二〕，人忽見上體隱隱如龍鱗，咸神異之。嘉定十四年六月乙亥，補秉義郎。八月甲子，授右監門衛大將軍，賜名貴誠。戊寅，授果州團練使，立爲皇弟沂靖惠王嗣。先是，沂王薨，無嗣，以宗室希瞿子賜名均，爲沂王後。既而改賜名貴和。嘉定十三年八月，景獻太子薨。寧宗以國本未立，命宰臣選太祖十世孫年十五以上者教養之，如高宗擇立普安、恩平故事。遂以十四年六月丙寅，立貴和爲皇子，改賜名竑，除寧武軍節度使〔三〕，進封祁國公。而以上嗣沂邸焉。嘉定十五年五月丁巳，以竑爲檢校少保，進封濟國公。己未，以上爲邵州防禦使。上性凝重寡言，潔修好學。坐必正席，屹然如山。每朝參，序坐待漏，或多笑語，上獨儼然若思。出入殿庭，雍容莊敏，矩度有常，見者斂容。濟國公竑失德寖彰，寧宗意不懌，使相、王爵閱四年不授。每上朝，寧宗諦視良久，出則目送之，蓋已屬意於上矣。

謚議曰：恭惟先皇帝，剛健篤實，齊聖廣淵。毓粹鍾靈，發祥乎藝祖〔四〕；聖作明述，繼體乎寧宗。帝初於宗藩，龍德而隱者也。聖學精專，天步端凝，寧皇目送於大昕之會朝，壽明締視於集英之侍立。代王未入，而大横之兆已孚。曾孫獨賢，而未央之見已决矣。

嘉定十七年正月，宰執奏事，寧宗憂形於色，歷言竑溺女嬖、狎群小、傲誕淫褻數事，且密諭曰：「皇姪端重英悟，可承宗祧，欲並立爲皇子，續正元良之位。」宰執奏曰：「聖意堅定如此，宗社之福。然事大體重，容少遲精審行之。」寧宗曰：「俟瑞慶節可也。」八月丙戌，寧宗違豫。壬辰，召右丞相彌遠、參知政事宣繒、簽書樞密院事薛極入禁中。寧宗領使前曰：「疾已不可爲。朕前與卿議立皇姪，宜亟行之。」閏八月丁酉，詔：「朕以菲凉，獲承休緒。念國嗣之未建，嘗以皇弟沂靖惠王之子爲子矣，審觀熟慮，猶以本支未强爲憂。皇姪邵州防禦使亦沂靖惠王之子，亦朕之猶子也。聰明天賦，學問日新，既親且賢，朕意所屬，並俾立焉。蓋欲爲異日深長之思、無窮之計也。其以爲皇子，改賜名。」制授武泰軍節度使，封成國公。又制以皇子、檢校少保、武寧軍節度使、濟國公竑爲開府儀同三司，進封濟陽郡王，判寧國府。是日，寧宗崩，遺詔命皇子即皇帝位，尊皇后爲皇太后，權同聽政。皇子遜避再三。丞相彌遠等以天下大計爲言，皇子遂即皇帝位。辛丑，赦曰：「天生烝民而立君，所以任父母撫綏之責。父有天下而傳子，所以綿祖宗統系之基。祗仰先皇，自承丕緒，不以大寶爲樂，惟以萬方爲憂。懷保小民，欽畏上帝。消斥姦佞，登崇俊良，勤不倦於宵衣，儉至形於澣服。坐臻感格，聿底康平，二氣叶調，群生茂豫，中原雲附，故境日歸。允惟中興之功，浸復太平之觀。乃以焦勞之久，遂愆節適之宜，忍聞憑几之言，方切號弓之痛。遺令眇薄〔五〕，獲纘休明。仰奉母儀，俯臨海寓。正皇皇如灼之際，加兢兢載惕之思。然創鉅摧心〔六〕，尚曠萬幾之務。而政先及物，豈稽四海之恩。可大赦天下。」

謚議曰：恭惟理宗皇帝，躬乾體之純，位鼎命之正。自軨獵之車甫迎，而慶善之地是宅〔七〕。壓紐之拜允叶，而延喜之玉爰歸。蓋寧考會朝，默矚應龍之象〔八〕，休明贊册〔九〕，昭升暘谷之景。紫微炳焕，黄祇碩懷〔一〇〕，以承十三聖延洪之業，以開四十一年戢寧之治〔一一〕。其中和條貫，金聲而玉振，造化蕩滌，霆激而電騖，闡繹發詡，蓋磑磑焉。

乙巳，皇兄濟陽郡王竑爲濟王。丁未，以皇帝登寶位告於天地、宗廟、社稷、宮觀、諸陵。

嘉定十七年閏八月己酉，詔曰：「朕以沖眇之資，纂休明之統。聖父賓天之痛莫報，親恩坤元載物之功幸依。母範矧導，揚於休命，俾請決於政機。爰迪舊章，聿崇顯册。大行皇帝皇后，志嚴警戒，行茂懿徽，儷日爲明，久助先皇，而内治太極密運，今尤率土之同瞻。方將充仁心以宏濟于艱難，昭慈訓以保祐于涼菲。庶邦基之弗墜，尚寰宇之小康，敬正隆名，以揚大德，宜恭上尊號曰皇太后。」癸丑，丞相彌遠等率百僚請皇太后同聽政，至是八上表，皇太后手書：「此非吾志，深惟先帝遺訓已播告中外，若退託不已，恐無以安人心，姑循所請。」庚申，皇太后、皇帝始御素幄，垂簾聽政。以宣繒爲攢宮總護使，吏部侍郎楊燁按行使，内侍鄭俣副之。賜皇兄濟王第於湖州。尋詔充醴泉觀使就第。壬戌，詔史彌遠書撰哀册文，宣繒書撰謚册文，薛極篆寶文，禮部侍郎程珌撰謚議。癸亥，詔：「以日易月之制雖已仰遵先帝遺烈，然吾與嗣君心實未安，自服三年之喪。」

九月庚午，以三邊未能撤戍〔二〕，帥守將士勞役日久，令學士院降詔撫諭。甲戌，宰執奏垂簾外朝之禮，請酌高宗典故而行。從之。乙亥，皇太后、皇帝便殿垂簾。宰臣奏：「聽政之始，宜褒表名儒，以興起士大夫之心。」於是以集英殿修撰傅伯成爲顯謨閣學士，直寶謨閣楊簡寶謨閣直學士，秘閣修撰柴中行復右文殿修撰，並奉祠。召顯謨閣學士鄒應龍、寶謨閣待制知潭州真德秀、煥章閣待制曹彥約赴行在。太后諭宰臣曰：「嗣君富於春秋，正進學之時，宜精選儒臣，早開講席。」丙子，皇帝御便殿，宰臣等拜表請皇帝。己卯，皇太后、皇帝御便殿垂簾，宰臣率百官請皇帝御殿。至是三上表。詔隻日權御後殿。以程珌及吏部侍郎朱著、中書舍人真德秀兼侍讀，工部侍郎葛洪、起居郎喬行簡、宗正少卿陳貴誼、軍器監王塈兼侍講〔三〕。皇太后諭宰執曰：「垂簾非美事，斷不欲當。」彌遠奏曰：「皇帝嗣服之初，具有先帝遺訓，願陛下勉爲宗社大計。」太后曰：「嗣君聰明，自可付託。」〔四〕彌遠奏曰：「皇帝正欲觀陛下儀刑。」太后曰：「幸而保全至此，不如更有始終。」壬午，以程珌爲刑部尚書，葛洪權工部尚書，真德秀權禮部侍郎兼直學士院，喬行簡權工部侍郎，魏了翁起居郎，陳貴誼起居舍人，朱端常諫議大夫，莫澤殿中侍御史，廩溧右正言，李知孝、華宰監察御史。丙戌，宰臣等奏請以大行皇帝陵名爲永茂，詔依。丁亥，雷。庚寅，上並宿齋於內殿。禮部、太常奏：「上在諒陰，明堂大享前二日朝獻景靈宮，前一日朝享太廟，並遣官攝事。」辛卯，皇帝越紼大享於明堂，赦天下。

十月甲午朔，以久雨，命從臣日一人禱於天竺山。戊戌，詔諸道提點刑獄以十一月按部理囚徒。庚戌，御後殿。壬子，詔諸道憲司下所部，見任官廩禄按單幫給，歲終上已支數於尚書省。

十一月甲子，右正言麋溧言：「孝宗皇帝由藩邸踐阼，懷光堯顧復之恩，奉慈福怡愉之樂，二十八年常如一日。陛下先皇託付，無異光堯，賴母儀擁祐，有同慈福。凡繼志述事，承顏順色，皆當以孝宗爲法。而尤切於新政者，曰畏天、悦親、講學、仁民。」從之。丁亥，詔曰：「朕猥以眇躬，誕膺駿命。祖宗千百世之業，傳緒在予[一五]；夷夏億萬人之心[一六]，望治伊始。賴慈闈之擁祐，慚凉德之菲沖。粵自纂圖，率遵垂憲。欽惟大寶之重，守必以仁，兆民之寧，賴於有慶。肆掇聖經之旨，肇頒年紀之新。綿景祚於延洪，與群生而康乂。更資中外之彥輔，成本始之規，興起治功，允孚德意。其以明年爲寶慶元年。」戊子，丞相史彌遠等乞參天聖、元祐故典，以五月十六日皇太后生辰爲壽慶節，表請者三，皇帝奏請者再，皇太后乃從。乙巳，宰臣率百僚請以皇帝誕日名天基節。凡三表，乃從之。

十二月乙未，詔京西、河北新復州軍屢經兵擾，並免入貢，仍與推恩。癸丑，開經筵[一七]。輔臣觀講，早講論、講讀官各一員，晚講説書官一員。宰臣史彌遠等請以皇太后殿名慈明。詔依。御史臺言：「大行皇帝係是十世，當行議祧。竊謂商以契爲始祖，以湯、太戊、武丁爲不毁之廟，皆不在三穆之數。魯公之廟，文世室也；武公之廟，武世室也。公羊子曰：世室世世不毁也。仰惟國朝太祖皇帝爲帝者太祖之廟，太宗皇帝祔於太祖爲一世之廟，真宗、仁宗、神宗、高宗各有制書不祧，此與商、周不毁廟、魯公武公之世室名異實同。世世之祧既不在三昭三穆之中，則固不在九廟之數。自太祖以至光宗實爲五廟，今大行皇帝始爲六廟，合增展一室以祔大行皇帝，於禮爲合，於義爲安。」詔恭依〔一八〕。

乙酉寶慶元年正月壬戌朔，詔舉賢良。丙子，湖州申濟王驚悸得疾〔一九〕，特賜錢三千緡命守臣選醫診治。早薨。賜賻贈銀絹千匹兩、會子萬緡充宣葬。

濟王竑，宗室希瞿子也。初名均，沂靖惠王薨，無子，立均爲後，更名貴和。嘉定十三年立爲皇子，賜今名。及寧宗崩，史丞相彌遠矯詔立理宗，出竑爲開府儀同三司、判寧國府，人心危疑不服。王居湖州，含山人潘壬、潘丙陰通李全，謀挾王渡江北推立〔二〇〕，期以某月十七日。誕云二十七〔二一〕。及期李全之兵不至，二潘慮事泄，率百餘人突入州城，求王不獲。頃之得於水閣下，挾以出，加之黄袍，行險僥倖，皆二潘之謀，王不知也。二潘敗，彌遠謀害濟王，遣其客秦天錫且傾醫視疾之命，時王本無疾，天錫諭意逼王就死，遂縊死於州治。

甲申，程珌進讀三朝寶訓，奏曰：「藝祖皇帝受禪之初，與三軍約，不許殺戮一人。自後聖聖相承，守爲家法。」上曰：「祖宗以仁立國，朕當以仁守之。」上問曰：「寶訓中云，治世少而亂世多，君子少而小人多，何也？」珌奏：「治世所以少，亂世所以多者，正緣君子少而小人多也。蓋君子初未嘗少，聖君出而君子多；小人初未嘗多，庸君出而小人多。」上曰然。己丑，朱端常奏：「蜀士當得郡者，紹興以前，悉親詣闕下，廟堂因得以審其人物而進退之。自慶元以來，非制可辟差，則馳牘干請。今欲除曾任太守有治效人外，必令親到堂除授，奏事訖之任。次任與免。」從之。詔曰〔二〕：「朕初纂丕圖，亟奉慈訓。既御經幄，日親群儒，深念進德，立治之本，實由典學，朝夕罔敢怠忽，尚賴諸賢悉心啓迪，毋有所隱。朕當垂聽，益加自勉。即令學士院明諭朕意。」

龜鑑曰：王人多聞，必學古訓。嗣王緝熙，斯顯德行。此正聖學窮理盡性之功也。夫以聖人天資之高明，而又充之以學力之光大，則始焉致知者，此理之明也，終焉盡性者，此理之誠也。肆我理宗，自踐阼以來，講帷日闢，聖學日新，何嘗不自窮理盡性中來歟。

二月壬辰朔，雪。詔禮部貢舉。癸巳，朱著、王塈進讀高宗寶訓孝德卷終，著奏：「高宗當中興艱難之初，欽事慈寧皇太后，始終極至。願陛下以高宗爲法。」上嘉納，忽愀然曰：「雪作非時。朕終夜爲之不安。當益恐懼修德，凡有闕失，無忘忠告。」甲午，詔故太師、武勝定國軍節度使、鄂王岳飛謚忠穆。尋改忠武。丙申，以師彌爲檢校少師〔三〕、嗣秀王。戊戌，詔福州、温州各添教官一員。甲辰，御後殿引見吏部奏舉改官十有八人。蠲兩浙州軍屬縣官私僦錢有差。戊午，出豐儲倉米七萬五千石，賑臨安貧民。馬步軍諸班直、皇城司守衛官兵給犒有差。辛酉，仁文哲武恭孝皇帝靈駕發引，皇太后行奉寧、奉辭禮，皇帝行啓奠祖奠禮，奉辭于皇城門外，行遣奠禮。百寮辭于郊外。

[三月]癸酉[二四]，永茂陵掩攢。

四月辛卯朔，寧宗皇帝祔廟，頒德音於臨安、紹興府。壬辰，朱著進讀高宗寶訓，至高宗曰「周公戒成王惟在知稼穡艱難」，上曰：「朕近寫無逸一篇揭爲四圖，置之座右，以便觀省。念茲在茲，不忘艱難。」丁酉，皇太后手書：「吾晚年多病，志在安閒。嗣君可日御便殿聽政，今後更不垂簾。」戊戌，臣僚言：「臣伏讀太后還政御札，前代母后勉强矯拂不能爲之事，而太后聖斷行之，略無難色，實爲萬世母后臨朝之法。」上曰：「朕受太后之恩如天，朝夕思之未知報稱，更當力請。」辛丑、壬寅，上兩請皇太后仍賜垂簾，不允。丙子，詔曰：「朕以眇躬，獲承大寶，實賴聖母同覽萬幾。粵自聽斷之初，已持謙退之志。朕仰遵先帝遺訓，瀝控丹衷，聖意曲從，臨朝數四。今者手書屢降，中諭益嚴，朕心皇駭，莫知所爲。疏奏面陳，願還親札，至于累日。慈聽莫回。雖明謨睿斷今古無鄰，而內顧菲涼，懼弗克稱。然而威命既布，敢不勉承。惟一守於洪規，庶不負於付託。布告天下，咸使聞知。」詔：「今後見供職及在外帶職從官[二五]，依元祐十科舊制，歲舉三人。」從右正言龐溧請也。辛亥，出豐儲倉米八萬石，賑濟臨安貧民。

五月丙寅，以師彌爲開府儀同三司、奉國軍節度使、知大宗正事，師貢爲檢校少師。以皇叔祖、和州防禦使不熄爲保康軍承宣使、嗣濮王。甲戌，詔在庭之士日命其一面對。又詔曰：「自昔帝王即政之初，首闢四門，達聰明目，訪予落止，小毖求助。凡今内外文武小大之臣，有所見聞，具以啓告，忠言正論，朕所樂聽，事有可行，虚心而從。言或過直，無悼後害。封章來上，以副朕延納之誠焉。」

六月辛卯，太白晝見。丁酉，録行在繫囚。壬寅，御後殿，引見吏部奏舉改官二十人。丁未，三省同奉御筆：「朕恭禀太后聖諭，謂丞相忠貫日月，勳塞宇宙，實惟我國家無疆之休。惟屢宣至意，欲示褒崇，而丞相謙遜退卻，囊封面奏，力辭不已。使崇德報功之典，久未昭著，甚非所以承先朝始終眷倚之意。丞相左右擁翊之功，其議有以尊顯之。朕惟丞相受知二祖，光輔兩朝，贊更化以正權綱，佐定策以安宗社。不動聲色，中外晏寧。可謂社稷之臣矣。國之元勳，宜有異數。重以慈訓，其敢或違。可拜太師，依前右丞相兼樞使，進封魏國公。令有司討典禮以聞。」史彌遠具劄辭免，詔批答不允。尋五辭，從之。辛亥，秘書監葉禾奏郡司貪刻之害，上曰：「郡守不職，亦緣監司不得其人，監司得人，則一道蒙福。」

七月壬戌，將作監張忠恕輪對，奏求言事。上曰：「詔已下兩月，應者絶少，縱有之，亦未盡忠讜也。」恕奏曰：「臣聞已上之疏多有鯁論，而聖諭如此，足見陛下好直惡佞之切。」乙丑，陳貴誼奏：「近下詔求言，恐詞有過直，乞賜包容。」上曰：「大凡聽言，善者從之，合理者容納之。」詔三衙、臨安府、兩浙路州軍杖以下釋之。丁丑，喬行簡奏及濟王事。上曰：「朕待濟王可謂至矣。」行簡奏云：「濟王之罪，人所共知。當如周公待管、蔡之心，又當取孟子爲周公受過之意。」詔滁州大水，撥會子三千緡、米千六百石賑恤被災之家。禮部侍郎真德秀奏：「臣竊聞陛下迺者涓選剛辰，移御清燕，非特恬養神明之觀，抑且稍正宮寢之儀。臣子之心，不勝慰幸。然區區之愚有欲獻於陛下者，不敢自嘿。恭惟高宗皇帝受命中興，再造區夏，六飛南渡，駐蹕錢塘，其與前世之君篳路藍縷以啓山林、披攘荆棘以立朝廷者，殆無以異，其艱其勤可謂至矣。孝宗皇帝嗣守丕緒，志清中原，二十八年間蒐攬英材，精厲聽斷，未嘗一日少懈，用能保固大業，垂萬世無疆之休。今陛下所御之宮庭，即二祖儲神閒燕之地也。仰瞻楹桷，俯視軒墀，常若二祖實臨其上。念昔者創守之維艱，思今日繼承之匪易，則兢業祗懼，其容少忽乎！漢文帝有言：『朕奉先帝宮室，常恐羞之。』惟其以是存心，故能終身爲恭儉之主，兩漢之君莫先焉。此臣之所欲獻者一。陛下前所居處，密邇東朝。唯思曲盡人子之恭，其敢遽當人主之奉。今宫闈暨乘輿服用之需、頤指使令之便，必將浸備於昔。臣知聖性恬淡，固非外物可移。然以一心而受衆攻，非卓然剛明弗惑，未有不浸淫而蠹蝕者。然則將何道以處之，曰惟學可以養此心，惟敬可以存此心，惟親近君子可以維持此心。蓋理義之與物欲，相爲消長者也。篤志于學，則日與聖賢爲徒，而有自得之樂；持身以敬，則凛如神明在上，而無非僻之侵。親賢人君子之時多，則規儆日聞，諂邪不得而惑。三者交致其力，則聖心湛然如日之明，如水之清。理義常爲之主，而物欲不能奪矣。此臣之所欲獻者一。三年之喪行於宫壼，非獨衰麻在躬而已，哀慕之存於心者，不可頃刻忘，憂慼之形於色者，不可斯須已。古者卒哭而廬居，小祥而堊室。今雖未能如昔，然居處之制不可不極其朴素也。古者服喪，非有疾不飲酒食肉。今雖未能如昔，然饔人太官之供不可不極其菲儉也。古者終喪不處於內。今雖未能如昔，然防微謹獨、屏遠聲色不可不極其嚴也。食則見先帝於羹，立則見先帝於牆，庶幾不負罔極之恩、丕昭純孝之實。倘因移御之適，凡所以自奉者少異於居喪之儀，則雖衰麻在躬，猶不服也。此臣之所欲獻者二。陛下前者日侍慈明，兩宫之情常懽然而無間，今視膳問安之敬雖無改於昔，而其見則有時矣，此正陛下深留聖心之日也。古之事親者聽於無聲，視於無形，一舉足一出言不敢忘父母也。況皇太后親舉神器以授陛下，同聽萬幾曾未數月，褰裳去之如脱敝屣，隆恩厚德與天地無極，陛下將何以報之乎！然則恭勤之禮、孝養之誠當有加於前日可也。至於兩宫侍御之臣，恩意當使如一，蓋愛親者及其犬馬，況左右使令者乎。厥今群臣萬物之命繫於兩宫，惟一兩宫慈孝交隆於上〔二六〕，則群臣萬民皆有所恃以爲安，而兩宫侍御之臣亦得以保其富貴。此臣之所欲獻者四。臣猥以不材，叨備勸讀，比者親奉聖訓：苟可裨益朕躬，毋或有隱。陛下之虚懷求助如此，臣其敢以淺陋自解乎！用是輒陳其愚，冀補萬一，惟聖明擇焉。取進止。貼黄：臣竊聞古者平日視朝，以爲常度。人主與天同運，故必與日俱出，以臨照百官，則陽德宣昭、政機無壅。先皇帝每旦御朝率在卯、辰之間，臣侍螭坳二年，實所親見。陛下始初清明，正厲精庶政之日，而晨興聽事乃頗後於先帝之時，正使宇内晏寧，猶恐示人以怠，況中外多虞之際乎！孔子曰：昧爽夙興，正其衣冠。平旦視朝，慮其危難，一物失理，亂亡之端。惟陛下深味斯言，自今臨朝必以日出爲節，於以法乾健而體離明，通下情而達民隱，實初政之首務也。臣僭率有陳，仰祈矜貸。」丁酉，詔諸路州軍受納苗米不許過數增入，多量斗面，令轉運司覺察。壬寅，詔：「司農丞姚子才封事切直，進官一秩，授秘書郎。」

［八月］癸卯〔二七〕，詔：「傅伯成、楊簡先朝耆德，朕心素所簡記，可召赴行在，令所在州軍以禮津發。」詔：「真德秀奏事，朕因訪問廉吏，德秀以知袁州趙篏夫對，朕惟獎廉

所以律貪，亦庶幾化貪爲廉之效，以惠吾民。趙箋夫除直秘閣、福建提刑。」丙午，詔侍從、給舍、臺諫、卿監、郎官及在外前執政、侍從、諸路帥臣監司，各舉廉吏三人。戊申，詔侍從、兩省、臺諫、三衙、知閤、御帶、環衛官，在外前執政、侍從、諸路監司帥臣都副都統制及屯戍主將各舉堪充將帥三人。己酉，地震。壬子，詔：「故禮部侍郎、贈少師張九成，紹興策士，以直言受知高宗，正色立朝，有中興明道之功。贈太師，追封崇國公，謚文忠。」甲寅，詔以程頤四世孫源爲藉田令。丙辰，莫澤奏：「真德秀舛論綱常，簡節聖語，牒示言路，曲爲濟王之地。」上曰：「德秀在長沙頗有士譽，朕故召之。」澤執奏求去，詔德秀除職予祠。丁巳，詔：「監司守令各精白自新，以稱朕意，其或不悛，必罰無赦。」詔除豁紹興府每歲經總制虛額錢九萬五千五百貫。

九月己未朔，李知孝奏：「考功郎官洪咨夔譏誚臺諫，大理評事胡夢昱上書言濟王事辭語狂悖。」詔咨夔降三官，夢昱除名勒停，象州羈管。丙寅，著作佐郎陶崇奏保業、謹獨、謹微、持久四事。上曰：「卿所陳四事，切於朕躬。朕當行之。」詔：「冑試仍舊制，職事官牒同居五服内親，釐務官牒同居小功親。銓試三人取一。」從李知孝請也。壬午，詔實録院編修寧宗皇帝御製。

[十月]癸巳[二八]，有流星大如太白。甲午，林略對，論及渡江初僞齊連兵事。上曰：

「是時亦是諸將不叶，致得劉豫敢來。」略奏曰：「仰見陛下於中興本末留神。」上曰：「今日不特兵少，亦由訓練不精。自家兵勢既張，彼自不能爲患。」丁酉，以皇叔祖、奉國節度使師貢爲開府儀同三司，皇叔、安德軍節度使思正爲檢校少保。甲辰，以皇叔祖奉國軍承宣使不晷爲奉國軍節度使〔二九〕，皇叔祖、保寧軍承宣使善踐爲保康軍節度使。甲寅，以皇叔祖、安德軍承宣使師潞爲安德軍節度使，皇伯、保信軍承宣使希宿爲保信軍節度使〔三〇〕。知紹興府汪綱奏：「會稽攢宮所在，稅賦盡免折科，山陰同應辦之勞，乞照會稽除免。」詔權免三年。

十一月癸亥，以宣繒兼同知樞密院事，薛極參知政事，葛洪簽書樞密院事。詔邵州係今上皇帝潛藩，陞爲寶慶府。筠州與御名聲音相近，改爲瑞州。乙丑，制以楊谷爲少保，進封新安郡王。丙寅，制以楊石爲少保，進封永寧郡王。直學士院真德秀草制，並上劄子曰：「臣恭睹陛下以東宮册禮告成，明詔疏恩，戚里之賢，寵數優隆，加以王爵，稽諸典故，所未前聞。然其老成靜重，公論素所推予，身爲外屬而避遠權勢，不居京師，治家教子，風聲凛然，誠近世戚畹之所未有。意其賢德夙簡聖心，故因鉅典之成，特示寵擢〔三一〕。臣承命草制，亦既推明陛下所爲褒表之意，播告中外矣。然臣伏觀古今載籍之傳，莫不以恩寵太甚，爲外家之深戒。漢世賢戚無出樊宏、陰興右者。宏之言曰：富貴盈溢，未有能終，天道惡滿好謙，前代貴戚皆明戒也。興亦有云：外戚家苦不知謙退，富貴有極，人當知止，夸奢益爲觀聽所譏。惟二人其所操持若是，故其子孫昌熾，世有令聞，爲史册之光。臣愚竊謂二人之言蓋陛下所當知、而戚里所當鑒也。夫倚伏無常，古今所畏，崇猶塵積，替若駭機，不可不深圖，不可不豫慮。伏惟陛下清燕之間，省觀樊、陰之所由得，返迹梁、竇之所由失，常思所以安全外族，俾蒙謙靖之福，而不蹈滿盈之咎，斯誠宗廟社稷無疆之休。臣以非材，承乏詞禁，官雖甚卑，其職則有唐供奉之舊，故敢因事陳愚，妄希李絳、白居易之萬一。惟陛下裁赦，臣不勝大幸。」辛未〔三二〕，詔行都及諸路公私僦舍錢米經減者減三分〔三三〕。從朱端常請也。己卯，幹辦諸路司審計司王自適進對〔三四〕，論大中之道。上曰：「三聖相授守一道，其此之謂乎！中者不偏不倚、無過無不及之謂。」庚辰，幹辦諸司糧料院趙彦覃進對，奏州縣折色病民。上曰：「纖悉如此，殊失愛民之意。」辛巳，詔中外繫囚杖以下釋之。乙酉，朱端常奏魏了翁封章謗訕，真德秀奏劄誣詆。魏了翁落職，罷新任，追三官，靖州居住；真德秀落職、罷祠。壬辰，御射殿閱崇政殿親從射藝，遷補有差。癸丑，太學正徐介進對，論中庸慎獨之旨。上曰：「此是以敬存心、不愧屋漏之意。」

丙戌寶慶二年正月丁巳朔，上不視事。癸亥，詔贈沈焕、陸九齡官，仍賜謚。尋以太常寺議，焕謚端憲，九齡謚文達。録張九成、吕祖謙、張栻、陸九淵子孫官各有差。又詔以布衣李心傳專心文學，令四川制置司津發赴闕。戊寅，熒惑入氐。庚辰，以禮部尚書程珌知貢舉，刑部尚書鄒應龍、右諫議大夫朱端常、中書舍人陳貴誼同知。壬午，太白、歲、填星合於女〔三五〕。

二月丙戌朔，御筆賜程珌以下曰：「國家三歲取士，試於南宫。蓋公卿大夫由此其選，事至重也。朕屬在哀疚，未遑親策。爰咨近列，往司衡鑑，卿等宜協心盡慮，精加考擇〔三六〕。夫文辭浮靡者，必非偉器，議論詭激者，必無正平之用。去取之際，其務審此。」

龜鑑曰：「『文辭浮靡者必非偉器，議論詭激者必非正才。』此丙戌禮闈之御筆也。其求賢務實之意爲至勤。至如己丑，則又以『取人器識得士忠厚』爲衡鑑。壬辰，則又以『先器識後詞藻，務忠實斥浮僞』爲權衡，則求賢務實之意益堅。」

戊子，以右正言李知孝言，詔：「贓吏有實迹者，不測置獄，明正典刑，其永不得與親民及師儒差遣。繼經赦宥，不許改正，有監司守臣保舉三員者聽之，仍每任所保以一員爲額。」辛卯，詔諸道提點刑獄以五月按部理囚徒。察院梁成大奏：「真德秀有大惡五。其奏濟王事，乞追封以蓋逆狀，趨立嗣以召禍端，改節聖語，謗訕朝廷，無將之心與魏了翁同罪，了翁已從竄削，德秀僅褫職罷祠，欲乞一等施行。」詔削秩二等。癸卯，詔特奏第五等人遇郊與岳祠，其願繳敕再試者聽。乙酉，御後殿，引見吏部奏舉改官二十有一人。

三月丙辰朔，梁成大奏寢王長孺召命，徐瑄、胡夢昱重議施行。初，長孺餞胡夢昱詩有「吾鄉小澹庵」之語，成大以擬非其倫、黨和邪説，不宜立朝。瑄舉夢昱賢能才識有憂國敢言之詞，成大謂夢昱狂悖，瑄必與之合謀，二人雖已竄削而罪大罰輕，於是並及之。尋予長孺祠，瑄削秩三等，徙居象州，夢昱徙欽州編管。庚申，詔曰：「朕自下求言之詔，凡封章來上，必詳加省覽，亦已採擇施行。而遐方小臣猶未有應詔。近者始見普安軍推官羅宰所陳利病，辭旨勤懇，一介之士，身處蜀萬里之外，乃能獨先衆人，惓惓效忠，深可嘉尚。可特與陞擢差遣，以勸來者，以副朕聽納之志。」辛未，喬行簡進讀高宗寶訓謹名器篇，至祖宗朝教坊官有求爲郡者，太祖以莊宗爲鑒不與。上曰：「用伶人爲郡守，非獨輕褻名器，亦必爲民害。」行簡奏：「乞謹守祖宗法度，則名器自不濫。」上曰：「祖宗法度自是精密，豈容不守。」癸酉，以楊簡爲敷文閣直學士、中大夫提舉南京鴻慶宮。先是，召簡以内祠奉朝請，仍進職。簡以疾抗章不至，遂以是寵之。以久雨，蠲大理寺、三衙、臨安府酒所贓賞錢。戊寅，詔曰：「朕近召游洚見于便殿，詳覽二疏，因加訪問，議論正大，指證明切，真有益於君德治道，聳聽嘉歎，可特與改合入官，仍除館職。旃忠讜以導敢言，乃朕志也。」先是，淬以浙西提刑司幹辦公事，召爲太學博士，尋爲秘書郎。戊寅，詔太常寺建功臣閣，繪趙韓王普而下二十有三人，以昭勳崇德爲名。己卯，命從臣日一人禱晴於天竺山。蘄州火。庚辰，以京湖制置使陳晐經理屯田有緒，詔獎之。壬午，決大理寺、三衙、臨安府、兩浙州縣繫囚。

四月己丑，以隆興格制輔臣俸。先是，上覽尚書省所進請給册，以輔臣俸微，令户部條奏，及是奏聞，遂有是命。辛卯，以莫澤言，令二廣諸司今後守倅以下闕官，須申省部，未有注授者，方許奏辟。倅令未滿求辟者，禁之。以久雨，詔大理寺、三衙、臨安府、兩浙州縣繫囚杖以下釋之。癸巳，祕書少監范楷進對，言淫雨未止，歲事可慮。上動容曰：「朕深以爲慮，不知何道可以弭災。」楷奏：「願陛下益加儆懼，則可轉災爲福。」上曰：「洪範，雨暘寒燠風，皆歸之肅乂哲謀聖，以此知人事與天意常相感通。」楷奏：「人主與天地尤近，所以古人夙夜畏威。」上曰：「敬天一念，朕因此當益加謹。」上又問：「成湯以六事自責，當時豈真有苞苴、女謁、讒夫等事，只常常以此自省耳。」楷奏曰：「誠如聖諭。」庚子，詔曰：「昔成王立政之初，於庶獄庶事〔三八〕，曲盡其敬，忠厚積累，囹圄空虛，治道所由昌也。朕踐阼以來，舉廉戒貪，興能拔滯，亦欲郡縣聞風政平訟理也。

而懦者汩於吏奸，莫恤人命。强者輒持巧心，析律貳端，久縶株連，遂易瘐死。其或叨憒自豐，庶威奪貨，五過之疵，是非舛紊，蔑棄中典，民冤莫伸，哀矜之意微，剥斂之風著，豈朕爲民父母之意哉！繼自今監司守令，各思天牧之重，躬務審克，毋僭亂辭，勿格詔而弗遵，勿任情而自肆，深培根本，共守中和，庶幾群吏視儀，罔敢弗率。儻猶玩狎，習爲蔽欺，貪殘淹留，莫之糾刺，上負朝廷之委任，下辜斯民之宅生，則國有憲章，罰加失職，非予一人所敢私。」辛亥，有流星大如太白。

五月辛酉，大理少卿葉宰言，乞令諸州軍奏讞來上，先以期日關奏邸及刑司〔三九〕，以稽留獄之弊。從之。戊寅，李知孝奏，乞速正濟王叛逆之罪，追奪王爵。先是，知孝以爲言，上曰：「觀卿之意，欲正名分、明國法耳。如朕始者所行，正欲全恩意也。」知孝奏：「陛下隆骨肉之愛，自是美事。但叛逆之臣不正典刑，非所以訓。欲斷自聖意。」上曰：「更當審慮區處。」及是知孝章復三上。上曰：「此事卿屢奏陳，朕欲全始終之恩，所以重於施行。」知孝奏：「陛下篤親睦族可謂至矣。臺諫、給舍既屢奏諫，若有施行，亦非得已。願早賜睿斷。」上曰：「卿言既如此切至，朕當出卿所陳，更與大臣商榷。」以皇叔祖、宜州觀察使、知大宗正事善駢提舉佑神觀，奉朝請，仍進一秩。己卯，詔曰：「朕祇奉宗祧，務隆孝愛，其於親睦之義，尤所盡心。不幸濟王自滔叛逆，既已曲加恩禮，掩其罪惡，及給舍繳章三上，乞與追貶，朕亦重於施行。今臺諫屢乞正名定罪，論奏不已，私情公議未知適從。可令三省詳議審處以聞。」癸未，令萬壽觀建寧宗皇帝神御殿室。乙未，以傅伯成爲龍圖閣學士、提舉南京鴻慶宮。先是，召伯成，以疾抗章不至，遂以是寵之。

［六月］丙申〔四〕，御後殿，賜禮部正奏名進士王會龍等敕凡九百八十九人。丁酉，賜特奏名進士林石等。壬寅，以先聖五十二代孫孔萬春爲承奉郎，襲封衍聖公。己酉，録行在繫囚。

七月戊辰，大風。蠲大理寺、臨安府點檢提領酒所贓賞錢，兩浙州軍如之。詔大理寺、三衙、兩浙州軍繫囚杖以下釋之。侍讀喬行簡因進讀，奏風變。上曰：「比者大風可畏，皆朕不德有以致之。」行簡奏曰：「陛下引咎責躬，此意上通于天。在祖宗朝皆有已行典故，臣已略具敷陳，欲乞陛下思所以應天之實。」上嘉納。講畢，上曰：「卿適所陳風變甚善，朕當益加修省。比以害稼爲憂，常令體訪，知早稻已穫，晚稻未花，又幸不崇朝而止。」

八月丙戌，寧宗皇帝大祥，上詣几筵行奠祭禮。壬辰，令户部申嚴州縣受租苛取之禁，轉運使察其違者劾之。甲午，以久雨，蠲大理寺、三衙、臨安府、點檢提領酒所贓賞錢。乙巳，史彌遠等言：「謹按國史，太平興國七年，皇弟檢校太師兼中書令、行河南尹、西京留守秦王廷美以昵比凶惡，語連逆謀，群臣就請行法，遂勒歸私第，尋降涪陵縣公，仍於房州安置。比濟王從賊僭僞，給舍臺諫俱有奏請，乞正名定罪，陛下欲全始終之恩，弗俞其請。今又論奏不已。臣等竊詳秦王以言語不順，尚坐追降竄責。今濟王逆節著明，負先帝教育之大恩，忘陛下友愛之至德，參之公論，揆之國法，死有餘罪。臣等仰體宸旨，詳議審處，欲乞將濟王追降巴陵縣公，庶幾上全仁恩，下伸公議。」從之。丙午，衛涇薨。乙卯，詔新中法科而資淺者，須外歷一考以上，方擢爲評事。從陳貴誼請也。

［九月］庚申〔四一〕，雷。癸亥，以久雨，命從臣日一人禱於天竺山，蠲大理寺、臨安府點檢提領酒所贓賞錢。丙寅，奉安寧宗皇帝、恭淑皇后神御於景靈宮、萬壽觀。庚午，工部侍郎兼崇政殿説書鄭清之晚講，讀通鑑漢成帝時，朱穆、宦官恣横事。清之奏：「西漢士大夫得出入禁中，人主不專與婦寺相處。」上曰：「朕觀周成之制，宫中宿衛盡用士大夫，使人君目見正人，耳聞正論，所以爲進德之基。西漢去古未遠，尚有成周遺意，使人君得親近士大夫，真良規也。」歎羨久之。乙亥，詔捕全火盜，不問初獲，並減四年磨勘。其有親獲實績，經監司、帥守保奏者〔四二〕，特與改秩。從李知孝請也。

十月甲申，程珌等奏，寧宗皇帝御集閣請以「寶章」爲名。詔依。仍置學士、待制，以才德並稱者爲之，明著令甲。乙未，以久雨，命從臣日一人禱於天竺山，蠲大理寺、三衙、臨安府點檢提領酒所贓賞錢。丙申，詔中外繫囚杖以下釋之。辛丑，雷。詔輔臣曰：「連雨不止，朕深憂之。惟是寬恤刑獄、蠲放逋欠悉已施行矣，可以惠及下民者更議舉行一二事，庶幾感召和氣，速獲晴霽。」壬寅，復詔大理寺、三衙、臨安府、兩浙州軍決繫囚。庚戌，宰臣率百寮請御正殿。從之。辛亥，熒惑、填星合於女，熒惑犯填星。己卯，改湖州爲安吉州。

十一月丙辰，始御紫宸殿。詔曰：「朕以眇躬，嗣承大統，實戴皇太后覆育推祐之恩，豐功盛德，宜極尊崇。今將舉册寶禮，朕欲於未進奉之前，恭上尊號。可令輔臣擬定進呈。」丁巳，詔：「不熄、善踐行尊，年高，令赴朝參、筵宴外餘並特免。」戊午，以倉部郎官潘櫄爲大理少卿。詔曰：「朕惟天下國家之本在身，每於躬行之際，尤所致謹。比覽潘櫄首疏所奏，深契朕心，可特除以示嘉奬。」辛酉，熒惑犯歲星。壬戌，以群臣再上奏請聽樂，從之。己巳，史彌遠等奏：「恭奉御筆，皇太后今將舉行典禮，欲於未進奉之前恭上尊號，令擬定進呈。臣等恭惟皇太后陛下功德懋乎皇家，性識超乎物表，左右先朝，以成三十年之治，擁立聖主，以垂億萬載之休，集慶延洪，凝神静密，是宜如坤之載物，而眉壽無疆；若月之麗天，而至明久照。恭擬『壽明』二字爲尊號。」詔依。丙子，日南至〔四三〕，御大慶殿受朝畢，詣慈明殿。詔曰：「朕親御路朝，首興教化，士風所繫，尤務作新。比年以來，習尚澆漓，文氣卑茶〔四四〕，純厚典實視昔歉焉。豈涵養之未充，抑薰陶之或闕。咨爾訓迪之職，毋拘内外之殊，各究乃心，俾知所嚮，矯偏適正，崇雅黜浮，使人皆君子之歸，如古者賢才之盛，副予至意，惟爾之休。」

龜鑑曰：菁莪育才，而天下喜樂；棫樸作人紀綱，四方是則。教育之地，賢俊所關，有不可以不重也。蓋學校重則人才重，學校輕則人才亦輕。理宗之崇教育，其得諸此歟。丁亥親御路朝，首以崇學重教爲念，天頒一札，咨爾訓迪之官，克盡薰陶之職，矯偏適正，崇雅黜浮，使人皆君子之歸，如古士風之美也歟。

十二月癸未，詔：「皇太后宜上尊號曰壽明皇太后，有司詳具儀注，朕當親率群臣〔四五〕，詣慈明殿奉上册寶。」鄭清之晚講畢，宣坐，上曰：「朕旦日見太后，語笑極從容。」且備言太后慈愛，喜溢天顏。清之奏：「舜有天下，不足以解憂，惟順於父母可以解憂。陛下不以天位自矜，而以親懽爲樂，真大舜之孝也。」上曰：「太后不但慈愛曲盡，最是聖體康强，頤養大勝往日〔四六〕，此朕所以尤喜也。」清之奏：「陛下以天下養，備盡孝道，太后之心愉悦甚矣，此所以聖體益强而無疾也。」上因曰：「朕思前殿撤簾之事，大臣未爲盡善。今太后聖慮高明，娱適燕閒，丞相處朕母子之間密勿，輔贊不見形迹，使朕得日致其孝，丞相之力多矣。」嘉歎再三。甲申，以史彌遠爲奉上皇太后尊號册寶禮儀使，並撰册、書册，宣繒篆寶。己丑，以雪，賜輔臣宴。庚子，詔以親饗，給犒軍士。辛丑，蠲大理寺、三衙、臨安府點檢提領酒所茶鹽賞錢。癸卯，親饗太廟。

丁亥寶慶三年正月辛亥朔，發册寶於大慶殿，上率群臣恭上壽明皇太后尊號于慈明殿。壬子，禮儀使史彌遠進官二等。乙卯，天基聖節，群臣上壽于垂拱紫宸殿。庚申，以册寶禮成，制楊谷、楊石並爲少傅。己巳，詔：「朕每觀朱熹論語中庸大學孟子注解，發揮聖賢之藴，羽翼斯文，有補治道。朕方厲志講學，緬懷典刑，深用歎慕，可特贈太師，追封信國公。」

謚議曰：自我藝祖皇帝開國之初，與韓王趙普發明道理最大之説，由是本朝治體之純，道學之粹，遠同三代。慶曆、嘉祐間，豪傑並出，濂洛之學，上接洙泗，熙寧之用程顥，元祐之起程頤，紹興之聘尹彦明，紹熙之召朱熹〔四七〕，列聖相傳，皆欲表顯而尊崇之矣。奈之何王安石則邪説誣民也，秦檜、韓侂胄則奸臣擅國也。以新經字説胥天下〔四八〕，爲黄茆白葦，則安石之爲也；反國事讎，率獸食人，謂學爲僞，謂道爲禁，則檜、侂之爲也。理學之廢興，關於世道之消長，可勝言哉！先皇帝自初踐阼，始御講筵，即未嘗以名呼先儒。若周元公頤則曰濂溪，張郿伯載則曰横渠，二程則曰伊川、明道，而尤爲尊用朱文公熹之四書。自時厥後，或錫之美謚，或贈之封爵。

二月辛巳朔，著作佐郎游泮奏道心人心之别。上問曰：「莫是道心爲主，人心聽命否？」泮奏云：「正是此意。」癸未，詔銓部：今後司法參軍不許以諸司年勞出官人注授。諸道檢法官照條格差注，憲司毋得妄辟。從梁成大之奏也。甲申，淮西强勇三軍統制王鑑特添差兵馬鈐轄。以職事修舉故也。癸巳，御後殿引見吏部奏舉改官一十七人，捕盜酬賞三人。己亥，鄂州諸軍副都統制質俊捍禦西蜀，備宣勞效，詔進官一等。癸卯，太常議故端明殿學士薛叔似謚曰恭翼。

三月庚戌朔〔四九〕，詔：「方春和時，郡縣長吏其各勸農桑、抑末作、戒苛擾，俾斯民安土樂業，力本耕織，以成富庶，則予汝嘉。」工部侍郎朱在進對，奏人主學問之要。上曰：「卿先卿中庸序言之甚詳。」又奏孔子廟從祀去王雱畫像處，上曰：「亦曾有此例來？」在奏曰：「惟其從祀不當公論，所以去之。」又奏：「先臣四書印本，所在不同。」上回顧宣諭曰：「卿先卿四書注解有補於治道，朕讀之不釋手，恨不與之同時。」詔今歲郊祀大禮，令有司除事神儀物、諸軍賞給依舊制外，其乘輿服御及中外支費並從省約。

四月癸未，趙至道奏：「郡縣之官不許敷勢要合納官物，勢要之家不輸户內當税賦〔五〇〕，守倅增數解發，倍價折納，分差巡尉下鄉催擾，並論以違制。豪户不即改正隱寄之產，爲人陳告，如條科制。」從之。癸卯，朝獻景靈宮。甲辰，亦如之。

五月甲寅，躪大理寺、三衙、臨安府贓賞錢。詔大理寺、三衙、臨安府、兩浙州軍杖以下罪釋之。己巳，爲進讀高宗皇帝寶訓徹章，賜宰執、經筵官燕於祕書省。癸酉，詔侍講讀、修注官各進官一等，餘補轉犒給有差。

閏五月己卯朔，梁成大奏：「乞嚴飭州縣，禁繫罪囚不實書歷。郡守編隸囚徒未經結録，輒行特判。憲司詳覆所部獄案，淹延歲月，重置典憲。」從之。甲申，躪大理寺、三衙、臨安府及屬縣贓賞錢。丁未，録行在罪囚。

六月戊申朔，日有食之。甲子，監行在都進奏院鄒應博奏對，謂：「書曰人心惟危，道心惟微，惟精惟一，允執厥中。」上問曰：「人心惟危，道心惟微，聖人之道果不出此數句？」應博奏：「實如聖訓。臣師廖德明親見其師朱熹晚年之言。平生於學，幸有見於此數句。諸儒皆是道心而非人心，惟朱熹謂人不能無人心，亦未嘗無道心，人心者如飲食、男女、好樂、忿懥之類是也，若無此，則何以爲人乎？惟其縱而不知檢，則逐物而遷。故曰人心惟危也。道心者，良能良知也。而此心必甚微而難見，聖人充吾良能良知之心，使天理流行而昭著，則人心自入於檢防之中也。」上舉朱熹中庸序中語云：「道心常爲一身之主，而人心每聽命焉。」應博奏：「陛下該貫朱熹之言，仰見聖學日新之功。」御射殿，閲諸班直射藝，換授有差。戊午，詔曰：「敕內外文武臣寮等，朕以今年十一月六日款謁于南郊。咨爾攸司，各揚乃職，相予肆祀，毋或不恭。」甲子，詔淮東寶應縣陞爲寶應州。丙寅，前知南康軍王拭奏「敬爲聖人立德之基」。上曰：「敬之一字，所關甚大，能於持敬心，何事不可爲。」

七月戊子，正言梁成大奏：「乞下銓部，幕職職狀及格人或舉主未及格，以恩賞循資，或全無舉主曾經論列人，毋令注授。」己丑，詔中外繫囚杖以下釋之。蠲大理寺、三衙、臨安府酒所贓賞錢。庚寅，以久雨，命臨安守臣禱於天竺山。辛卯，詔寶應、鹽城、淮陰、山陰四縣並隸寶應州。乙未，詔諸路憲司覺察州郡，不支小官俸給者，按劾以聞。從趙至道請也。丁酉，詔曰：「比者疾風甚雨，介于秋成。以朕之不德，上天示譴，夙夜震恐，慮爲民瘼。訪聞畿甸多有飄損禾稻，毁害室廬，嗣後居民失業〔五一〕，必致流散，深可憐憫。如被水州郡速議賑濟，仍與放行竹木等税，及富室假貸，向去且令倚閣。庶幾貧富相資，以寬目前之急。併其他賑恤事件，亟令有司條具以聞。」庚子，以久雨，命從臣日一人禱于天竺山。

八月丁未朔，李知孝奏：「無逸之書，周公戒成王。其辭確切，其義精深。上自天命之昭明，下及細民之勤苦，體念小人依倚之地，深察閭里怨詛之情，推用心逸勤之殊，驗享國久近之應，其立言之大旨，最切於人主之身者曰：集大命，結人心，保壽齡而已。惟陛下留神。」從之。庚戌，制封謝氏爲通義郡夫人。丙辰，詔：「寧宗仁文哲武恭孝皇帝謚號見今六字，宜加上十字，爲十六字，如祖宗故事。令宰執、侍從、臺諫、兩省官、禮官集議，仍令禮官詳具典禮以聞。」癸亥，詔吏部試邑兩經罷黜，毋得再注知縣、縣令。從留元英請也。甲戌，太白熒惑合於翼。

九月［癸未］〔五二〕，太常議，故少保觀文殿大學士魏國公留正謚曰忠宣。甲午，以史彌遠爲郊祀大禮使，宣繒禮儀使，薛極儀仗使，葛洪鹵簿使，朱著橋道頓遞使。乙未，以史彌遠爲奉上寧宗皇帝徽號册寶禮儀使，宣繒撰册，薛極書册，葛洪篆寶，翰林學士程珌撰儀文。庚子，詔時青堅壁守淮，獨當一面，屢戰捷，除武康軍節度使、左金吾上將軍、忠義都統制。丙午，史彌遠等集議加上寧宗皇帝徽號曰「寧宗法天備道純德茂功仁文哲武聖睿恭孝皇帝」。詔依。

十月辛亥，汪剛中奏〔五三〕：「乞下户部、總所、江湖荆襄兩淮漕司，行下和糴州縣，毋得科抑，仍令産米之處增價招誘，重置於罰。」從之。己未，詔曰：「朕以眇躬，紹膺聖緒。今始郊見天地，兢兢寅畏，慮弗克任，已先期齋肅，庶幾對越無愧。今百御事之臣，各宜恪謹攸司，毋或怠慢，以稱朕意。」甲子，以皇弟、右監衛大將軍與芮爲宜州觀察使，賜名貴謙。尋繼沂王後。皇弟、右千牛衞將軍孟杓爲和州防禦使，賜名乃裕，尋繼景獻太子後。

十一月丙子朔，以奉上寧宗皇帝徽號册寶，告於天地、宗廟、社稷、宫觀。戊寅，發册寶於大慶殿，遣群臣奉上於寧宗皇帝廟。己卯，朝獻景靈宫。庚辰，祭享太廟。辛巳，日南至，祀天地於圜丘。壬午，詔曰：「朕紹列聖之洪基，膺中興之寶曆。若昔纘圖之始，適當修祀之時。固嘗肇舉於明禋，曾未特伸於大報。兹遵舊制，茂蕆祲容，天覆地持，既肅合祛之典，祖功宗德，益嚴並侑之儀。若七曜之照臨，暨百神之森列，咸從秩序，祗徹丹純。載惟凉菲之資，昭受盈成之託。仰法紹興之治，近承嘉定之規，用易美稱，以迎新祉。其以來歲改爲紹定元年，可大赦天下。」詔大理寺、三衙、臨安府屬縣決繫囚。兩浙州軍亦如之。蠲大理寺、三衙、臨安府點檢酒所贓賞錢。壬寅，詔布衣李心傳特授從政郎，充秘閣校勘。癸卯，詔曰：「朕嗣承大統，初郊禮成，稽之典册，壽明皇太后合上尊號。可令有司討論典禮以聞。」丁巳，丞相史彌遠等擬加上壽明皇太后尊號曰「慈睿」。詔依。以史彌遠爲奉上壽明慈睿皇太后尊號册寶禮儀使。甲辰，以雪寒糴貴，出豐儲倉米七萬石以紓民。

十二月己酉，日生背氣。辛亥，詔兩浙、江東西、湖南北州縣，凡有米處申嚴遏米之禁。從汪剛中請也。

戊子紹定元年正月丙子朔，御文德殿，群臣朝賀，發册寶於大慶殿上，帥群臣上壽明慈睿皇太后尊號於慈明殿。壬午，趙至道奏：「江淮州郡妄征經過米舟，蘆蕩沙產一例官租，山漆魚池創立約束，禁止商人買販。乞下憲司嚴戢。」至道又奏：「霪雨傾霔，科撥賑恤，而監司、守令奉詔不虔。乞加申飭。」並從之。梁成大奏：「諸路屬縣擅置厢房，囚繫無辜，長吏不遵法令，小民詿誤，罪不過杖，輒押出界，流離失業。乞加禁約。」從之。乙酉，壽明慈睿皇太后册寶禮成，姪楊谷、楊石並除少師，仍加恩。丁亥，雷。丙申，以雪，出豐儲倉米七萬石以紓民。

二月己巳朔，詔禮部貢舉〔五四〕。丙午，梁成大奏：「選人改官，舉主五員內用職司一員，始爲及格。近奔競巧取者，或用職司三四員甚至五員，而寒畯終身不得職司合穎。乞下吏部，止用一員，過數毋令收使。」從之。壬子，梁成大奏：「銓法，官吏交承必避親嫌，宗室替頭尤所不許，庶革前後積弊。乞下吏部證守舊法。」從之。丁卯，以皇帝潛邸，陞黔州爲紹慶府，成州爲同慶府。辛巳，詔陞寶應州山陰縣爲淮安州，改山高縣爲淮安縣，其淮安縣、漣水縣並隸淮安州〔五五〕。辛卯，太常議，故端明殿學士楊輔謚曰恭惠。

四月癸亥，命臨安府禱雨於天竺山。乙丑，御後殿，引見吏部奏舉改官人。

五月戊寅，梁成大奏：「乞申嚴薦舉法，除陞陟所知政績姑從舊法改官，廉吏犯入己贓者，許舉主悔舉。」從之。丁酉，雨雹。

六月壬寅朔，日有食之。戊申，以薛極兼同知樞密院事。趙至道奏：「乞下有司刷諸路翻異駁勘之獄，詳審斷結，庶無淹濫，有補仁政。」〔五六〕從之。己酉，流星晝隕。丙辰，軍器少監于德謙奏：「陛下修德講學，當取法高宗皇帝。」上曰：「高宗畏天愛民，真可爲法。」戊午，録行在繫囚。

七月〔癸未〕〔五七〕，梁成大奏：「州縣貪刻，或以微罪没入富家資産，不申憲司，掩歸私室。自古估籍必的有贓犯，依條申省，少助邊儲。」從之。乙未，留元英奏：「權攝州郡過取事例，匱乏郡計，乞飭監司按奏以聞。」從之。辛亥，留元英奏：「諸路州軍僚屬私役禁軍，乞下帥司約束，違者以聞。」從之。戊午，以久雨，決大理寺、三衙、兩浙路繫囚，杖以下罪釋之，蠲贓賞錢有差。

八月，資政殿學士、知潭州曾從龍奏：「州縣賑民之法有三：曰濟，曰貸，曰糶。濟不可常，惟貸與糶爲利可久。今撥緡錢一十萬有奇，分下潭、湘十縣，委令佐糴米〔五八〕，置惠民倉。乞比附常平法。」從之。壬申，李知孝奏：「州縣鋪兵俸給，乞令諸路漕臣嚴督所部州軍，於係省錢截支，歲具已支實數申臺省。」從之。甲戌，詔：「監司每歲詣所部州縣慮囚，至來年正月歷遍，如屬縣非監司經由之路，委官分往，監司復行點檢，毋致冤濫。奉行不虔，令御史臺覺察以聞。」

十月壬寅，李知孝奏：「浙東倉司創餘姚斷塘鹽竈，擾生聚，没良田[五九]，乞行廢罷。」從之。甲辰，朝獻景靈宮。乙巳，亦如之。丁未，翰林學士侍讀鄭清之講畢，上曰：「近喜晴明，刈穫迄事。」清之奏：「陛下敬天事親，皆極其至，今天意昭格，東朝悦豫，應驗若此。」上悦。時江西、湖南、福建寇盜並起，連破諸縣。戊申，熒惑犯壘壁。己酉，太常議，故資政殿大學士賀兑中謚曰清簡[六〇]。留元英奏：「乞下吏部，應銓量官令長貳從容延接，訪問民事[六一]，其疾病癃老者證旨揮施行。如不堪任職、貪酷累被按劾者，與別注降等差遣，稱量能授官之意。」從之。辛亥，鄭清之同王塈進讀。上曰：「朕觀漢唐以下人主鮮克有終者，皆由不知道。」清之奏：「聖見高明，可謂推本之論。」王塈講尚書[六二]，上問曰：「夏桀不道，成湯放之，可以鑒矣。紂何爲復尋其覆轍？」王塈奏：「惟上智與下愚不移。殷鑒不遠，在夏后之世，紂不能鑒，遂至滅亡，所謂下愚不移者也。」清之奏：「自古人主不能以亂亡爲鑒，豈獨闇君孱主[六三]！漢武帝飫聞亡秦黷武之弊而窮征四夷[六四]，唐元（玄）宗手鋤太平、逆韋之難而敗於女寵，猶未足怪，太宗英明創業，親見隋煬征遼亡國，乃縱兵鴨綠，汔無成功，有累盛德。是皆不能以覆轍爲戒，正如聖語，由不知道，所以不能以道制欲爾。」王塈奏：「以古爲鑑，此言發於太宗，而身自違之。」上曰：「非知之艱，行之惟艱。」壬子，趙至道奏：「乞行下諸路漕司，嚴飭和糴官吏，毋得多取增量，庶農民不憚與官爲市。」從之。丁巳，熒惑、填星合於危。癸亥，太常議，故參知政事章良能謚曰文莊。甲子，熒惑犯填星。

十一月癸酉，熒惑入羽林。知汀州余鑄奏固根本事。上曰：「閩州縣間常賦多有横取，邦本豈可不愛惜。」庚辰，雷。壬辰，蠲大理寺、三衙、臨安府茶鹽贓賞錢。癸巳，決大理寺、三衙、兩浙州軍繫囚。丁酉，趙至道奏：「申嚴皇城司給牌之制，賃牌往來者照闌入法，庶九重之地威禁益嚴，亦防微杜漸之一端。」從之。

十二月辛亥，以薛極知樞密院事兼參知政事，葛洪參知政事，袁韶同知樞密院事，鄭清之端明殿學士、簽書樞密院事。癸丑，汪剛中乞戒飭中外文武臣寮官：「各務體國同心，如守倅、令佐互申，監司即與剖決曲直，毋致模稜並罷。其將帥或不協，制司作急區處，毋令兩虎自鬭。偏裨智勇過人爲大將所忌者，與薦之朝，別行擢用，勿許占留。一方有警，四面皆從，毋得輒分疆界，按兵觀望。」從之。

己丑紹定二年正月庚午朔，御大慶殿，群臣朝賀畢，上詣慈明殿賀。甲戌，天基節，群臣上壽。乙亥，賜文臣宴於貢院。庚辰，大理寺直張珩進對〔六五〕，論州縣檢驗、鞫獄四事。上曰：「刑獄人命所繫，豈容不謹。」詔景獻太子府改講毛詩。甲申，臣寮言：「乞詔諸路漕司，嚴察屬縣丞簿，依時過割二税，從實銷注版籍。違者按劾。」從之。丁亥，熒惑、歲星合於婁〔六六〕。癸巳，雷。甲午，詔以權兵部尚書王塈知貢舉，吏部莫澤、右諫議大夫李知孝同知。

二月庚子朔，詔知貢舉王塈等：「務柬實才，以副朕意。」臣寮言：「乞戒敕中外群臣，各守禮義廉恥之維，堅安靖恬退之節，有不安意者奏劾以聞。」從之。臣寮奏：「今日士大夫學術之未純，皆基於岐道、法爲二致。乞明示意嚮，以風在位，變易偏尚，即道以行法，遵法以爲政。則學爲有用之學，道爲常行之道。」從之。庚戌，臣寮奏：「乞歲舉廉吏，申嚴保任之法，如犯奸贓與之同罪，仍令監司、郡守覺察。」從之。辛酉，臣寮言：「近歲書尺干請苞苴之弊，宜加禁絶，以變薄習。」從之。甲子，侍講范楷進講易豐卦，因奏云：「當豐盛之時，聖人於諸爻有壅蔽不明之憂。」上首肯，良久乃曰：「豐亨盛大之時，侈心易生，其後遂至徇情肆欲、窮奢極靡，如秦皇、漢武，禍亂將作而不自知，此不可不戒也。」侍讀喬行簡奏：「陛下之言及此，宗廟社稷之福。」上曰：「只要心有所主。」講讀合辭稱贊曰：「聖學高明，此一語尤爲切要。若心有所主，則一切不能惑矣。」

辛巳，監進奏院楊夢信進對，奏論聖學，因及宸翰所書中庸聰明睿知足以有臨一章。上曰：「以其切於君德，故書之。」又奏縣宰催科之擾。上曰：「財賦自有常數。」夢信奏：「常數固定，只緣簿書不明，所以有弊。」上曰：「知縣在得人。」

［三月］辛卯〔六七〕，臣寮乞下諸路憲司，每歲將州縣繫囚瘐死最多者具獄官姓名以聞，重與鐫降。從之。又詔：「今後州縣催科必遵常制，縣令非才，擇佐官可任者委之，仍不許差州官及寄居權攝。」從臣寮請也。癸巳，監進奏院桂如琥進對，奏沿邊民兵可用。上曰：「今日立功多是民兵。」如琥奏：「民兵皆有户籍稅産，又諳熟地利，故戰則有功。」上曰：「然。」又奏擇將。上曰：「今日將才難得。」奏云：「行伍間亦有人，往往軍將忌嫉不得自伸。」上曰：「軍將多是相忌。」又奏屯田。上曰：「荆襄所行如何？」奏云：「荆襄纔行數年，積穀已踰百萬斛。兩淮、四蜀豈無可行之處。」上曰：「然。」己亥，臣寮奏補試鬻帖之弊，「乞令國子監放榜日取索待補真卷，比驗字迹，或不同，將中榜及賣帖人一例殿舉」。從之。乙卯，御集英殿策進士。

［四月］庚申〔六八〕，詔：「州縣闕官，不許挾伎術人、豪民、罷吏、借補官資權攝，小官請俸不許積壓及以他物準支，民間二稅合輸本色，不許抑令折納，倍數取贏。令臺諫、監司覺察。」從臣寮請也。

五月，詔：「成都、潼川路旱歉，令制置司及各路監司疾速措置賑恤，務要實惠及民，仍考察郡縣奉行勤惰以聞。」從臣寮請也。辛巳，御集英殿，賜正奏名進士黄朴以下及第出身，凡五百五十七人。乙未，賜特奏名進士繆蟾以下同出身、文學助教一千一百二十一人。臣寮奏：「近年文氣萎茶，乞申飭胄監師儒之官，專意訓導，使之痛習經傳，考訂義理，課試選掄須合體格，去浮華穿鑿之弊，轉移士風。」從之。甲辰，詔户絶之家許從條立嗣，不得妄行籍没。從臣寮請也。辛亥，臣寮奏：「浙西漕運，惟恃吴江石塘以隄水，近年修塘塞兵盡爲他役〔六九〕，隄岸頽毁。乞下漕司抽回，以時補葺，委平江府通判主管，不得輒有抽差，違許奏劾。」從之。

〔六月〕丁巳〔七〇〕，御射殿，引見正奏名進士射。臣寮奏：「乞今後非軍期大辟劫寇等事，州不得差人下縣，縣不得差人下鄉。常令監司覺察。」從之。戊午，引特奏進士射。癸亥，賜聞喜宴於貢院。以久雨，命從臣日一人禱於天竺山。詔沂靖惠王府改講孟子。

七月丙寅，詔廣西州縣，應闕官毋得以白身借補人充攝。戊辰，臣僚奏：「乞宣示二三大臣，自今起復士大夫必甚不得已，出於特旨，監司、帥守不得陳乞。若州若縣常程差遣，倅令幕屬之類，攙辟吏部使闕見以起復，在任日服内月日，並不許作實歷。選人受舉削亦不得放散，已放散者悉與駁正。」從之。辛未，臣寮言：「乞申飭有位，非休假不許出謁，或實有幹故，先申尚書省，方許出城。」從之。癸酉，新知常德府袁申儒朝辭，奏至州縣重催税賦害民事，上曰：「民力甚貧，皆是州縣不體愛民之意。卿到任當以愛民爲先。」辛巳，臣寮奏：「乞明詔户、刑部嚴行約束二廣監司、郡守，用刑須遵法律，毋得輕視人命。漕司買銀須依時直，不得低價敷買。舶司每歲差官機察，就委逐州通判，不許吏卒越界追擾生事。」從之。

八月丙申朔，詔户部遍下諸路州軍，不得增收苗米，多量斛面，許越訴。仍令漕司覺察。從臣寮請也。丁酉，臣寮奏：「州縣典獄官吏或淹延久繫，或牽惹無辜，或奉上官而失本情，或行暴虐而取賄賂，乞飭諸路憲司禁戢懲勸。」從之。辛丑，進知静江府趙崇模直敷文閣，因任。以職事修舉故也。壬寅，監察御史留元英奏：「二廣列郡及福建上四州惟鹽是利，守令尅剥，於常賦之外籍户口以敷鹽，民被其擾，近者召寇亦基於此。乞戒飭二廣、福建漕司，嚴察州縣，痛革前弊。仍令憲司歲行所部，許人陳訴。」從之。丙午，臣寮奏：「州縣供攤、告訐二害，乞令後凡追究不實者，許被害人越訴，仍令監司覺察。」從之。丁巳，詔通義郡夫人謝氏進封美人（二年八月封貴妃，十一月立爲皇后）〔七一〕。

九月乙丑朔，詔禮部國子監下等上舍必循舊法守年，不得用例徑赴殿試。從臣寮請也。丁卯，台州水。壬申，臣寮奏：「乞明飭吏部，應曾經論罷之人雖免約法，而贓狀顯白，並須經郊方許參注。或被論未久遇赦，令待後郊。庶令畏憚。」從之。丙子，秘書省正字王會龍奏：「聖學深造，自得本之於致知格物，達之於治國平天下。」上曰：「如是則人主之學當以致知力行爲本。」又奏乞裕民力、固邦本。上曰：「朕未嘗無愛民之心，但州縣不能奉行爾。」庚辰，雷。壬辰，進知臨安府趙立夫官一等，以和糴有勞也。有流星大如太白。

十月乙未朔，詔諸道提點刑獄以十一月按部理囚徒。癸卯，太學録陳塤進奏：「方張之患〔七二〕，未亡之金，叵測之忠義，跳梁之群盜，皆所當慮。」上曰：「此正治不忘亂，安不忘危之意。」塤奏：「正爲國體未爲治且安耳。」又奏用人貴乎公，上曰：「今人才亦自難得。」丁未，臣寮奏：「乞申飭監司、郡守，自今所屬闕官，以次攝事，毋得差非見任官，如有違戾，其受差及差之人並鐫斥。」從之。庚戌，詔莊文太子府改講荀子。進知吉州趙汝愚官一等〔七三〕，以和糴有勞也。己未，臣寮奏：「百司庶府循例而忘法，監司、守令枉人而徇情。乞飭内外奉行法令。」從之。壬戌，詔賑贍台州被水之民，蠲諸色賦租有差。丁卯，臣寮言：「乞下國子監、内外學校之官，今於士子程課之外，迪以義理之學，厲以行藝之實。」從之。新知婺州莫澤朝辭。上曰：「婺州正要得人扶持〔七四〕。記得向時守臣魏豹文曾理會經界，行得如何？」澤奏：「婺州向時凋弊，皆緣税籍不明，今經界既正，賦役均平，故不費力。」上曰：「義役聞尚未了。」澤奏：「義役乃民間自樂爲，州縣不能扶助耳。」〔七五〕讀至盜賊處，上曰：「峒寇尚未消弭，正要理會。」澤奏：「盜賊不足慮，全要州縣得人。」上從之。戊辰，新知慶元府鄭損辭，奏事，上曰：「卿當防遏海道，愛養軍民。」損奏：「謹遵聖訓。」己巳，太府少卿、知臨安府趙立夫進對，乞將海内、茶槽〔七六〕、下沙合爲一寨。上曰：「每寨幾人？」立夫奏：「多者百二十人。」上曰：「京城民訟如何？」奏云：「臣幸與民相安。」上曰：「都民當撫摩，使常在春風和氣中，不可使有愁歎。」上問刑獄如何，奏云：「本府三獄兩獄常空。」上曰：「民命所關，不可淹延。」己卯，臣寮奏：「乞令户部下諸路監司，凡民訟依次第官司結絶，如未經予奪，不得索案改送。先從臺部常切遵守。」從之。

［十一月］〔七七〕己丑，熒惑入氐。賜劉光祖謚文節。

十二月丙申，雪。蠲大理寺、三衙、臨安府點檢激賞酒庫所見監贓賞錢〔七八〕。給諸軍薪炭錢，出戍官兵倍之。賜喜雪宴於尚書省。丙午，前知安吉州趙必觀進對，奏楮券破損腐爛，人不以爲重。上曰：「此緣銅錢稀少。」奏事畢，上曰：「苕霅之民今已安業否？」必觀奏：「臣初至郡，民不聊生，聖恩賑給，連歲小稔，民粗安業。」辛亥，以翰林學士鄭清之爲端明殿學士、簽書樞密院事。乙卯，軍器監度正進對，奏：「江西、福建、湖南災傷，老弱轉於溝壑，壯者遂爲盜賊。」上曰：「此是州縣不得人，以至於此。」正奏：「自今選任之際更宜謹之。」上曰：「選任誠不可不審。」讀至近來放散忠義軍及破落士人去爲賊用，上曰：「亦聞得如此。」正奏：「乞行下諸將，隨宜招收，籍以爲軍，士人在賊中者亦宜招諭之。」上曰：「朝廷見如此施行。」正奏：「如此正合事宜。更宜示之以信。」又奏：「宜力行節儉，以阜財用，以化貪鄙。」上曰：「恭者不侮人，儉者不奪人。朕平日力行此二者。」〔七九〕正奏：「既已如此，則自不至於侈泰。然臣猶望陛下節儉之中更加節儉。」丙辰，再給諸軍薪炭錢。

庚寅紹定三年正月壬申，雷。臣寮奏：「乞令諸路提點刑獄官親行所部，凡翻異駁勘之獄，同守臣審鞫，便宜予决，毋得滯留。其有職兼守臣者，令以次監司行。」〔八〇〕從之。

二月丙申，日有背氣。庚戌，以朝奉大夫魏大有直寶章、知贛州，措置招捕盜賊，起復朝散郎陳韡直寶章閣、知南劍州、福建路兵馬鈐轄，同共措置招捕盜賊。起復朝奉郎趙范以將作監知鎮江府。起復承議郎趙葵直秘閣、知滁州。庚申，詔蠲江西、湖南、福建被盜州縣租税一年。

［閏二月］癸酉〔八一〕，大理寺上逃卒穆椿踰入皇城燒毀甲仗罪狀，詔穆椿凌遲處斬，餘黥隸有差。乙酉，太白歲星合于畢。戊子，詔江西、湖南、福建寇盜，凡脅從之民束身出官，並與釋罪，能自戮渠首而來者補官，隅官、土豪帥衆立功者官之〔八二〕。

［三月］丁酉〔八三〕，雨土。戊戌，臣寮奏：「乞補禁衛兵額，戒内侍毋得私役，革賃號，修火政，以肅宫禁。」從之。癸卯，詔：秘閣校勘李心傳已歷兩考，研覃典籍，恬静可嘉，特改合入官。癸丑，置會子庫監官一員，專作堂差，以有舉選人充。

四月癸亥，臣寮奏：「願陛下仰法高宗賞功罰罪之訓，宣諭輔臣，大明黜陟，俾内外小大之臣，咸思激厲，趨事赴功。或有畏避自爲身謀，必罰無赦。」從之。己巳，日暈。庚午，詔諸道提點刑獄以五月按部理囚徒。癸酉，詔蠲紹興府、餘杭、上虞縣民户折麥一年，以水災也。癸未，詔以今年九月有事於明堂。丁亥，詔今歲明堂大禮，惟祀神儀物、諸軍賞給悉循舊制外，其乘輿服御及中外支費並從省約。丁未，壽慶節上詣慈明殿上壽。詔知撫州林孝聞削二秩罷。以臣寮言：官軍入境，閉關不納，科擾軍糧，民户被害也。御射殿閱諸班直射藝，遷補有差。

［五月］〔八四〕丙辰，詔莊文太子改講文中子。丁巳，臣寮奏：「乞下江東西、湖南北、福建諸路總、漕、倉司，應鄰境被寇州郡合解諸司錢物，比之常年期限並展一季。」詔令户

部詳度上於尚書省。

六月戊辰，臣寮言：「二廣諸郡，凡教官、法掾，自謂閒官，率厭風土，置身臺幕。乞行戒飭，如此後循習不悛，並與鐫斥，帥、漕併置于罰。」從之。癸酉，録行在繫囚。乙酉，歲星入井。辛卯，臣寮奏，乞戒飭郡守，痛革稅賦、刑獄、差役、版籍四弊。從之。壬辰，臣寮奏，乞戒飭二廣漕司，嚴禁所部州縣，丁錢每歲覈實見存之數，造簿依條限前期發下催納銷注，違者按劾。詔令吏部詳度於尚書省。

七月丁未，臣寮奏：「乞今後疏決，先期降旨，下臨安府、三衙，應犯罪在指揮前許引用恩赦，如指揮後有犯，雖已停決，不在原減之數。其合引赦人，不許於停決前輕行斷遣〔八五〕。如或違戾，並從故出入人罪條制施行。」令刑部詳度上於尚書省〔八六〕。癸丑，臣寮奏：「乞申嚴堂除之制，庶幾仕者毋敢躁進，中書之務可清。」從之。

八月庚申，以知樞密院事薛極爲大禮使，參知政事葛洪禮儀使，同知樞密院事袁韶儀仗使〔八七〕，簽書樞密院事鄭清之鹵簿使，吏部尚書楊燁橋道頓遞使〔八八〕。癸亥，詔：「明禋侍祠執事官，既受誓，毋得臨期規避。如或循習，必罰無赦。仍令臺諫覺察。」

九月辛丑，大饗於明堂，赦天下。丙午，詔封美人謝氏爲貴妃，令有司擇日備禮册命。庚戌，雷。壬子，詔令浙西提舉司下所部州縣，將修復圍田〔八九〕，減納苗稅，毋收斛面。

十月辛酉，臣寮言：「乞下吏部，今後縣令獄官須曾歷三考、有縣令舉主三員、無過犯人許注，毋得作破格輕授。或監司、帥守辟置，亦令吏部審實合格方許放行。」從之。壬戌，進知棗陽軍史嵩之官一等，以置堰屯田有勞也。臣寮奏銓選六弊，乞下吏部檢舉指揮恪意遵守。從之。

十一月丁卯，殿前司奏：「乞撥本司一千人名額，令嘉興府招瀕海漁業、慣熟風濤、少壯趫捷之人，試驗刺充澉浦水軍〔九〇〕，仍增置統制官一員通行部轄。」從之。癸卯，臣寮奏：「曾經奏劾有永不得親民差遣指揮之人，如引赦陳乞改正，並令都司吏部取原犯考訂，除情輕從舊制外，其或貪贓慘酷，刑寺不得例作不曾推勘免約法，許令改正。」從之。丙午，詔壽明慈睿皇太后明年聖壽七十五古希，有甚盛之慶，令禮部、太常寺討論以聞。丁未，流星晝隕。戊申，詔貴妃謝氏立爲皇后，令有司擇日降制。初，上意向賈氏，楊太后以謝美人端厚有福，遂立焉。辛亥，出封樁庫緡錢二十萬製皇后褘衣。丙辰，以薛極撰册，葛洪書册，同知樞密院事袁韶篆寶。

十二月庚申，詔曰：「養莫大於尊親，永依慈造，福必先於曰壽，宜茂徽稱，偉慶事之輝煌，洽歡聲而洋溢。壽明慈睿皇太后，載安宗社，兼體乾坤，宜加上尊號曰壽明仁福慈睿皇太后，其令有司詳具儀注，朕當親帥百寮詣慈明殿奉上册寶。」甲子，詔：「以史彌遠入見敷奏精敏，氣體向安，朕尊禮元勳，未欲勞以朝請，可十日一次赴内，引入堂治事。」乙丑，以簽書樞密院事鄭清之爲參知政事兼簽書樞密院，禮部尚書喬行簡爲端明殿學士、同簽書樞密院事，袁韶爲資政殿學士、浙西安撫制置使兼知臨安府。尋控辭。時江淮制司及揚州累報山東李全起兵犯通、泰州。

初，寧宗親命立濟王爲嗣，忽一日濟王書於几上，明言楊后之事云：史彌遠當决配八千里。左右皆丞相之人，徑報彌遠。彌遠懷異志，兼濟王亦無人君之質。是時真西山兼王宫教，聞其事，遂力辭去。臨行，謂王曰：「大王若能孝於慈母而敬於大臣，則即位之除必矣。」寧宗疾甚，議立未定，忽一夕彌遠夢西興渡二馬渡江，一馬化爲龍，曰此夢正與晉元帝中興童謡相類。次夕，差人早過西興，接得理宗。與福王相之，理宗乃坐林獅形，遂決策立之，遷濟王過湖州。市有敵國富豪潘壬、潘丙者，僨其事〔九二〕，遂修書約李全於二月十五立濟王。此時李全守淮安軍，邏卒得送信卒二人，監至彌遠之前。彌遠遂改書爲三月二十五，許之美官重賞，復令送去，取回書至，易書以元約月日報之。至期，潘壬、潘丙遂立濟王。彌遠遂統殿前司馬步軍誅之，尋殺濟王。李全知之，遂反過北。後圍揚州，趙葵鎮兩淮兼守揚州，因元宵放燈，李全移營灣頭，亦放燈。趙葵遂開一城門，掛榜止許百騎入城觀燈。聞李全喜著白袍，初一夕八十騎皆皂袍，遊城出去。次一夕百騎皆紅袍。又次夕百騎皆白袍。葵設伏閉城盡殺之。北軍退。至第三年修城壕，見金甲一領，方知全死於此矣。

詔曰：「逆賊李全，久蓄奸謀，大逆不道，已敕江淮制臣率兵追討，可削奪官爵，停給錢糧，罪止逆賊，罔及脅從。逆黨有能擒斬李全以降者，仍給散錢糧，更加不次之賞。」丁卯，御文殿册皇后。壬申，以雪寒，詔出封樁庫緡錢三十萬〔九二〕，賑臨安貧乏之民。乙酉，慈明殿出緡錢一百五十萬大犒諸軍，賑贍臨安貧乏之民。

校證

〔一〕紫金帽人　再造本、文海本同，宋史卷四一理宗紀作「紫衣金帽人」。

〔二〕幼嘗　「幼」字原脱，據再造本、文海本、宋史卷四一理宗紀補。

〔三〕寧武　諸本同，按本書上卷二次言及趙竑爲「武寧」軍節度使，與此異，詳參見本書嘉定十四年六月丙寅、十七年閏八月丙申條校記。

〔四〕發祥　原作「發洋」，據再造本、文海本校改。

〔五〕遺令　再造本、文海本、程珌洺水集卷一理宗即位大赦文均作「顧令」。

〔六〕創鉅　再造本、文海本同，洺水集卷一理宗即位大赦文作「創劇」。

〔七〕是宅　再造本、文海本均作「攸宅」。

〔八〕默囑　原作「默矚」，據再造本、文海本校改。

〔九〕休明　再造本作「壽明」，文海本字模糊不辨。

〔一〇〕黄祇碩懷　「黄祇」，再造本同，文海本字模糊，似作「寅祇」。「碩懷」，再造本、文海本作「顧懷」。

〔一一〕戢寧　再造本、文海本均作「億寧」。

〔一二〕撤　原作「振」，據再造本、文海本校改。

〔一三〕王塈　「塈」原作「暨」，再造本、文海本均作「塈」。宋史卷四一理宗紀、南宋館閣續録卷七、八、九官聯作「塈」，羅濬寶慶四明志卷一〇、劉克莊後村先生大全集卷五〇等作「暨」。潛説友咸淳臨安志卷一二作「暨」，卷三二作「塈」。本書統一改用「塈」。

〔一四〕自可　「自」字原脱，據再造本、文海本補。

〔一五〕傳緒　再造本、文海本作「傳序」。

〔一六〕夷夏　原作「中外」，據再造本、文海本回改。

〔一七〕開　原作「間」，文海本同，據再造本、宋史卷四一理宗紀校改。

〔一八〕恭依　「恭」字原脱，據再造本、文海本補。

〔一九〕濟王　原作「齊王」，文海本同，趙竑封「濟王」，非「齊王」，據下文及再造本校改。宋季三朝政要卷一即作「濟王」，可參。下文「濟王竑」原作「齊王竑」，同此。

〔二〇〕推立　文海本同，再造本作「擁立」。

〔二一〕誕云　再造本、文海本作「誤云」。

〔二二〕詔曰　其上原有「己丑」二字，再造本同，「己丑」不當重出，據本書體例，當删。

〔二三〕爲　此字原脱，據再造本、文海本補。

〔二四〕三月　李校：二字原闕，據宋史理宗紀一補。汪按：再造本、文海本均無此二字，今從李校補入。

〔二五〕今　原作「令」，據再造本、文海本校改。

〔二六〕惟一兩宫　再造本、文海本同，真德秀西山文集卷四對越甲稿論初政四事無此四字。

〔二七〕八月　李校：二字原闕，據宋史理宗紀一補。再造本、文海本均無「八月」二字。今從李校補。

〔二八〕十月　李校：二字原闕，據宋史理宗紀一補。汪按：再造本、文海本均無「十月」二字。今從李校補。

〔二九〕不咚　文海本同，再造本作「不佟」。

〔三〇〕希宿　再造本、文海本均作「希㣧」。

〔三一〕寵擢　原作「寵權」，不文，據再造本、文海本校改。西山文集卷一九翰林詞草附奏劄作「寵耀」。

〔三二〕辛未　原作「辛巳」，下文「辛巳」重出，顯有誤，據再造本、文海本校改。

〔三三〕米　再造本、文海本均同，然作「米」句不通。清欽定續文獻通考卷二四征榷考引此詔作「未」，作「未」似是，但未知所據。

〔三四〕幹辦諸路司審計司　再造本、文海本均同。然「幹辦諸路司審計司」不見他處有載，宋有「幹辦諸司審計司」、「幹辦諸軍審計司」，此當爲二者之一，「路」字或衍。

〔三五〕壬午太白歲填星合於女　李校移此句於二月癸卯條前，謂：「此句原在『二月丙戌朔』前，兹據干支月日移此。」汪按：據宋史卷四一理宗紀，「壬午太白歲填星合於女」繫在寶慶二年正月，且既言「二月丙戌朔」，則二月内不當有「壬午」日，故今改移於寶慶二年正月末。

〔三六〕考擇　原作「考釋」，據再造本、文海本校改。

〔三七〕雪　其上「二月丙戌朔」五字重出，再造本、文海本均同。據本書體例，後者當删。

〔三八〕庶獄庶事　再造本、文海本均作「庶獄庶謹」，洺水集卷一諭監司守令恤刑詔作「庶獄恤謹」。

〔三九〕刑司　再造本、文海本均作「刑寺」。

〔四〇〕六月　再造本、文海本均脱，據宋史卷四一理宗紀補。

〔四一〕九月　李校：二字原闕，據宋史理宗紀一補。汪按：再造本、文海本均無「九月」。今從李校補。

〔四二〕帥守　原作「師守」，文海本同，據再造本校改。

〔四三〕南至　原作「長至」，據再造本、文海本、宋史卷四一理宗紀校改。

〔四四〕卑茶　再造本、文海本均作「卑薾」。

〔四五〕親率　原作「親奉」，據再造本、文海本校改。

〔四六〕大勝　原作「天勝」，文海本同，然句不可通，據再造本校改。

〔四七〕紹熙　原作「紹興」，文海本同，據再造本校改。

〔四八〕字説　原作「邪説」，據再造本、文海本校改。

〔四九〕朔　「朔」字原脱，再造本、文海本同，據宋史卷四一理宗紀補。

〔五〇〕不輸户内當税賦　句不通，再造本、文海本「當」字不清難辨。清欽定續文獻通考卷一田賦考作「不輸户内常賦」，不知所本。

〔五一〕嗣後　再造本、文海本均作「去後」。

〔五二〕癸未　二字再造本、文海本均脱，據宋史卷四一理宗紀補。

〔五三〕汪剛中　原作「江剛中」，文海本同，據下文及再造本校改。

〔五四〕朔詔　二字原脱，據再造本、文海本補。

〔五五〕並隸　「並」字原脱，據再造本、文海本補。

〔五六〕有補　再造本、文海本均作「有輔」。

〔五七〕癸未　二字原脱，據再造本、文海本補。
〔五八〕糴米　再造本、文海本均同，然據文意，當作「糶米」。
〔五九〕没良田　再造本、文海本均作「溧良田」。
〔六〇〕賀兑中　再造本、文海本均同，然似應作「賀允中」。
〔六一〕訪問民事　原作「訪門氏事」，不文，據再造本、文海本校改。
〔六二〕王塈　原作「王暨」，文獻中「王塈」、「王暨」互出，今依宋史卷四一理宗紀卷二四六宗室鎮王竑傳卷四三七儒林真德秀傳及南宋館閣續録卷七、八、九官聯統校改爲「王塈」，下文不復出校。
〔六三〕孱主　再造本、文海本均作「庸主」。
〔六四〕四夷　原作「不休」，據再造本、文海本回改。
〔六五〕張珩　再造本、文海本均同，宋史卷四一理宗紀作「張衍」。似作「張珩」是。
〔六六〕合於婁　原作「入於婁」，據再造本、文海本、宋史卷四一理宗紀校改。
〔六七〕三月　李校：二字原闕，據宋史理宗紀一補。汪按：再造本、文海本均脱「三月」。李校是，今從之。
〔六八〕四月　李校：二字原闕，據宋史理宗紀一補。汪按：再造本脱「四月」，文海本闕頁。李校是，今從之。

〔六九〕塞兵　再造本作「寨兵」，文海本闕頁。似作「寨兵」是。

〔七〇〕六月　李校：二字原闕，據宋史理宗紀一補。汪按：再造本脱「六月」，文海本闕頁。李校是，今從補。

〔七一〕丁巳詔通義郡夫人謝氏進封美人　再造本同，文海本闕頁，宋史卷四一理宗紀繫此事於六月丁巳。

〔七二〕患　再造本作空鉛，文海本作「患」。疑原爲「韃」，與下文「金」對稱。

〔七三〕趙汝愚　李校：續資治通鑑卷一六五作「趙汝余」。汪按：再造本作「趙汝愚」，文海本闕頁。趙汝愚爲宗室，按規定不應有重名者，或應作「趙汝余」，惜無可靠證據。

〔七四〕婺州　此「婺州」及下文「婺州向時凋弊」之「婺州」，再造本並作「婺女」，文海本此「婺州」闕文，後一「婺州」作「婺女」。

〔七五〕不能　再造本、文海本均作「但能」，似作「但能」是。

〔七六〕茶槽　原作「茶漕」，據再造本、周淙乾道臨安志卷二軍營、咸淳臨安志卷五七武備校改。文海本作「茶槽」。

〔七七〕十一月　再造本、文海本均脱，據宋史卷四一理宗紀補。

〔七八〕激賞酒庫所見監贓賞錢　原作「繳賞酒庫」，再造本、文海本均同，本書下卷有「激賞酒庫」，激賞酒庫乃宋紹興間所置官署，「繳賞」爲「激賞」之訛。「所見」二字原脱，據再造本、文海本及本書下卷文補。

〔七九〕二者　二字原脱，據再造本、文海本補。

〔八〇〕行　「行」字原脱，據再造本、文海本補。

〔八一〕閏二月　李校：三字原闕，據宋史理宗紀一補。汪按：李校是，今從之。

〔八二〕隅官　原作「賜官」，據再造本、文海本校改。

〔八三〕三月　李校：二字原闕，據宋史理宗紀一補。

〔八四〕五月　「五月」原脱，再造本、文海本同，據宋史卷四一理宗紀補。

〔八五〕輕行　二字原脱，據再造本、文海本補。

〔八六〕令刑部詳度上於尚書省　「刑部」原作「户部」，文海本同，據再造本校改。「上」字原脱，據再造本、文海本補。

〔八七〕袁韶　李校：二字原闕，據宋史宰輔表五補。汪按：再造本、文海本均脱。下文亦言及「同知樞密院事袁韶」，李補是，今從之。

〔八八〕楊燁　原作「楊曄」，據再造本、文海本校改。

〔八九〕修復　原作「條復」，據再造本、文海本校改。

〔九〇〕澉浦　原作「海浦」，再造本作「澉浦」，文海本作「敢浦」，梅應發、劉錫同撰四明續志卷五新建諸寨：「平江有許浦水軍，嘉興有澉浦水軍，慶元有定海水軍。」常棠海鹽澉水志卷三：

「今澉浦水軍置鋪於此（嘉興府海鹽縣）。」據校改。

〔九一〕儥　再造本作「犢」。文海本字不清難辨。

〔九二〕三十萬　原作「三千萬」，數過大，據再造本、文海本校改。

宋史全文卷三十二

宋理宗二

辛卯紹定四年正月戊子朔，御大慶殿，群臣朝賀。禮畢，上詣慈明殿賀。大赦天下。以慶壽恩，進史彌遠、薛極官各二等，葛洪、袁韶、喬行簡各一等。進鎮江府都統卞整左武大夫、果州團練使，統領沈興、劉明官各一等，以追襲逆全、焚毁糧聚也。辛丑，樞密院檢會贈右武大夫、彰州防禦使王青力戰而殞，詔特贈建武軍節度使、右驍衛大將軍，與二子官，仍立廟於揚州，令禮部、太常進擬廟額。丙辰，江淮安撫制置大使趙善湘上露布，言統率諸將水陸並進，以正月十五日誅逆全於新塘。詔奬之。

二月戊午朔，詔禮部貢舉。壬戌，臣寮奏：「乞申飭諸路州縣，自今遇訴災傷，邑委佐官，州委幕職，於秋成以前務覈的實蠲減田租，仍以分數揭之通衢。如或稽慢，守令鐫斥，漕臣覺察不嚴，一體議罰。」從之。

三月癸巳，以經筵進講論語終篇，召輔臣聽講。己酉，賜宰執、講讀説書修注官宴於祕書省。

四月己未，賜王青廟額爲「忠果」。樞密院檢會淮東安撫趙范、提刑葵保奏趙必勝等二十九人〔一〕，擒戮逆全，委立奇功。詔各補轉注官資〔二〕，仍賜錢銀絹有差。乙丑，浙東提刑奏：温州司户參軍趙汝騄權宰平陽，侵用官錢，贓罪抵死。詔汝騄追毁出身文字，除名勒停。癸酉，以久雨，命臨安守臣禱於天竺山。丙子，蠲大理寺、三衙、臨安府點檢贍軍激賞酒庫所見監贓賞錢。丁丑，詔赦中外決繫囚杖以下。以鄭清之兼同知樞密院事，喬行簡簽書樞密院事。

五月丙戌朔，進前知西和州張孝錫官二等。以四川制置司言其措置邊防之勞也。庚戌，詔：「今後行在遇暑慮囚，命所差官將臨安府三獄見禁公事除情重例不原外，餘隨輕重盡行減降決遣。大理寺、三衙、兩赤縣一體裁決。」從臣寮請也。丙子，詔會子庫造第十四、十五界共二千萬緡，令封樁下庫充邊郡科降。癸未，給諸軍口累重大錢。詔支犒殿步司討捕閩寇凱還軍兵有差，陣亡者厚給其家。

七月乙酉朔，詔制、總、諸帥戎司：「凡忠勇死義之家，並與優給其家。其有子才藝異衆者，令赴樞密院審視録用。」丙戌，臣寮奏：「建、劍之間，秋霜害稼。乞下諸司措置般運廣米應濟市糴。湖、秀、嚴、徽春霜損桑，水潦爲沴，令監司郡守留意賑存，與減税色。」從之。癸巳，臣僚奏：「乞戒飭諸道監司，除正任屬官外，不得別令見任官入幕，違者定行奏劾。」從之。丁未，樞密院檢會右武大夫叙復吉州刺史、江州副都統制陳世雄，會合荆鄂軍馬，於吉州龍泉親臨賊境，一舉而擒二酋〔三〕，委有勞績。詔以世雄爲左武大夫、濠州團練使、江州都統制。丙寅，詔：「近民之官，莫如縣令。日來間有貪虐昏繆不能任事之人，重爲民害，令諸路監司守臣覺察，具職位上於尚書省，取旨施行。」

九月丙戌，臨安火，詔曰：「回祿之災，延及太廟。祖宗神主暫就御於景靈宮。朕累日哭於神御殿，省愆謝罪，傷痛罔極。所合奏告，可令禮寺疾速定日，具奏以聞。」詔令三省、樞密院暫就都亭驛、六部暫就傳法寺治事。以延燎故也。庚寅，詔火後合行寬恤條件，悉令三省施行，其令學士院降詔，出封樁庫錢、豐儲倉米賑恤被火之家，蠲臨安府城內外之征一月。辛卯，復出內藏庫緡錢二十萬，賑恤貧乏之民。壬辰，詔曰：「丙戌之夕，回祿挺災〔四〕，信宿之間，上及太室，延燔民廬，莽焉荒燬，都人奔避，間遭死傷。皇天降威，孰大於此。朕當避正殿，素服視朝，減膳、徹樂，以答明譴。其寬恤事宜，已命宰輔次第施行。應內外臣僚士庶，咸許直言指陳過失，毋有所隱。庶藉忠嘉，共圖消弭。」詔罷前軍統制徐儀，仍削官三等；統領馬振遠除名勒停，編置湖南州軍。以殿前司副都指揮使馮榯言其救火弗力也〔五〕。庚子，建昌軍火。甲辰，流星晝隕。壬子，以火災告於天地、宗廟、社稷。甲寅，度支郎官王與權進對〔六〕，論近日火災。上曰：「此皆朕之不德，最是延及太廟，朕心不遑安處。」奏云：「中外臣子所同痛心，今日災變可謂極矣，惟有修德可以回天意。」上然之。乙卯，監察御史何處久奏：「兩司修建太廟，合遵舊制，百司庶府不必華侈。」從之。丙辰，宰執以太室延燎，五具奏乞鐫罷，詔史彌遠特降奉化郡公，薛極、鄭清之、喬行簡各降一秩。丁巳，詔兩浙轉運判官趙汝憚予祠。以臣僚言其火後營繕，科擾州縣也。戊午，詔殿前副都指揮使馮榯〔七〕、主管侍衛步軍司王虎救焚弗力，延及太廟，各奪一官罷之。

辛卯之火，比辛酉之火加五分之二，雖太廟亦不免，惟史丞相府獨存。洪舜俞有詩云：殿前將軍猛如虎，救得汾陽令公府。祖宗神靈飛上天，可憐九廟成焦土。人言藉藉，迄不免責。

〔十月〕癸酉〔八〕，太常少卿度正進對，奏：「蜀報韃兵深入〔九〕，事勢頗危。又聞七方關已潰散，纔透文、龍，便入綿、漢，皆是平地，蜀便難保。願早擇帥，付之事權。蜀中財用已是困乏，願陛下不惜出内庫金帛應付之。」上曰：「當早爲擇帥，應付財帛。」戊寅，以煥章待制、知遂寧府李𡌴爲煥章直學士、四川安撫制置使兼知成都府，四川制置副使趙彥吶進直龍圖閣兼知興元府、利路安撫副使。

十一月乙酉，詔忠義總管田遂贈武節大夫、忠州刺史，特與加封、立廟。以四川制置司言其總率忠義力戰而歿也。詔：「四川關外州軍，近經韃兵侵犯殘破去處，未能復業，軍民日前或有詿誤，陷於罪戾，合行曲赦，令三省條具事件以聞。」福建招捕使司奏，知邵武縣劉純歿於王事，乞加襃恤。詔贈純官三等，與一子下州文學。癸巳，樞密院言：「四川制置司奏，權興元府都統潘福提兵失律，離棄關隘，合依軍制。」從之。

十二月癸丑，臣寮奏：「乞嚴飭州縣科糴及人户投糶不即給錢、多取斛面之弊。其州縣折苗，並依祖宗成法，止以下户畸零減直折錢。違者奏劾，重置典憲。」從之。癸酉，詔正旦大朝會權免。己卯，給諸軍薪炭錢，出戍官兵倍之。辛巳，詔出封樁庫緡錢二十萬，下臨安府命官賑恤。

壬辰紹定五年正月丙午，詔以陳貴誼知貢舉，權吏部侍郎鍾震、御史汪剛中同知。己酉，太廟成，以薛極爲禮儀使。

二月壬子朔，御筆賜陳貴誼以下曰：「科舉取人，先器識，後詞藻，務忠實，斥浮僞。」癸丑，群臣三上表請御正殿。從之。車駕詣太廟，行款謁禮。己酉，蠲磚瓦竹木蘆箔之征。

三月庚寅，臣僚奏：「願陛下近法孝宗，恐懼修省，以答天譴。不可以天變方弭爲幸，而必期於天休之鑒祐。撫摩愛養，以保民命，不可以民瘼少瘳爲喜，而必期於民俗之阜安。終始如一，悠久不渝，則八年災異寇擾之變，未必不爲後日重熙累洽之基。」〔一〇〕從之。辛卯，監察御史李日邁奏：「乞今後兩學補試，並從朝廷選差試官，供給用度，依胄監事體。務革買帖、冒名、計囑、私取之弊。」從之。乙未，臣僚奏：「乞戒飭中外，洗心滌慮，精白承休，以修職業，以振治功。如故習不悛，彈劾以聞。」從之。己亥，陳貴誼等乞痛革文弊，命學臣精選淳熙格式，頒示四方。

四月壬子，陳貴誼等奏：「取應宗子第一名時中〔一一〕，學詩能文，頗合程度，乞附正奏名廷試。」從之。壬戌，詔：「禮部、太常寺行下太武學、胄監，今後補試文臣外任帶朝職與放牒試，武臣外任帶閤職與在外貼職同，不許放行。」癸亥，右諫議大夫趙至道奏：「寶章閣直學士宮觀桂如淵〔一二〕，曩者帥蜀不能與衆合謀誓死堅守，夜半私遁，妄以捷聞。」〔一三〕詔如淵褫職、罷祠。丁卯，以久雨，命臨安守臣禱於天竺山，蠲大理寺、三衙、臨安府屬縣點檢贍軍酒庫所見監贓賞錢。戊辰，詔中外決繫囚，杖以下釋之〔一四〕。李日邁奏：「乞飭大臣，凡親民之吏，必選廉去貪，使不至激民爲盜。又乞行下諸郡，招選放散軍人，驍勇可用者填厢禁軍闕額。」從之。丁丑，太白晝見。

五月戊戌，詔：「諸路監司郡守，今後齊民犯罪，不許妄行籍没。法當籍者，先具情節取旨施行，違者越訴。」從右正言何琮請也。

七月辛卯，詔：「省部刑寺，應諸刑奏案以時審定，已經奏聞速與報下，庶免淹延。獄官不許兼職，俸薄者增給之。」從臣僚請也。丁酉，以禮部尚書陳貴誼爲端明殿學士、同簽書樞密院事。甲辰，大雨雹。丁未，御集英殿試策，進士制策問略曰：「朕聞堯舜之帝，禹湯文武之王，莫不從事於學。如飢之必食，渴之必飲，未嘗外道以出治，舍經以求治也。朕以眇陋，嗣承丕緒，於今九年，昧旦而朝，咨諏輔弼，延納英儁，日御經筵，曰誦曰講，咸有常準。然六經之道，所以淹貫天人，維持世變者，至纖至悉，不可勝窮。而治鑑一書〔二五〕，又所以著歷代君臣之蹟惡，以勸戒於後，皆莫先於修身而齊家、進君子而退小人、嚴名分而遏亂萌、修政事而攘夷狄、恤民隱而懼天變。朕深惟經訓史策日陳於前，文字繁多，塗轍遐闊，求其所以置力者，乃即閒燕，竊有慕古人緝熙光明之義，日就月將，躬履神會，蓋以基治道之本，一人心之歸，使普天率土、若士與民，繇內及外，悉共繇於理義，而無本末舛逆之患，上下異向之風，顧不偉歟！若夫商政治之得失，求民俗之利病，論士習之厚薄，則有所未暇。蓋以本原既正，則他可以序舉也。子大夫奉對於庭，其以有得于經史者，細繹而畢陳之，朕將親覽焉。」

八月己酉朔，御幄殿引武舉進士射。乙丑，御集英殿賜進士徐元杰以下及第、出身、同出身凡四百九十三人。丁卯，賜特奏名進士倪閌等同出身至州文學助教凡五百九十二人。甲戌，以玉牒殿成，奉安累朝玉牒，以薛極爲禮儀使。乙亥，臣僚奏：「乞行下兩淮、荆襄諸郡，將見樁管米各具實數，或有侵移，責限補足。沿邊和糴，高價招誘，不許均敷民户。申嚴賞格，仍與定限，庶幾及時辦集，内外皆有預備。」詔令户部詳度，上於尚書省。己丑，御射殿，引正奏名進士射。庚寅，引特奏名進士射。辛丑，詔二廣監司：「今後武臣非經公朝拔擢，不許辟郡。特科人不得辟入郡幕。如遇闕守，衹於鄰郡差攝。著爲令。」

閏九月己酉，有流星大如太白。庚戌，彗星出於角。癸丑，詔諸路監司體量旱歉州縣，依條檢放，察守令之貪廉仁暴以聞。丙寅，詔：「避殿、減膳、撤樂，尚慮朕躬有過及朝政有缺，令中外臣僚極意指陳，無所隱諱。其有關民間利便疾苦，並令諸路監司、守令以實具述聞奏。仍敷恩宥，以答天戒。三省條具合行事件，令學士院降赦。」

十月戊子，以星變，大赦天下。詔改盱眙軍爲招信軍。壬寅，詔赦蜀軍民。

十一月甲寅，臣僚奏：「乞戒飭諸道常平使者，遵用淳熙詔令，每歲覈州縣豐歉分數，或災傷重處，即與賑恤，不許隱蔽不實，違者臺諫按劾。」戊午，雪。給諸軍雪寒錢，出戍軍兵倍之。己未，詔：「刑部檢坐命官犯贓條令，嚴飭監司察部内貪吏，劾其尤者，一遵祖宗舊法。計贓雖輕，委係入己，令吏、刑部永不銓叙改正。監司不按發，並坐失職之罪。」從李日邁請也。辛酉，以陰雨，詔出豐儲倉米五萬石，以紓民食。

十二月丙子朔，進才人賈氏爲貴妃。辛巳，詔：「皇太后聖體稍愆和豫，朕夙夜於旁不敢輒懈，命醫嘗藥，籲天禱神，間亦小瘳，猶未全愈。宜宏宥過之施，式迓無疆之休，可大赦天下，命官分禱於天地、宗廟、社稷、宫觀。」詔：「皇太后聖體違和，服藥未效。如草澤有能治療痊安者，白身除節度使，已有官人及願就文資者並比附推恩外，更賜錢十萬貫、田五百頃。三省可出榜曉諭，仍許徑赴和寧門外自陳，内侍省即時聞奏。」大行太皇后上仙，群臣詣慈明殿宣遺誥。皇太后誥：「内外文武臣寮：吾受遺先帝，保佑嗣君從南面之居，旋即東朝之養。不以天下爲樂，而以海内爲憂。仲冬以來，偶愆和豫，殊費調䚡，大數有期，遂茲云逝。惟帝位至重，國事方殷，毋庸過哀，宜從權制。皇帝成服三日聽政，喪紀以日易月，大臣更加開釋，勿致摧傷。百官入臨，隨地之宜，諸道州府長吏以下三日釋服，在京禁音樂百日，在外一月，毋禁祠祀嫁娶，沿邊不用舉哀。山陵制度務從儉約，内外諸軍應合支賜及諸不在誥中，並取皇帝處分。」辛卯，上詣慈明殿成服，行奠酹禮。詔：「大行皇太后陵寢，當遵遺詔，務從儉省。諸路監司、州府軍監寺正進慰表〔一〇〕，其餘禮物並令免進。仍不得以助修奉攢宫爲名，有所貢獻。」丁酉，群臣七上表請皇帝聽政。詔用正月四日就素幄令輔臣奏事。詔曰：「朕惟皇天降割，大行皇太后上仙，哀痛罔極。但内朝大典，不敢輒有改更，朕於宫中自服三年之喪。」以薛極爲總護使，少保、奉國軍節度使充萬壽觀使師貢橋道頓遞使，禮部尚書陳晐按行使，内侍吴惟德副之。命臨安府守臣同橋道頓遞使措置應辦梓宫渡江。乙巳，上詣慈明殿，行大祥祭奠禮。

癸巳紹定六年正月丙午朔，上不視朝。戊申，詔兩浙轉運司、臨安嘉興府、徽嚴安吉州竹木之征再蠲三月。己未，宰臣率百僚三表請御殿。尋詔權御後殿。辛酉，右諫議大夫趙至道奏：「乞戒飭冶司，歲納新錢依額起解，毋許諸郡截錢納券。」壬申，監察御史何處久奏：「乞申敕諸道轉運司，嚴飭所部州縣，不許遏糴。如歉郡招誘客販，委官告糴，仰具數上之朝廷。其阻糴苛税者，令御史臺劾奏。」從之。

二月丁丑，新除屯田郎官王定奏嚴陵歲歉。上曰：「去年旱勢云甚，見如何舉行？」定奏：「昨在庾司舉行荒政，首擇邑官鄉里之賢者分任之。」又奏義倉爲官吏蠹耗。上曰：「此自是民户寄留於官，專爲水旱之備。」丁亥，詔榮州陞爲紹熙府〔一七〕。庚寅，禮部、太常寺言大行皇太后山陵制度欲參酌比附憲聖慈烈皇后攢陵修奉。詔依。戊戌，宰臣等恭上皇太后尊謚曰恭聖仁烈皇后。詔依。己亥，軍器監主簿徐清叟奏：「近者太后上仙，宫中舉哀之日陛下以后服下同媵妾，令別製大袖，文思院官欲如后飾再造其一以進，聖旨卻之。陛下此事甚美，真知嫡庶之辨，乞宣付史館，以垂萬世。」上曰：「然。」讀至孝宗皇帝御近習事，上曰：「此輩宮中不過備趨走使令耳〔一八〕，豈可使預事。」辛酉，江淮制置使趙善湘帶職入奏。上曰：「中原機會卿意以爲如何？」善湘奏云：「中原乃已壞之勢，恐未易爲力。邊頭連年干戈，兵民勞役，當休養葺治，使自守有餘，然後經理境外。今雖有機會，未是時節。」上曰：「自守極是。」癸亥，右諫議大夫趙至道奏：「陛下躬南面尊事之敬，荅東朝擁佑之恩，養致其樂，疾致其憂，喪致其哀，其爲孝無以加矣。繼茲以往，天命必畏，祖宗必法，君子必親，小人必遠，女謁必禁，小民必思，懷保政事，必務修飭，斯足以盡始終之孝。」上然之。癸亥，監察御史李日邁奏：「願陛下正五事以承天心，戒六事以召天和，謹飭刑政之條，力去貪殘之吏。」從之。丙寅，右正言何琮奏：「皇太后山陵用度盡出宮中，猶恐州縣並緣敷擾百姓，乞飭有司，遍行曉諭，嚴加禁止。」從之。

四月壬午，詔今年九月有事於明堂。庚子，詔：「今歲明堂大禮，令有司惟事神儀物、諸軍賞給悉循舊制，其乘輿服御中外用度並從省約，有司條具以聞。」壬寅，恭聖仁烈皇后掩攢於永茂陵。甲辰，監察御史李日邁奏：「比歲年穀不登，民生日蹙，乞詔諸道賑恤，隨有無以勸分，隨所在以出糶。秤提見鏹，當使流通於民間，不當奪歸於官庫，日下發出兑便，無執留爲囊橐。預借苗税，當罪官吏，不當責民户。其或不悛，次第彈奏。」詔令户部詳度，上於尚書省。辛未，右正言何琮乞「倣紹興成憲，内委省部，外責監司，嚴糾州縣，凡赦令德音寬恤事件恪意奉行。仍委監司取見已行事實類申朝廷，考其違戾重置於罰」。從之。乙酉，録行都繫囚。辛卯，右正言何琮奏：「乞申飭監司，賑濟結局，將所部州縣奉行臧否從公比較，第列來上，仍命大臣合監司救荒績效總課殿最，以示賞罰。」從之。

七月乙卯，新權知廣德軍石孝隆奏惜民力事。上曰：「州縣催科，歲有增益，朕每聞之，此心惻然。宜以愛民爲念，無負所言。」

八月己卯，以知樞密院事薛極爲明堂大禮使，參知政事鄭清之禮儀使，簽書樞密院事喬行簡禮衛使，同知簽書樞密院事陳貴誼禮器使，吏部尚書兼户部尚書楊熚禮頓使。

九月壬寅朔，日有食之。乙巳，右正言何琮奏：「乞戒飭州縣，已蠲閣租賦，不許科督，綿帛不許抑買，苗米不許增量。監司察其違戾，許民越訴，甚者以贓私論，必罰毋赦。」從之。己酉，上宿齋於内殿。辛亥，大饗於明堂，赦天下。辛酉，經筵奏：「乞以御製敬天法祖事親齊家四十八條及御書『緝熙殿』榜、御製緝熙殿記宣付史館。」從之。四十八箴列爲十二軸，左一曰：「敬天命，法祖宗，事親齊家。」右一曰：「親碩學，精六藝，崇節儉，惜名器。」左二曰：「謹言語，戒喜怒，惡旨酒，遠聲色。」右二曰：「伸剛斷，肅紀綱，核名實，明賞罰。」左三曰：「廣視聽，守信義，懼滿盈，究遠圖。」右三曰：「開公道，塞倖門，待耆老，獎忠直。」左四曰：「儲人才，訪屠釣，尚儒術，保勇將。」右四曰：「恤勤勞，抑貪競，進廉退，斥諂佞。」左五曰：「鑒迎合，絶朋比，察讒間，禁苞苴。」右五曰：「杜請託，議釋老，謹刑獄，哀鰥寡。」左六曰：「傷暴露，罪己爲民，損躬撫軍，求善使過。」右六曰：「寬民力，飭邊備，旌死事，懲偷生，陳公益」等。撰述箴辭附於各條之下，揭於緝熙殿，朝夕觀省。御製緝熙堂記曰〔一九〕：「大學曰：自天子至於庶人，壹是皆以修身爲本。朕嘗玩味斯言，知學之有益於人也信矣。隆古盛時，創立學制，大而辟雍，次而泮宮，微而鄉庠黨序，莫不以是爲急。故八歲入小學則教之以掃洒應對之節、射御書數之目，自王公以下及庶人之子弟，皆與焉。自十五則元子、庶子至公卿、大夫、士之適子與凡民之俊秀，皆入大學，而教之以窮理盡性、修己治人之學。夫人不可一日而不學也如是，況以一身任社稷生靈之託者，可不汲汲於此哉！恭惟我朝列聖相承，稽古右文，崇儒重道，講學之懿超越前代，其所以植億萬年無疆之基者，皆自此而得之。猗歟盛哉，卓乎不可及也。朕以凉德，纂承丕緒，兢兢業業，罔敢自怠。昕朝一講，聿遵先猷，乃闢舊廬，榜曰『緝熙』，以爲講學之地，日與諸儒碩學從容延款，紬繹義理，問辨經史，庶幾有獲，内以修身，外以治國平天下。期無愧於祖宗家學之傳，顧不偉歟！」

謚議曰：昭揭緝熙之記，力求止善之序，屢徹六藝之章，深造四書之蘊，其典學有如此者。無逸有坐之戒，旨酒服膺之箴，清明大昕之朝，宵旰萬幾之慮，其勤政有如此者。

癸亥，右諫議大夫趙至道奏：「乞明降指揮，諸縣選擇手分充應鄉司，以三年或二年爲界，界滿無過，遞遷典押。仍禁絶官司供億誅求之弊，著爲令。」從之。

[十月]甲申〔二〇〕，詔史彌遠二子宅之、宇之並賜同進士出身。尋以宅之爲太府少卿兼崇政殿説書，宇之將作少監。丙戌，進史彌遠太師、左丞相兼樞密院使，鄭清之光禄大夫、右丞相兼樞密使。丁亥，以史彌遠爲保寧招信軍節度充醴泉觀使，進封會稽郡王，仍奉朝請；薛極樞密使，立班恩數並依宰臣例；喬行簡參知政事、簽書樞密院事；陳貴誼參知政事兼同簽書樞密院事〔二一〕。詔：「史彌遠定策元勳，久以病告，朕欲親幸其第視疾，令有司條具以聞。」尋具辭免，詔依所乞，特與幸第恩數。戊子，雪。詔：「史彌遠勤勞王室，垂及三紀，以疾解政，所宜曲加優禮。長子宅之權户部侍郎兼崇政殿説書，次子宇之依舊直華文閣、樞密副都承旨，長孫同卿直寶章閣，次孫紹卿〔二二〕、會卿、晉卿並補承奉郎〔二三〕，女夫趙汝棋軍器少監〔二四〕，孫女夫趙崇緈轉一秩〔二五〕，與陞擢差遣。」詔：「楮幣寖輕，關繫甚重。薛極久參國政，練達時宜，令與三省以下措置以聞。」詔給諸軍

寒雪錢，出戍官兵倍之。辛卯，詔出内帑緡錢二十萬，令臨安府措置兑易，日下住罷銅錢局。史彌遠薨。壬辰，詔贈史彌遠中書令，追封衛王，謚忠獻，輟視朝三日。

十一月辛巳朔，命中使王資之視史彌遠葬事，子宅之等辭免。尋以命權刑部侍郎趙杭夫。禮部、太常寺檢照典故，出殯日用本品鹵簿鼓吹儀仗。從之。

講義曰〔二六〕：彌遠自開禧丁卯爲禮部侍郎，白楊太后謀誅韓侂胄，而寧宗不知。數日，寧宗問侂胄安在，左右乃以實對，寧宗深悼之。凡相寧宗十七年，帝崩，廢濟王立理宗，又獨相九年。用余天錫、梁成大、李知孝等列布於朝，最用事者薛極、胡榘、聶子述、趙汝述，時號四犬。彌遠出入禁苑，擅權用事，臺諫學舍争言其非，上以其定策功，終始保全之。

辛丑，詔知贛州姚鏞、知興國軍王相，各追五秩，内鏞安置衡州，相安置岳州。以江西帥臣陳韡劾其貪墨故也。遂下詔戒飭贓吏。辛丑，詔：「侍從論思獻納之選，朕所親擢。方作新庶政，渴想嘉猷，自今可不時面對，凡朕躬得失，國事便宜，悉以啓告，毋有所隱。」甲辰，都省檢會，故相史彌遠薨，今擇日車駕臨奠，緣在制中，依禮例免。乙巳，詔以來歲改爲端平元年。壬子，日南至，上不視朝。癸丑，以曾從龍、宣繒並提舉萬壽觀兼侍讀，仍奉朝請。丙辰，詔：「朕恭覽孝宗皇帝寶訓，景行懿德，如勤政之條，大臣不時宣引，商榷庶務，朕深慕焉。今視朝之頃，諏訪未周，欲仰遵舊典，間令宰執入對便殿，從容啓沃，各罄所懷，以副朕厲精之意。」癸亥，新授徽猷閣學士、知平江府楊煒奏對，乞於吴松江口置寨以備海道。上曰：「許浦今多少人？」煒奏：「許浦萬二千人額。鄉來逆全多就顧涇運米，萬一自海洋窺吾松江口，平江必爲震驚，況密邇行都乎！」上曰：「卿宜嚴行關防。」丙寅，新除權工部侍郎趙范奏對〔二七〕。上曰：「卿儒英之子，乃能出入兵間，爲國宣力，朕喜見之。」上又問曰：「今日何者爲急務？」范奏：「事有本末，有緩急。正人心，變風俗，舉賢能，獎廉退，黜貪佞，去姦邪，此爲國之本務。國未富，兵未强，此今日之急務也。陛下不可不加之意。大農課額大虧於昔，要必有由。至於兵之未强，則緣諸邊近年築城太多，遂分兵力。國家之兵，聚則不少，散則不多，若能散能聚，可守可戰，使江淮表裏皆有可恃之勢，則戎馬侵突足以禦之矣。」上曰：「講和如何？」范奏以爲：「羈縻之策則可，宣和海上之盟，其初堅如金石，緣倚之太重，備之不至，迄以取禍，此近事之可鑒者。」上曰：「和豈可恃。」又呼范使前曰：「卿父子兄弟皆有大功，朕所深知，宜更竭力國事，稱朕眷荷。」丁卯，詔：「今淮東安撫制置使兼知揚州趙葵任責詳審，措置邊面捍禦，如遇緩急，應調遣賞罰等〔二八〕，並聽便宜施行。」己巳，趙葵入奏，上曰：「金、韃交争〔二九〕，和好如何？」葵奏：「自古和戎，鮮不叛盟。目今邊事未强，軍政未備，只得且與之和。一年無警，則自家作兩年工夫。自家根本既壯，彼或叛盟，足可禦敵。臣到東淮，當修車馬，備器械，以爲野戰之計。固城壁，浚濠湟，以爲强邊之圖。寬民力以固邦本，衍軍儲以實塞粟。更欲爲陛下經理屯田。容臣到官，審計以聞，要須公私兩便。」上曰：「卿規模甚好。」又奏：「昨奉聖旨，許臣緩急便宜行事。東淮去天密邇，事無大小，皆合稟聽廟謨，微臣不敢專擅。」上曰：「尤見卿小心。朕信卿兄弟甚篤，不比他人，卿盡可放心爲朕展布。」

［十二月］戊寅〔三〇〕，詔：「史彌遠擁立渺躬，功在社稷。宅之繳納賜第，今特賜本家居止，仍奉家廟，以稱朕始終優禮之意。」庚辰，詔：「薛極更練老成，久勞國事，求去屢矣，每諭留之。今以疾辭甚力，勉從雅志，俾均逸藩府。其子燧光、孫坦各特轉一秩，與升擢差遣。餘一依宰臣恩數。」尋詔進觀文殿大學士、知紹興府。癸未，太常議，故累贈開府儀同三司袁燮謚正獻。甲申，給諸軍薪炭錢。丙戌，蠲元年創立窠名錢以紓民力。癸巳，以改元，命官告於天地、宗廟、社稷、宫觀。丁酉，詔京荆制置司出米賑贍襄漢被水之民。

甲午端平元年正月庚子朔，上不視朝。詔令内外小大之臣，悉上封事，朝政得失，中外利病，盡言無隱。侍從、卿監、郎官、在外執政、從官，舉公廉信敏可爲監司守令者。三衙統帥、知閤、御帶、環衛、在外管軍，舉智勇忠慤可爲將帥者各二人。辛丑，詔曰：

「朕惟國家科舉取士，群材輩出，中興以來，承平百載，間有州郡士風極盛，里選之額至少，不無遺才，非所以示選舉之均也。今歲大比，朕欲廣搜羅之才，爲精擇之地，可令禮部條具各州科舉終場及發解人數，詳酌奏聞。」以資政殿學士、光禄大夫、提舉萬壽觀兼侍讀曾從龍爲資政殿大學士、沿江制置使、知建康府〔三〕、行宫留守。乙巳，太常議：故少師〔三〕、金紫光禄大夫任希夷謚宣憲。丁巳，太白熒惑合於斗。己酉，制以皇叔祖、宣州觀察使不擅爲保寧軍節度使、提舉萬壽觀、嗣濮王。戊午，祕書省著作佐郎兼權尚左郎官王會龍進對，讀至贓吏曾不少戢，上曰：「朕痛治贓吏，日來宜少知畏。」會龍奏：「雖懲一二，漏網尤多。乞風示中外，應有按劾，須明指事實，研究贓罪。」從之。壬戌，詔以寶應州依舊爲保應縣，同鹽城縣隸淮安府；壽昌軍爲武昌軍，隸鄂州。

二月庚午朔，詔禮部貢舉。

龜鑑曰：理宗之科舉取士，未嘗不以理義淑人才。乙酉詔士之初，既曰經術詞章，先觀器識矣；而戊子之詔，又以游、夏問學淵源〔三〕、議論通達爲重。至辛卯選士之詔，既曰學術邃深，必録文理，儇淺不容矣；而甲午之詔，又以詞章必探經術之理，致學問必浚師友之淵源爲先。

辛未，祕閣修撰、新兩浙路提點刑獄趙立夫進對畢，上曰：「目今和糴不可緩。」立夫奏：

「臣昨尹京邑，蒙朝廷委以糴事，痛革吏奸，遂得不擾而辦。」上曰：「奸弊多端，嚴與關防，庶幾百姓樂與官爲市。」（二月）戊寅〔三四〕，詔：「自今侍從間五七日、經筵官遇假日，可具前代本朝事迹關政體者一二，附以己見，不時進入。」壬午，詔曰：「朕觀敕令所舊册，恭睹孝宗皇帝逐事點勘增修删改，曲當情法，於恤刑條又加詳焉。因思近日官府輕用徒刑，自今可除犯罪貸命、奸贓伏辨已結録人外，不許輒用。令諸道提刑月取情案人數，上之朝廷。仍令御史臺覺察。」癸未，詔曰：「朕惟國家南渡之後，八陵迥隔，常切痛心。今京湖制置以圖來上，恭覽再三，悲喜交集。凡在臣子，諒同此情。可令卿監、郎官以上，詣尚書省恭視集議以聞。」尋詔京湖制置司選官省謁，條具經從事宜奏聞，當議遣使修奉。已而都省言：「制司委官，恐致稽緩，可令禮寺、閤門選官一員，賫御香省謁八陵。」尋詔以太常寺主簿朱揚祖、閤門看班祗候林拓。仍令制司委官護送。

四月辛未〔三五〕，以宣教郎朱復之詣八陵相度修奉。壬申，詔曰：「天佑我宋，獲殄讎虜〔三六〕。八陵未崇，深用感悵。矧居恤制，尚御便朝，可特免百官表賀。」甲申，免祕書郎蔣重珍進爲君難七箴〔三七〕：一曰明心，二曰反身，三曰齊家，四曰遇大臣，五曰處戚屬，六曰防私謁，七曰正百官。詔宣付史館。丁亥，詔令端平元年以前命官得罪貶竄事故者，許歸葬，令刑部刷具合叙復放便人數，上於朝廷。庚寅，都省言：「近來朝廷、户部財賦會計不明，用度無節。」詔令尚書省計簿房置局稽考，委都司官同樞密院編修官編類端平會計録，仍令條具來上。權置檢閱文字二員。尋差宣教郎趙與旹、承事郎趙汝暨。癸巳，守禮部尚書兼侍讀陳卓等以經筵進讀孝宗皇帝寶訓終篇，乞宣付史館。從之。癸巳〔三八〕，臣寮奏：「乞令户部戒飭諸路漕臣，詳具州縣二税祖額〔三九〕，毋令失陷。其有籍干安邊所及撥賜寺觀蠲免者〔四〇〕，毋得創立名色均敷。仍令改正定額，上之臺省。」從之。

三月〔四一〕，京湖制置使史嵩之獲到耶律道宗、完顔晟、完顔雍等僞寶七顆，詔收管封椿庫。丁未，詔以李心傳爲著作佐郎兼四川制置司參議官，修國朝會要，令成都府給筆劄之費。京湖制置使史嵩之上露布，言蔡城破，完顔守緒自焚，獻其遺骨及僞寶法物、僞執政張天綱、完顔好海、夾谷奴婢等。詔禮部、太常寺條具合行事宜。禮官援俘獲鬼章事宜結故事來上〔四二〕，令赴都堂呈引，敕大理寺審實。尋以函骨、僞寶法物下大理獄，天綱等拘管於殿前司。甲寅，詔户部下諸路州縣，凡二税折科，令官民户一體施行。甲子，詔刑部飭州縣禁綱捕。

四月辛未〔四三〕，都堂言：「已頒詔旨，禁絶私饋，中外求舉猶習舊弊，未能盡革。」詔令吏部遍行戒飭，仍令御史臺覺察違戾者以聞。丁丑，詔曰：「國家睦族之恩，過於三代。

凡在孤遺，悉加贍給。近來所屬多不留意，貧窶之家或致失所，深可矜念。令大宗正司及西、南外宗司下所屬州縣隨時給之，察其違戾以聞。」戊寅，歲星守太微垣上相星。辛巳，詔令侍從、兩省、給舍、臺諫、卿監、郎官、經筵官赴尚書省集議和戰攻守事宜。在外執政、從官、沿邊帥守，並實封奏聞。壬午，監察御史洪咨夔奏：「京湖制臣以虜酋完顏守緒函骨等奉致闕下〔四四〕，容臺訂禮，棘廷議法，將舉獻馘之典。然殘金就滅，强敵爲鄰〔四五〕，抱虎枕蛟，機變叵測，上下凛凛，益嚴備守尤恐不逮，豈可動色相賀，涣然解體，以重方來之憂。」從之。丙戌，以金國滅亡奏告宗廟、社稷。詔夾谷奴婢等八人並與改名，換授有差。庚寅，詔部押俘酋官屬行軍器監主簿兼淮南西路制置司參議官陳一薦〔四六〕、路分江海並進官二等，餘賞犒有差。辛卯，詔觀文殿學士、和國公薛極進少保致仕。甲午，樞密院奏乞令殿前司借補張天綱武翼大夫、本司計議官，借補完顏好海保義郎、本司副將，並給袍笏靴帶。從之。

五月壬寅，主管官告院高奎進對，奏邊事四幸、四慮及治三兵事。上曰：「今合作如何區處？」奎曰：「備邊固非一事，若根本之論，當先治兵，兵强則進退戰守無有不可。」上然之。乙巳，以薛極薨，輟視朝三日。右正言何琮奏：「自今官吏贓狀敗露，經臺諫監司奏劾分明者，即下所屬州郡拘贓，聽朝廷議罰。或移爲他用者，併籍其家。」從之。丁未，主管官告院張燁進對，奏金滅韃興。上曰：「待敵之道當如何？」燁奏：「金虜世讎，〔四七〕一旦滅亡，戰守和三策當有定筭。但和議之説難恃，要須選將練兵、儲財積粟〔四八〕，自固吾圉，且俟小使回。若可和姑與之和。然戰守之具不可一日廢。」上然之。皇叔祖、保寧軍承宣使、新知南外宗正事師竇辭，上曰：「到官須留意教養。」己酉，月入氐。詔武翼郎、添差兩浙東路兵馬副都監希丞換授皇叔、右監門衛大將軍、高州刺史、提舉佑神觀〔四九〕；成忠郎、監潭州南嶽廟與蓀換授皇弟、太子右監門率府率。皆以榮文恭王近屬也。進帶御器械孟珙三秩〔五〇〕，主管侍衛馬軍行司公事。丙辰，行軍器監丞兼知黄州兼權淮西提刑趙汝訥辭，奏兩淮和糴。上曰：「兩淮和糴果是有擾。」又奏黄州六關。上曰：「六關乃不可守。」汝訥奏：「六關山徑甚多，實不足恃。前後恃以爲險者，往往誤事。」以權工部尚書趙范爲兩淮制置大使、節制沿邊軍馬兼沿江制置使。壬戌，幹辦諸軍審計司章謙亨進對，奏浸銅事。上曰：「實鐵爾。」謙亨奏：「紹聖間，以鉛山膽泉浸鐵爲之〔五一〕。令泉司鼓鑄，和以三分真銅，所以錢不耐久。」又奏：「舊錢精緻，泄於海舶。」上曰：「不可不禁。」甲午〔五二〕，詔沿江制置副使並聽趙范節制，任責措置江面。先是，詔沂靖惠王、榮文恭王合依典禮，置立祠堂園廟，令禮寺討論以聞。丙寅，議上，詔令紹興府繪圖條具，上於尚書省。

六月戊辰朔，輔臣鄭清之、同知吳潛、簽書徐清叟等入奏畢，顧瞻選德殿東西壁，揭宸翰六大字曰：「思無邪，毋不敬。」共奏聖學日新之意。上曰：「此朕座右銘也。」清之等撰二銘以進。

龜鑑曰：中庸九經修身在誠，大學八條修身在敬，皆所以操履乎理義之正，而不爲物欲所撓也。而理宗率循此理以修吾身，書殿楹之東曰：思無邪。即正心之本領也。而宰相爲之銘曰：「心居中虛，五官聽命，動以毫釐，萬物交競。惟正此心，所適靡他，正心伊何，曰思無邪。」帝於廣居，相止清明，在躬龜鑑之，非自大學正心之敬充之乎！書殿楹之西曰：毋不敬。此修身之綱要也。而宰相又爲之銘曰：「視聽言動，復禮之端。四非未屏，決我性湍〔五三〕。惟修此身，砥柱斯正，修身伊何，曰毋不敬。」帝於黃屋，孔夷肅敬，存存佩服之，非自大學修身之敬發之乎！

己巳，詔新除吏部尚書崔與之爲端明殿學士、提舉西京嵩山崇福宮。以其懇辭召命也。庚午，熒惑、填星合於胃。壬申，知建寧府兼福建運判袁甫奏，乞蠲漳州歲納丁米錢，泉州、興化軍一體蠲放。從之。丙子，權知廬州兼權淮西運判全子才奏：「知安慶府林棐贓狀顯著。」詔特追三秩，勒停，送撫州居住，委官究實追贓。五月戊寅〔五四〕，以喬行簡知樞密院事，曾從龍參知政事，陳貴誼兼同知樞密院事，左諫議大夫鄭性之端明學士、簽書樞密院。詔：「故巴陵縣公竑，脅於狂寇，不能固拒，遂陷於逆，朕甚痛之。今一新政化，加惠存殁，可盡復其本身官爵。仍令有司檢視塋所，以時致祭。其立嗣一節，關繫國家，難以輕議，朕不敢私。妻吴氏給祠牒爲尼，特賜慧浄法空大師，令紹興府月給百券爲衣鉢錢。」給諸軍口累重大錢。辛巳，熒惑入填。甲申，知嘉興府趙與簒、知江州趙善瞭、知汀州李華各進一秩，並以職事修舉也。乙酉，録行在繫囚。蠲興國軍秤尺牙稅錢。從守臣羅愚請也。丙戌，有流星大如太白。辛卯，上卻歸正蕃臣康守正、王全所獻馬。已而出御劄賜輔臣曰：「近康守正、王全以馬來獻，朕已諭之云，御前自有馬院可以供進，若馳騾駿馬，汝等可自留用。朕方禁飭臣下勿受餽遺，豈又自開此門！兼恐遠人以此窺朕好尚。昔漢文卻千里馬，朕素慕之，卿等以爲如何？」輔臣乞宣付史館。從之。丁酉，詔刑部行下諸路州軍，將强盜、竊盜、鬭殺貸命黥隸之人，並押赴兩淮、京襄大軍收管。

七月辛丑，大理評事沈夢謙進對，奏曰：「待敵兵必得其宜。」〔五五〕上曰：「小使鄒仲之尚未回。」夢謙又奏：「自古兵交，使在其間往返遲速所不必計，但不可輕遣泛使，示弱於外。」讀至河南易取處，上曰：「今日據關阻河爲堅守計，如何？」夢謙奏：「使將帥得人，如祖逖，雖摧鋒越河可也。否則元嘉覆轍所宜深戒。」上曰：「然。」癸卯，詔獎趙范、趙葵、全子才收復三京。尋以范爲端明殿學士、京河關陝宣撫使、知開封府、東京留守兼江淮制置大使，葵權刑部尚書、京河制置使、知應天府、南京留守兼淮東制置使，子才權兵部侍郎、關陝制置使、知河南府、西京留守兼京湖制置副使。詔獎諭收復東京、南京、河南州縣等處一行將士。詔撫諭東京等處官吏遺黎等，曰：「洪惟本朝，肇造區夏，忠厚相傳於家法，公恕素結於人心。蠢兹女真，紊我王略，遂至同文之俗，半爲左衽之污〔五六〕。列聖中興，惟兼愛於南北，積年養晦，不輕用於干戈。鷸蚌之相持，甚於豺狼之交噬〔五七〕，百姓至此極也。多方罔堪，顧之嗟惟。故疆皆吾赤子，痛念君師之責，實均父母之懷，迺敕元戎，往清餘孽，室家相慶，傒我后以來蘇〔五八〕，父老泣觀，喜皇綱之載復〔五九〕。豪傑望風而慕義，城邑不戰而請降。雖謳吟方切於中原，恐遐遠未沾於王化。或脅兵鋒而投拜，猥附蜂屯；或棲山谷而結聯，僅防豕突。宜及惟新之治，咸思載舊之情。蟻猶有君，鳥則擇木，盍思乃祖俱我宋之遺臣，忍及爾身混裔夷之異類〔六〇〕。時哉不可失也。捨是欲何之乎！爲父兄子弟之良圖，有天地古今之大誼，亟回心而效順舉，率衆以遄歸，庶脱之塗炭之中，而易以衣冠之盛〔六一〕。遠者來，近者悦，同我太平。撫則后，虐則讎，惟爾審擇。緊此從違之頃，居然禍福之分，隗囂阻天水之兵，自貽誅戮；竇融獻河西之地，亦被寵榮。」辛亥，朝奉郎、前知荊門軍張元簡進對，奏擇縣令、責郡守、選監司。上曰：「守令貪殘，何術以懲之？」元簡奏：「此曹非有所恃，不敢爲。」讀至韃人委河南於不争〔六二〕，上曰：「蜀中可慮。」奏云：「不但蜀可慮，襄陽亦甚可憂。自襄者蜀帥輕棄險要，蕩無限制，北師所至如履平地。近者北伐之兵深入，則沿江一帶愈虚，亦所當慮。」上曰：「最是無人可託，難得至誠有才、爲國家辦事之人。」元簡奏：「風俗敗壞，是以無人得使。」又奏：「洋州、興元、襄、峽等處須選擇人以備要害。」上然之。以寶文閣待制、提舉佑神觀與芮換授皇弟、揚州觀察使，依舊提舉佑神觀，仍奉朝請。尋詔爲武康軍節度使。新除大理司直李晞顔進對〔六三〕，奏擇將帥以守要害。上曰：「將材難得。」晞顔奏：「自古未嘗借才於異代。真宗皇帝易置河北郡守，出李允則等十二人以示近臣，後世稱爲名將。蓋預於無事時求之。荆淮要害，不過數人可無憂矣。願陛下以真宗爲法。趙范、趙葵，邊方倚重，宜思所以爲代者。今師徒北向，留守備者何人？」上曰：「有正將當有副將。」又奏乞擇將以守要害，募兵以實營壘，固江淮之保障。

八月癸酉，詔令江淮制置大使司給米麥一百萬斛，分撥三京歸附州縣，委官置務賑濟。乙亥，以范用吉爲寧遠軍節度使、左驍衛大將軍，和州防禦使、忠節諸軍都統制李伯淵爲保順軍節度使、右驍衛大將軍，皆以東京來歸故也。丙子，都省言：「三京已復，所有西京河南府祖宗八陵合差官薦獻，周視陵域。」以軍器監簿劉子澄攝太常少卿，爲仲秋薦獻官，恭詣行禮。戊寅，前權發遣紹慶府黄登進對，奏武泰建節之邦，上曰：「如何爲武泰？」登奏：「黔州在唐爲武泰軍節度使，有摩圍福地。今陛下潛藩，升爲紹慶府，龍飛一年之先，大雨洗土，石骨皆龍鱗，山巔祥雲蟠結。守臣趙翰嘗作摩圍祥雲頌。臣到任後，荷生雙頭，牛生獨角，今日抑何其易耶。願陛下無恃今日機會之易，當思先朝機會之難，勿以得之易而昧於經遠、守之難而忽於圖終。」上然之。都省言：「河南、山東新復州縣，各已委官任責守備，經理屯田，措置防捍。」詔令樞密院檢察諸房文字尤焆前往點視。詔兵部侍郎兼淮東制置使、時暫移司泗州措置新復河南京東等州營田、任責捍禦邊面趙葵，直祕閣、京西湖北制置副使、同措置唐鄧息等州營田、捍禦邊面全子才，各削一秩。尋詔子才更削一秩，落直祕閣。先是，趙范以葵、子才輕於北伐〔六四〕，奏上，給舍繳駁，故有是命。庚戌，新除權户部尚書真德秀乞進大學衍義二十二帙。從之。壬子，給舍繳奏，收還趙范端明殿學士，仍舊官名，盡護襄漢〔六五〕。詔范爲龍圖閣學士、依舊京西湖北安撫制置大使兼知襄陽府、節制兩淮巡邊軍馬。癸丑，都省言：「何霆編進朱熹解注文字，有補經筵，合加旌異。」詔特補上州文學。丁巳，真德秀奏：「願陛下亟與大臣籌思諸葛亮閉關息民、務農講武之事，參以時勢之宜，立爲規模。」己卯，都省言：「已差朱揚祖等恭詣八陵朝謁回，合委官前往修奉。」詔令禮部、太常寺討論典故，上於尚書省。乙酉，國子正鄭起潛奏：「更化，善治也，而天下之弊猶變之而未通。」

上曰：「更化之後，弊事尚多，如何？」起潛奏：「持之以公，守之以堅，鎮之以定。」又奏：「八陵省謁，故都復還，論機會則喜百年之未有，顧事力則慮來日之尚多，兵端既開而難收，土地可取而孰守。」又奏：「國家一歲之入，止有此數。」上曰：「國用匱乏如何？」奏云：「今國與民俱匱，但有節浮費剗宿弊而已。」上曰：「東南民力竭矣。」起潛奏：「陛下軫念及此，生靈之幸。」

九月辛丑，熒惑入斗。壬寅，臣僚奏：「自古中國復境土之效，未有如今日之易者。王師所届，戎捷即馳，八陵一新，三京咸復，河南故郡，版籍悉歸王土，自晉八百年之幸會，然而不易。因敵制變，固有活法，然當常以收斂靠實爲主，外張聲勢不爲敵所輕，内護本根不爲敵所致。」上然之。

十月丁卯，翰林學士、知制誥兼侍讀真德秀奏：「乞進讀文公朱熹大學章句或問。」從之。癸未，太常少卿兼侍講徐僑奏：「論語一書，先聖格言。乞以『魯經』爲名，升爲早講。」從之。詔：「今後應奏薦人，並先補入國學，各以年齒，肄業方許授官，或限内請舉登第、舍選釋褐，如任子及第換授法。左選文學注破格監當，任滿許注簿尉，右選校尉注作院以下闕，候年勞轉承信，方許注監當。紹定六年以後入貲補官者，令別換授。士子發解三十年、五到省，許就特科，以四分取一，置前四等春秋班引，雖舉員及格，不許放特班。宗子凡遇慶典，非兩舉不補官，非三請不換授戰功，補授人未得放令離軍，已參注者不許收使，仍詣軍自陳，收隸軍籍，量與請給。省吏官至朝奉、中散、中奉大夫者，存歿任子不許過二三人。密院比類一體施行。令有司裁抑參定，著爲令。」從臣寮請也。

十一月己亥[66]，行太府少卿兼知臨安府袁肅奏謹好尚一節。上曰：「人主好尚，信不可不謹。」又奏：「陛下清心寡欲，可謂好尚甚簡，萬幾之暇，遊神翰墨，乃有詐爲御書者。」上曰：「此事如何？」肅奏：「錢塘縣蒙福宮女冠李真定等，欲得宸奎，以榮觀宇。姦人陳汝能等詐爲碑刻甚侈。」上曰：「此必女冠爲人所誤。」肅奏：「女冠無知，但詐冒宜深懲之。」上曰：「不可不懲。」辛丑，尚書吏部郎中兼權左司鄭寅言：「茲攝都司，典領封樁，儲蓄極少，楮券並無見管，印造及門，即充支遣，猶且弗給。若不節用，如何秤提。宮禁錫予或過浮泛。」上曰：「禁中未嘗妄用。」寅奏：「外廷不知禁中事，乞賜裁省。」從之。丁未，知郴州林汝浹辭，奏至招刺軍兵所補虛籍十不二三，上曰：「方今諸路兵籍多虛。」汝浹奏：「誠如聖諭。」又奏：「二廣郡兵最少。臣守英德，目擊其弊，不住招塡。今須嚴督州郡，招刺强壯，勿爲文具。庶使各有武備。」又奏：「浙郡楮滯錢慳，乞嚴秤提。」上曰：「諸處會價亦未甚登。」奏云：「會價正在人措置。舊楮民習低價已久，新楮亦須漸令流通，久而自信。」上然之。癸丑，臣僚奏：「古者冢宰制國用，必於歲杪，視年豐耗，量入爲出。願陛下特命宰臣兼制國用，以參知政事同知，使人主不得越制過取，有司不得違制擅支。上下一心，君臣同德，會計有局，檢閱有官，庶幾財用日益，則國用濟矣。」從之。臣僚奏：「乞戒禮寺，今後凡祀必奏，陛下是日潔一念於存想間，在宫有如在廟，兼齋慄之時多，則嗜欲之念薄，以新聖德，以格天心。宰執代祭，一歲凡六，故相以病當國，委之稾從，自今以始，一遵舊制，以重祭祀。」從之。詔諸路監司、帥守，申嚴苞苴之禁。丙辰，詔：「諸道申奏獄案未斷、已斷未下者，於都司、刑部、大理寺各委官立限催督稽考，其經由去處嚴立程限，月申御史臺。其申憲司詳覆而別無疑慮者，不許規避。」從臣僚請也。

十二月戊辰，蒙古國使人入朝。詔以鄭寅爲館伴使。戊寅，蒙古使人入見。乙酉，蒙古使辭於後殿。庚寅，詔令三衙、江西、四川諸軍〔六七〕，每遇歲餘主帥主兵官從公揀汰〔六八〕，不許蒙蔽。進鄒伸之〔六九〕、李復禮、喬仕安、劉溥官各二等〔七〇〕，以使蒙古國有勞也。

乙未端平二年正月乙未朔，上不視朝。丙申，詔令中書後省，將端平改元以來中外言事書疏，科別其申明條目，就速與繳入，以便省覽〔七一〕。繼自今計月類進，送之中書，俾大臣參閱酌行，如紹興故事。詔令三衙、沿江京湖四川兩淮制帥並諸處軍帥，非臨陣對敵，至於軍令，不得遽行誅戮。如罪犯顯著，須按驗實奏上取旨。庚子，詔榮文恭王府、皇后宅置教授各一員。皇后宅可依紹興舊典「四姓小侯立五經師」之遺意，三省並行參酌以聞。都省言：「端平改元，務革衆弊，次第申明，條目詳備。内而官府，外而監司、郡邑，故態未能盡革。」詔令三省檢照節次指揮，博加體訪，擇慢令之尤者以名聞奏。丁未，詔：「京湖、四川、兩淮制臣、帥臣，所宜練兵恤民，峙糧繕器，經理營屯，控扼險阻，使警飭之嚴，常如敵至。諸軍將士，昨已第賞，令所在速與放行。或一時有失，條具並以姓名來上。其中原歸附人，忠節可尚，當視功推賞，隨材録用，毋使失職。」辛亥，詔曰：「國家進士之科，得人爲盛，比年場屋循習寬縱，易卷、假手、傳義之弊，色色有之，深恐真才實能無以自見。可令監試官嚴行覺察，犯者依貢舉條制。取中人就尚書省覆試，以副親策之選。」甲寅，禮部尚書兼侍講李𡌴奏：「胡瑗、孫明復、邵雍、歐陽脩、周敦頤、司馬光、蘇軾、張載、程顥、程頤十人，卓然爲學者所宗，宜在從祀之列。乞令經筵祕書省國子監參酌熟議。」又奏：「乞將子思並與升祀，列在十哲之間。」從之。丙辰，以帶御器械兼權主管侍衛馬軍行司公事孟珙時暫黄州駐劄，同共措置捍禦邊面。丁巳，孟珙入奏，上曰：「卿名將之子〔七二〕，忠勤體國，破蔡滅金，功績昭著，朕所素知。」珙奏：「世受國恩，邊頭多事，仗陛下威德，總師旅、滅讎金，皆陛下萬世不朽之功，三軍將士戰陣之勞，臣但能效奔走之役，此臣分內事耳。」丁巳〔七三〕，詔經筵所進讀通鑑綱目。己未，詔以翰林學士、知制誥真德秀知貢舉，中書舍人權吏部侍郎洪咨夔、起居舍人蔣重珍同知。辛酉，以寧淮軍統制程芾爲蒙古國通好使，浙西路兵馬鈐轄王全副之，各借金帶服繫。尋以杜顯爲添差通好副使。詔知衢州蔡節削二秩，以本郡會價低減故也。

二月甲子朔，日有食之。丁卯，詔諸道提點刑獄以五月按部理囚徒。癸酉，歲星守氐。辛巳，臣僚奏：「乞下敕令所，重修中書門下後省兩司通用條法，成册繳進頒降。」從之。庚寅，辛執奏乞宣示御製紀夢昌陵古律二十韻送之祕閣，刊之琬琰。從之。初，端平改元春三月庚子，上齋居恭默，夜夢一真人，峨冠佩玉，略似藝祖，色黧而貌恭〔七四〕，延帝殿上，真人即東席西鄉坐，以賓禮揖上，東鄉面命洋洋。俄而夢覺，越三日，宗臣善來以昌陵御容捧進，如夢中真人，毫髮無異。上因述古律二十韻紀實。至是，因大臣之請而出之。都省言：「太學生陳均編類本朝長編綱目，進士陳文蔚所著尚書解注有益治道。」詔均、文蔚並補迪功郎。

〔三月〕乙巳〔七五〕，以曾從龍兼同知樞密院事，真德秀參知政事，守吏部尚書兼給事中兼侍讀陳卓爲端明殿學士、同簽書樞密院事。辛亥，以權兵部尚書余鑄、監察御史丁伯桂同提領會子所官公共措置商榷收換事宜，擇其可用條具來上。乙卯，詔令吏部尚書兼給事中兼修國史實録院修撰李𡌴專一提領高宗皇帝正史。

四月，都省言：「第十六、十七界會子散在民間，爲數浩汗，會價日損，物價日昂。若非措置收減，無由增長。」詔令封樁庫支撥度牒五萬道、四色官資付身三千道、紫衣師號二千道、封贈敕告一千道、副尉減年公據一千道，發下諸路監司、州郡，廣收兩界會子。前權發遣肇慶府陳雷奮入對，奏廣東民兵首領事。上曰：「廣東民兵之制如何？」雷奮奏：「止爲保衛鄉井，無調發之擾，無出戍之勞。且臣所奏民兵不止爲廣東設，伏見陛下親政以來，百度振飭，未見成效大驗者，何也？良由竭東西之力〔七六〕，養百萬之兵，財力既竭，内治不易。兵力既殫〔七七〕，外攘亦難。願陛下於民兵加之意，非惟可以摧奸雄之膽，絶盜賊之萌，當不費供億而盡得天下精勇之用。」上曰：「廣西曾行之否？」雷奮奏：「廣西前後帥臣未能行此。然二廣賴民兵之用爲多。如向者廣東峒寇陳三槍之爲害，累年未能招捕〔七八〕，陳韡正藉民兵叶力收獲。如近者廣州戍卒之叛，既是兵變，自難以本州之兵制之，崔與之實率首領民兵登城捍禦，叛卒遂遁。此皆已試之效。陛下若由二廣推而行之，澤被生靈者廣矣。」上首肯再三。己巳，以禮部郎官許應龍兼榮文恭王府教授，太常寺主簿吴昌裔兼皇后宅教授。庚辰，宰執奏：「節用自貴近始，積財在於節用，律下當以身先。乞將俸給自五月始減半幫支，痛自樽節，以示表厲。」從之。乙酉，刑部尚書李𡌴奏，乞損俸給之半。繼是卿監亦上損俸之奏。詔不許。丁亥，太白晝見。戊子，夕有流星現，出太白。己丑，榮恭王親屬推恩，補受有差。

五月癸巳朔，監察御史李宗勉奏：「廟堂更化之始，將兩界會子亟易，勞費特甚。行之道久，折閱如故。不若節用而省退官吏〔七九〕，充爲内外營繕支費，浮泛懇從節約，其監司、帥守既無苞苴饋運之費，儘可樽節以爲秤提之助。」從之。丙申，雨雹。詔罷和州防禦使、主管殿前司公事趙勝，以韓昱爲帶御器械、權主管殿前司公事，王鑑帶御器械、權主管步軍司兼馬軍司職事。進知平江府張嗣古、知嘉興府趙與篡官各一秩，以酬和糴之勞。壬寅，宰執奏：「臣等智識凡闇，不能服衆，以致禁旅喧譁，都民驚駭。欲乞睿斷，姑從鐫褫，少伸國典，以謝軍民。」詔不許。甲辰，以真德秀薨，輟視朝。尋詔贈銀青光禄大夫。庚戌，以喬行簡兼參知政事。辛亥，行國子監丞俞元廙進對，奏軍閧之事。上曰：「皆緣前帥紀律廢弛，軍伍中都無鈐束。」

六月癸亥，詔令殿前司招刺一萬人，補諸軍效用闕額。都省言：「殿前司奏，神勇軍卒過勝等二十一人作閧。」詔並依軍制。告首人等第支犒、補授。本軍統制常思訓削二秩，勒停，徙淮西制司自效。將佐責降有差。甲子，詔令殿前司、步軍司、馬軍司將紹定六年揀汰軍士年老無依尚堪披帶者，且與存留請給，續聽處分。丙寅，御集英殿，策進士。戊辰，御幄殿，閲武舉進士射。戊寅，以鄭清之爲特進、左丞相兼樞密使，喬行簡爲金紫光禄大夫、右丞相兼樞密使。己卯，以資政殿學士〔八〇〕、提舉臨安府洞霄宮葛洪爲資政殿大學士，依舊宮觀。庚辰，流星晝隕。壬午，以曾從龍知樞密院事兼參知政事，端明殿學士、知廣州崔與之參知政事，鄭性之同知樞密院事，陳卓簽書樞密院事。御集英殿，賜進士吳叔告以下及第、出身，凡四百六十人〔八一〕。甲申，賜特奏名進士王聲叔以下同出身至州文學助教，凡六百五十七人。戊子，録行在繫囚。

七月戊戌，起居舍人袁甫奏：「並命二相，所當盡心，上副委任之意。今中外多事，而左相辭遜，右相畏避，各事形迹，緩急若何。乞宣諭二相力行一箇公字。」上曰：「卿議論極當。」甲辰，秘書郎兼莊文太子府教授應繇奏建儲事。上曰：「此事祖宗自有典故。」繇奏：「仁宗晚年，因大臣有請方能爲此。高宗春秋鼎盛，未誕皇嗣，乃能以天下爲公，選宗室子育之禁中，真度越千古。」上曰：「朕今見欲推擇。」讀至宮中保護，關繫非輕，始高宗定此議，富直柔奏，須是宮中有任責者方可。高宗聖諭，已有區處。是時劉賢妃爲婕妤。上曰：「憲聖慈烈皇后爲才人。」又奏：「陛下既知之，必有以處此。保護一節，關繫非小，願留聖慮。」上然之。己酉，臣寮奏：「乞明詔大臣同心協力，事須執奏，審處其當而行。上不至有反汗之嫌，下不見有過舉之迹，更願陛下推心以待丞弼，寬慮以圖治功。」從之。

閏七月壬戌朔，祕書省正字王邁進對，至並命二相，責任惟均，上曰：「朕常戒諭二相，使之同心協力，共濟國事。」讀至互爲比周交信讒説，上曰：「外面真如此？」邁奏：「若不戒飭，恐成朋黨之風。」上曰：「朕任清之甚專，但以天下多事，非一相所可理，故以行簡輔之。行簡之用，斷自朕心。」己巳，禮部尚書魏了翁進讀大學。因奏：「誠字雖係藩邸舊名，考之故事，未嘗偏諱，蓋此字紀綱斯世，而科舉文字皆避，場屋未免疑惑。乞聖語許免回避，以廣陛下謙虚之意。」上曰：「自不必避。」丁丑，新除兵部郎官丘岳進對，至軍士貧悴，上曰：「軍人所請不多，適值物貴，不足贍給，軍心不安，實原於此。」岳奏：「乞放行戰功及去夏河南暴露恩賞。」上曰：「已曾理會。」岳奏：「外間實未見施行。」戊寅，喬行簡奏：「百司庶府，俟宰相每日依時出堂之後方許退歸，庶事務皆得及時剖決，而無滯積之患。」詔：「行簡所陳，深契朕意。百司庶府並合遵行，可榜朝堂。」壬午，臣寮奏列郡兼簽攝官之弊，乞飭吏部「自今内地官吏注闕，不必限以年齒，兩淮、京襄初任及再任，不許注六十五以上人」。詔令吏部檢坐累降禁約指揮，遍下諸路監司、州郡，各令遵守。見入幕人並還本任。臣寮乞宣諭沿江兩淮荆襄帥，「各釋私憾，協志同謀，調度通融，急難相濟。或玩視詔書復相疑貳者，廢退之。」貼黄奏：「陛下鑒唐世之得失，遵祖宗之舊制，選大臣有實望者，俾居督府，或陛宣撫之任，置之荆、淮之間。統帥列閫專其節制，而總事權，不惟平居暇日調一其心，臨事之際亦可如臂指之相使。」從之。詔大理寺、三衙、臨安府屬縣、兩浙州軍決繫囚，杖以下釋之。仍蠲贓賞錢。甲申，詔：「倪思、傅伯成，先朝遺直，可令有司議謚以聞。」乙酉，詔故贈少師、特進、銀青光禄大夫趙方賜謚忠肅。丙戌，詔故保寧軍節度使、魯國公安丙賜謚忠定。丁亥，臣僚奏：「京西湖北制置副使同措置唐鄧息等州營田捍禦邊面全子才、軍器監簿劉子澄，以韃在唐州棗林下寨，〔八二〕相繼夜遁，遺棄攻戰具輜重之物，乞行褫竄。」詔子才奪二秩、衡州居住，子澄奪二秩、瑞州居住。

八月，詔令浙西臨安平江嘉興鎮江府、常州安吉守臣，將未修復圍田，許官民户承佃經理。乙未，新除太府寺簿王極進對，奏：「邇來星變屢形於天，軍變屢作於下，秋成在望，積陰多霖。」上曰：「幸稍開霽。」極奏：「更願陛下積誠以動天。」讀至新得是□□□爲之謀，上曰：「近□□□〔八三〕。□□□：□□□□□□□□視以爲常，願陛下以高宗爲法，命大臣□□□諸軍之權勇度量邊防〔八四〕，不致鹵莽。」上然之。丙午，新除司農寺主簿萬□□安毅啓對奏〔八五〕：「國力未裕。」上曰：「財計可謂匱乏。」一薦奏：「塞蠹耗之原，謹節用之道，在陛下加之意。」讀至一賞罰以勵軍心，上曰：「賞不勸，戒不威，雖唐虞不能化天下。」貼黄奏邊帥之心不一，上曰：「邊帥不和，最爲利害。」讀至楮幣之策已窮，上曰：「楮幣有何策？」奏云：「楮數所出既多，銅錢所入無幾，宜預造十八界新會。」〔八六〕上曰：「若行十八界新會，又恐民間皇惑。」奏云：「非欲更造一界會子行使，止欲預造樁積爲變通之備。」上然之。癸丑，臣寮奏：「上自宰執，下及百執事，毋徇於名，而皆以務實爲心。内而朝廷，外而郡國邊鄙，毋侈乎名，而皆以責實，爲政願察勤怠，訪賢否，行賞罰，用黜陟，執馭臣之柄，明考績之法。」從之。乙卯，以太師趙汝愚配享寧宗皇帝廟庭，仍圖像於昭勳崇德之閣。主管官告院錢相進對，奏：「外而諸帥，内而二相不相協和，事會孔殷，民情叵測。」〔八七〕讀至佩劍相笑，矛盾相攻，上曰：「諸帥已降親劄戒諭。」相奏：「諸帥責任雖分，體統則一。若彼此不和，緩急豈肯相應，所關利害不小。」上然之。丁巳，太白犯太微垣左執法星〔八八〕。新知建昌軍徐㮚辭，奏江淮海道利害。上曰：「淮兵不爲不多。」㮚奏：「義勇忠義雖多，正兵甚少。」上曰：「義勇亦自可用。」㮚奏：「皆沿淮戀土之民，人人可用。」又奏秋高馬肥之備。上曰：「近來邊報不一。」㮚奏：「當明間諜〔八九〕，嚴邊備。」上曰：「不可不嚴爲之備。」

九月己巳，都省言：「兩界會子數多，監司、郡守奉行秤提不虔。欲下諸路州縣，令有官之家、簪纓之後及寺觀僧道，並按版籍，每畝輸十六界會子一貫，願納十七界者並從。各州截角類解赴封樁庫交納。其將相勳貴之家、御前寺觀曾被受指揮特免科役去處，毋得寅緣規免，仍不許敷及佃户。違，許越訴。」從之。丙子，監察御史李宗勉奏：「乞詔大臣檢照鄭寅等所陳節用項目，詳加審訂，始自宮掖，次而朝廷，又次而郡國，皆以節省爲務。毋牽私情，毋惑浮議，日計之雖不足，歲計之則有餘。仍出内帑所儲，收兩界溢數會子，行之數載，自有成功。」從之。己丑，詔：「端平親政以來，務革前弊，禁約求舉馳書事目之類。近聞循習如舊，害政尤甚。自令内而百司，外而臺郡，月具無請託事，申御史臺。仍令常切覺察。」

十月，前知循州林起莘進對，奏：「乞明訓大臣，凡建政立事，必務謹重逆料其利害，熟察其是非，然後出爲號令，播之四方，發必中節，用必當理，自然孚信於人心。」上然之。

十一月癸亥，日南至，群臣朝賀。乙丑，詔知樞密院事兼參知政事曾從龍爲樞密使，督視江淮軍馬，禮部尚書魏了翁爲端明殿學士、同簽書樞密院事，督視京湖軍馬，以同知樞密院事鄭性之兼權參知政事。戊辰，詔給兩督視府隨軍支用之費：金各一千兩，銀各五萬兩，度牒各一千道，會子各五百萬緡。壬申，新除都官郎官葛逢進對，奏：「人才難」趙范、趙葵、陳韡素不同心。」上曰：「置兩督視，須可使諸將協和。」逢又奏：「人才難得，過有小大，當多事時，亦當斟酌而用之。」上曰：「有過者不可例棄。」甲戌，臣寮奏：「宣召宰執，夜對詞臣，與命從臣條具闕失，百官陛奏則與之論經武、擇將、治兵、理財，皆有孝宗故事，乞以爲法。」又奏：「寇犯蜀境〔九〇〕，制臣趙彦呐連年調度，師老財殫，兵分力薄。若上流不固，則吴、楚有衝決之勢。願以保蜀爲念，倘有申請，悉爲報從。或遣襄陽援兵，早爲起發。諸司應予錢物，無分彼此，悉力傾助以扶其危。」從之。戊子，安南國進貢方物，詔下封樁庫收管。

〔十二月〕辛亥〔九一〕，雷。

丙申端平三年正月己未朔，御大慶殿，群臣朝賀。詔以星行失度，雷發非時，免天基節上壽、大宴。群臣三上表請，不許。宰執奏輔政無狀，乞加顯黜，以答天譴，仍免貢院錫宴。亦皆不許。癸未，大理評事趙崇森進對，奏乞守臣監司臺諫互察貪吏。上曰：「貪吏誠不可不治。」

二月己丑，大理評事趙崇微進對，奏乞弭天變於未然。上曰：「不可無敬畏之心。」又奏：「今日不可玩者，在乎邊兵。」上曰：「北軍多有可慮，方思有以安之。」甲午，前知安豐軍王瓚進對，奏：「今日備邊之計，宜於新復州軍留息以衛光，留壽春以衛安豐，留泗以衛招信，留漣水以衛山陽，此外不必經理。」上曰：「朝廷正要如此區處，庶可安邊息民。」瓚又奏：「陸贄論沿邊事宜，以節制多門爲慮。」上曰：「開督府正欲統一事權。」己酉，以端明殿學士魏了翁爲簽書樞密院事。甲寅，以雨澤愆期，詔中外決繫囚，杖以下釋之。

三月戊午朔，詔前知光化軍扈斌特與貸命，追毁出身以來文字，送廣東摧鋒軍拘管。以其棄城也。辛酉，廣東經略安撫司彭鉉奏，紹州、英德府大水。詔令本司多方措置賑恤。癸未，太學録鄭斗祥進對，奏：「邊事方急，莫有任其責者。」上曰：「邊事如此，任事無人如何？」斗祥奏：「此士大夫畏事之過，願陛下奮發剛斷，大明黜陟，庶幾人樂爲用。」上曰：「然。」又奏：「天下無全才，惟陛下兼收並用，隨才而器使。」上曰：「用其所長，當護其短。」

四月己亥，試將作監兼知臨安府事顔頤仲進對，奏：「敬天以實不以文。」上曰：「朕此心未嘗不敬。」又奏用人當久任。上曰：「用得其人，不必數易。」又奏：「人主一心，攻之者衆。」上曰：「常持敬心，則不爲外物所移。」頤仲奏：「陛下此言，誠可以對越天地。」丙午，詔以今年九月有事於明堂，惟事神儀物、諸軍賞給悉循舊制，其乘輿服御、中外用度並從省約，仍令條具以聞。戊申，新權知梧州黄亦奏二廣兵備。上曰：「二廣去朝廷遠，全賴守臣撫摩。」癸丑，詔曰：「朕猥以渺躬，獲承丕緒，率寧人有指，疆土亦大惟艱，予小子若涉春冰，罔知攸濟。自江、閩之群盜弗靖，塈淮、楚之逆雛爲妖〔九二〕，數年之間，多難已甚。屬讎金之寖滅〔九三〕，而蒙古之與鄰，不利西南，蓋嘗躪階、成而擾興、沔。其在辛卯，遽乃穿金、房以瞰襄、樊，逮合謀成破蔡之功，恐假道有及虞之勢，心之憂矣，臍可噬乎。固將布告於國中，以志吾過，但使留屯於塞上，自守我疆。忽西陲之弗寧，駭北騎之深入，賴仙原有以議後，而蜀道得以安全。然虐焰之所經，視曩歲而尤慘重。以唐、均之叛將，發此京湖之禍機，肆荼毒於列城，至蔓延於他路。兵民之死戰鬬，户口之困流離，室廬靡存，骼胔相望，致援師之暴露，及科役之繁苛，爲之騷然，有足憫者。是皆朕明不能燭，德有未孚，上無以格乎天之心，下無以定乎民之志。遂令有衆，多告非辜。朕方施令發政，以爲緩輯之圖。補卒蒐乘，以嚴守禦之備。想瘡痍之溢目，如疾病之在身。更賴文武一心，忠良協力，與斯民而共守，措吾國於多盤。咨爾群僚，體予至意。」

六月癸巳，直焕章閣、知慶元府、沿海制置趙與簄朝辭，因奏：「近士大夫專以議論相尚，未嘗真見利害之實。故自更化以來，美意雖多，實政未究。」上曰：「虚論誠無益於國。」趙與簄又奏沿海便宜及三邊事體。上曰：「慶元控制海道，事任不輕。如招軍、造船、團結、訓練等事宜，一一留意施行。」丁酉，録行在繫囚。己亥，洪咨夔上遺表，詔：

「咨夔鯁亮忠慤，有助親政，可特與執政恩數。」壬寅，新權發遣泰州蔡節朝辭，奏皇嗣未立。上曰：「祖宗自有典故，見今討論。」癸卯，熒惑、填星合於畢〔九四〕。甲辰，右正言李韶言：「江西憲司奏，吉州太和縣豪民陳聞詩脅取鄉民田產，殞死者數人，冒越省試〔九五〕，假手奏名，有司勘究具得其實，事上於朝，尼而未行，官弱民强，漸不可長。乞將聞詩同進士出身駁放，仍照條坐罪。」從之。戊申，直寶謨閣、知婺州陳庸熙進對，奏：「當舉皇祐典禮，以太祖、太宗、寧考並配於明堂。」詔令禮部、太常寺討論以聞。

七月丁卯，以同知樞密院事兼權參知政事鄭性之爲參知政事，權刑部尚書兼給事中李鳴復爲端明殿學士、簽書樞密院事。壬申，詔出封樁庫千緡，下祕書省修渾儀刻漏。從太史局之請也。甲申，雨血。丁亥，詔鄭清之爲明堂大禮使，喬行簡禮儀仗使，李鳴復爲鹵簿使，兵部尚書趙彥悈橋道頓遞使。癸巳，以久雨，詔出端平倉米千石賑糶以平市直。乙未，宰執奏，調燮無狀，陰雨爲災，乞從竄斥。表三上，詔不許。乙巳，以霖雨害稼，命近臣禱於天地、宗廟、社稷及宮觀、嶽瀆等處。大理正王潩進對，奏：「更化願治，三年於茲，而天變見於上，人心摇於下。」上曰：「比年以來，中外多故，朕未嘗一日不憂懼。」戊申，監察御史王極奏：「邇來二浙諸郡雨水爲沴，禾稼害於垂成。乞下有司，預樁錢米，賑贍災傷，並下倉漕兩司，議蠲税賦，仍録貧乏，速議賑濟。」從之。己巳，朝獻景靈宮。庚午，朝饗太廟。雷。辛未，大饗明堂，赦天下。

九月癸酉，上手劄：「以季秋仲辛，雷聲驟發，上天示譴，恐懼修省，避正殿，減膳、徹樂，求直言，令學士院降詔。」詔曰：「朕以眇躬，獲承大統，十有三年於兹，惟德弗類，不敢寧於上帝命，兢業祗懼，夙夜靡渝。比歲以來，時事多虞，日思艱大，若涉淵冰，罔知津涯。迺季秋仲辛，朕方齋精秉純爲民請命，祈福於天地、祖宗，冀幸神靈顧答，乂我受民以輯，寧我邦家，而將事之夕，天大雨雷，非時發聲，明威震怒，炳然甚著，厥咎不遠，在予一人。朕不勝憂畏，今避正殿，減常膳，命有司非祠祀毋得舉樂。側身省愆，猶懼弗蕆。其令小大之臣，下至民庶，推原致菑之由，敷陳銷變之策，凡朕躬過失，朝政闕違，悉意以言，靡有所隱，以告中外，咸使聞知。」乙亥，詔左丞相鄭清之、右丞相喬行簡並觀文殿大學士、醴泉觀使兼侍讀。以資政殿大學士崔與之爲右丞相兼樞密使。詔曰：「朕比蒧明禋〔九六〕，雨雷傾迅，天心示戒，在於朕躬。輔弼之臣，控章引咎，聯車疊去〔九七〕，抗志莫留，勉徇高懷，俾安祠秩，疇咨一相，已遣蒲輪，雖鼎軸暫虚，而執政與宰相同。令鄭性之、李鳴復時暫協力贊治，無負朕倚注之意。」戊子，上手劄曰：「喬行簡三朝元老，一代鴻儒，趨中使以宣回，盍示冕旒之眷，對經筵而進讀，庸彰體貌之恩，勉爲朕留，竚聞忠告。」

［十月］〔九八〕丙午，行大理寺丞趙綝進對：「近者暴雨疾雷，上下震懼，罔知所自，宜有以答上天之變。」上曰：「朕未嘗不恐懼修省。」綝奏：「天災流行，時所未免。陛下禱祈切至，中外聳聞。但願此心罔間，庶幾可以回歉歲而爲豐年。」安南國陳日煚上表進貢〔九九〕，制授金紫光禄大夫、充静海節度管内觀察處置等使、安南國王、食禄一千户，仍賜效忠順化功臣，襲衣、金帶。

十一月丙辰，臣寮奏：「寇践荆襄〔一〇〇〕，士馬潰失，諸郡月運錢糧。乞下湖廣總所，具實來上，按月督趣，通前頓積，以備收復招募之用。」從之。庚申，新除度支郎官兼權左司郎官趙必願進對，奏：「近臣除授意向不明，況當天下事變方殷之日。」上曰：「天下正多事。」又奏：「虚鼎席以召故老，或者意其未必來。」上曰：「崔與之既未來，朕委政事於二參。」必願奏：「二參固同心輔政，然堂堂天朝，豈容不早命相。」上曰：「然。」壬戌，新除倉部郎官蔡節進對。上曰：「崔與之辭免已到，未知幾時可來。」節奏：「與之年高地遠，病日半之，臣料未必能來。」上曰：「相位固不可久虚，然亦欲委任得人。」節奏：「天下之勢危若累卵，不可一日無相。」上曰：「卿言極當。」乙丑，以喬行簡特進、左丞相兼樞密使，進封魯國公。戊辰，日南至。詔議改元，以示作新之意，有司詳議以聞。詔曰：「朕嗣大曆，服於兹十有三年，宵旰圖治，慄慄祇懼，永惟孟子手足腹心之言，凡所以待遇士大夫者，未嘗不忠且厚也。比年以來，鮮廉寡恥，相師成風，背公營私，恬不知省，大言無當者敢以傲誕而不恤，肆行無忌者習於欺罔而不悛，因循苟且，玩歲愒日，由內而外，靡然同流。士大夫朕之所尊禮，任之以爲股肱心膂者，趨向若此，朕何賴焉！矧今內則百度之未修，外則四郊之多壘，國事如此，寧不動心。倘不易轍而改絃，何異抱薪而救火。朕於履長之日，申訓迪之言，咨爾文武小大之臣，各宜體一陽來復之義，思君子道長之理，清白一心，澡滌故習，以稱予一人孜孜求治之意，則予汝嘉。其或不虔，朕不敢赦。」壬申，都省言：「邊報日急，禦寇之策，貴在合謀。」詔令侍從、兩省、臺諫、卿監、宰掾樞屬、郎官、館學〔一〇一〕，各隨己見，條陳方略，上於三省、樞密院，務在的切可行，不必徒事文詞。詔蠲被水州郡新舊苗稅、監繫贓賞等錢及民間逋欠轉息過本者。先是，臣寮有請於朝，令户部詳度來上，故有是命。

十二月辛卯，軍器監兼權樞密副都承旨王埜進對〔一〇二〕，奏聯絡江淮，賑恤邊民，討捕盜賊。上曰：「江淮之勢如何？」埜奏：「不過重一閫之權以統之。」上曰：「流民可念。」埜奏：「流民紛紛蟻聚，弱者困斃，强者剽掠。」上爲之蹙額。上曰：「江西之寇尚未平。」埜奏：「寇始於衡之酃縣，侵犯吉州。今南安峒寇又發，建昌之南豐〔一〇三〕、邵武之建泰，亦有挺動。向有淮兵可調，今無以應，遂集鄉手及合禁軍共爲勦除〔一〇四〕，非以一官兼總兩路討捕之事，則權不一。」上曰：「如三路節制之類。」埜奏：「政是如此。願陛下深思之。」上曰：「然。」詔曰：「朕以菲質，撫有多方。德不足以庇民，威不足以服遠，致茲虜寇〔一〇五〕，犯我邊陲。使百年生聚之人，罹一旦流亡之苦。朕爲民父母，使爾百姓至於此極，深用痛傷。竊慮流民所至之地，有司或不能體朕愛民如子之意，有失存拊。可令沿江州郡，如遇江北流民入界，仰多方措置存著，無令暴露。仍於有管官錢米内支撥捄濟。其間有强壯願爲軍者，填刺軍額收管請給，庶幾不致失所，以稱朕勞來安集之意。」壬寅，左諫議大夫兼侍讀李宗勉奏：「沿江諸郡所主單弱，防護甚疏，安有餘力爲勞來安集之舉。若不別作措畫，深恐詔旨徒爲美觀。如安豐、濠梁、歷陽管下，開順、六合、含山等處居民渡江，强壯留在江北，結寨拒守，恃其聲勢，因而作過，不早收拾，輾轉滋蔓，猝難殄戮，恐爲虜人所得〔一〇六〕。合從朝廷詳酌，科降錢糧、告牒，令沿江、淮西制置司亟作措置。凡流民過江北者，令陳韡存恤，强壯之留淮北者，令史嵩之遣官招募。如不願者，發還本處，籍爲民兵。」從之。甲辰，詔以來年爲嘉熙元年。又詔：「聖節有宴，蓋常儀也。國家閒暇，宇内歡樂，講此爲宜。三邊騷動，戰守之士日冒於鋒鏑，流徙之民遠去於鄉閭，朕方慘怛於懷，不遑暇食，又何敢作樂備禮以舉爲壽之觴。其天基節集英殿大宴可權罷，以見朕憂邊之意。」詔：「措置會子，已降黃牓，務在必行。尚慮監司、守令或有庸謬，縱吏爲姦，不知體國，任意沽名，奉行不力，非獨會價不登，亦恐朝廷威令寖弛，可令兩監察御史覺察彈奏。」

校證

〔一〕提刑葵　「葵」原作「蔡」，「提刑葵」實爲「提刑趙葵」之省，據再造本、文海本校改。

〔二〕注官資　「注」，文海本同，再造本作「十」，似作「十」是。

〔三〕二酋　原作「二首」，據再造本、文海本回改。

〔四〕挻災　原作「爲災」，據再造本、文海本、歷代名臣奏議卷三〇九駕部員外郎李鳴復上奏引詔書校改。

〔五〕馮榯　原作「馮時」，再造本、文海本均同，然宋史卷四二三陳塤傳、羅大經鶴林玉露卷二、元劉一清錢塘遺事卷二辛卯火均作「馮榯」。馮榯事迹又見於宋史卷四〇寧宗紀卷四四九忠義李誠之傳卷四五五忠義鄧若水傳、劉時舉續宋編年資治通鑑卷一五、兩朝綱目卷一、宋季三朝政要卷一六、魏了翁鶴山集卷一八應詔封事等，今據校改。

〔六〕郎官　李校：原作「邸官」，據文意改。汪按：再造本、文海本均作「郎官」不誤，應作校改依據。

〔七〕馮榯 「榯」原爲空鉛，據校〔五〕引書補。

〔八〕十月 李校：二字原闕，據宋史理宗紀一補。汪按：李校是，今從之。

〔九〕韃兵 此「韃兵」及下文十一月條内「韃兵」，原均作「蒙古」，並據再造本、文海本回改。

〔一〇〕累洽 原作「累治」，據再造本、文海本校改。

〔一一〕宗子第一名時中 「第」原作「弟」，再造本、文海本均同，本書「第」、「弟」經常混用，但此處用「弟」易誤導讀者，故改「第」。

〔一二〕桂如淵 「桂」原誤「杜」，據再造本、文海本、宋史卷四一理宗紀校改。

〔一三〕捷 原作「狀」，文海本字模糊不辨，據再造本、宋史卷四一理宗紀校改。

〔一四〕杖以下釋之 李校：原脱「下釋之」三字，據文意補。汪按：再造本、文海本均脱。然「决繫囚，杖以下釋之」爲此時期慣用語，李補是，今從之。

〔一五〕治鑑 李校：原作「治監」，按，此即資治通鑑之省，今改。汪按：李校是，今從之。

〔一六〕正進 再造本、文海本均同，清欽定續文獻通考卷一〇〇王禮考引作「止」，疑是。

〔一七〕紹熙府 李校：原作「紹興府」，據宋史地理志五改。汪按：李校是，今從之。

〔一八〕過 原作「遇」，作「遇」句不通，據再造本、文海本校改。

〔一九〕潛説友咸淳臨安志卷一行在所録載緝熙殿記與此緝熙堂記有同有異，可參。

〔二〇〕十月　李校：二字原闕，據宋史理宗紀一補。汪按：再造本、文海本均脱，李校是，今從之。

〔二一〕喬行簡參知政事簽書樞密院事陳貴誼參知政事兼同簽書樞密院事　再造本、文海本均同，宋史卷四一理宗紀作「喬行簡參知政事兼同知樞密院事，陳貴誼參知政事兼簽書樞密院事」。

〔二二〕再造本在「紹卿」、「會卿」之間，有「良卿」。文海本無。

〔二三〕承奉郎　文海本同，再造本作「承事郎」。

〔二四〕趙汝棋　「棋」，再造本、文海本均作「楪」，宋史卷四一理宗紀作「祺」。

〔二五〕趙崇綍　再造本、文海本均同，宋史卷四一理宗紀作「趙崇梓」。

〔二六〕講義　李校：原作「講詩」，據前引講義之名改。汪按：再造本作「講義」，可作校改依據。文海本作「講詩」同誤。

〔二七〕工部侍郎　再造本、文海本均同，宋史卷四一理宗紀作「工部尚書」。

〔二八〕應調遣賞罰　文海本同，再造本作「應調節器遣賞罰」，即多「節器」二字。

〔二九〕金韃　原作「二邊」，據再造本、文海本回改。

〔三〇〕十二月　李校：三字原闕，據宋史理宗紀一補。汪按：李校是，今從之。

〔三一〕建康府　李校：原脱「康」字，據宋史卷四一九曾從龍傳補。汪按：再造本亦脱。

〔三二〕少師　再造本、文海本同，宋史卷四一理宗紀作「太傅」。

〔三三〕游夏問學　原作「遊夏文學」，文海本作「遊夏問學」，據再造本校改。

〔三四〕二月」重出，李校改後一「二月」爲「三月」，謂：原作「二月」，據上下文意改。汪按：李校無據，且戊寅乃二月初九，癸未乃二月十四日，所改不當。後一「二月」似當删。

〔三五〕四月辛未　「四月辛未」下文重出，中間又出「三月」記事，顯然有誤。但糾正差誤缺乏資料，暫存疑待考。

〔三六〕虜　原作「敵」，據再造本、文海本回改。

〔三七〕免祕書郎　不文，「免」字疑爲「新」或「試」。

〔三八〕癸巳　「癸巳」重出，後一「癸巳」似當删。

〔三九〕祖額　原作「租額」，據再造本、文海本校改。

〔四〇〕干　原作「幹」，據再造本、文海本校改。

〔四一〕三月　李校：按：前文已載三月事，且本月史嵩之獻遺骨及僞法寶物事，宋史理宗紀一亦在本年四月。此處「三月」二字疑竄入，當删。李校非是，因丁未、甲子、甲寅均非四月内紀日。存疑待考。

〔四二〕鬼章事宜結　文海本作「鬼章青宜結」，「鬼章青宜結」又作「青宜結鬼章」、「鬼章」，是北宋著名西蕃首領，戰敗後歸降宋朝。

〔四三〕四月辛未　李校：此月日前文已見，疑衍入。

〔四四〕虜酋　原作「北敵」，據再造本、文海本回改。

〔四五〕强敵　「敵」，再造本爲空鉛。文海本作「强虜」。

〔四六〕俘酋　原作「俘獲」，據再造本、文海本回改。

〔四七〕金虜　原作「金人」，據再造本、文海本回改。

〔四八〕儲財　原作「儲才」，據再造本、文海本校改。

〔四九〕提舉　李校：原闕「舉」字爲空格，據文意補。汪按：再造本、文海本均作「提舉」，應作校補依據。

〔五〇〕孟珙　原作「孟拱」，再造本、文海本均同，據宋史卷四二理宗紀校改。

〔五一〕贍泉　原作「贍泉」，再造本、文海本均同，贍泉製銅，爲宋代盛行的製銅法，廣見記載，據校改。

〔五二〕甲午　諸本同，依干支時序，本月不當有「甲午」日，疑「甲午」爲「甲子」之訛。

〔五三〕性湍　原作「性端」，據再造本、文海本校改。

〔五四〕五月　前已有「五月」、「六月」，此又復出「五月」，顯誤。據宋史卷四一理宗紀，喬行簡知樞密院事、趙竑妻吴氏給祠牒爲尼等，均在本年六月，而六月戊辰朔，則「戊寅」、「辛卯」、「丁酉」分别爲六月十一日、二十四日、三十日，可知「五月」二字衍，當删。

〔五五〕敵兵　「敵」，再造本爲空鉛，文海本爲「虜」。

〔五六〕蠢兹女真紊我王略遂至同文之俗半爲左衽之污　原作「遭家不造值國多艱遂至大同之治

竟成分裂之形」，據再造本、文海本回改。

〔五七〕鷸蚌之相持甚於豺狼之交噬　原作「因彼兩方之構怨，致茲頻歲之不寧」，據再造本、文海本回改。

〔五八〕后　此「后」歟下文「撫則后」之「后」，原均作「後」，據再造本、文海本校改。

〔五九〕皇綱　再造本、文海本均作「官儀」。

〔六〇〕混裔夷之異類　原作「隔中朝之治化」，據再造本、文海本回改。

〔六一〕衣冠之盛　原作「室家之慶」，據再造本、文海本回改。

〔六二〕韃人　原作「蒙古」，據再造本、文海本回改。

〔六三〕李晞顔　原作「李希顔」，再造本、文海本均同，然下文「希顔奏」卻又均作「晞顔奏」。宋史卷四〇九高斯得傳、洪咨夔平齋集卷一八太社令李晞顔除大理司直制均作「李晞顔」。今據校改。

〔六四〕葵子才　李校改「葵」爲「全」，謂：原作「葵子才」，據上文及宋史理宗紀一改。汪按：李校非是，「葵、子才」指趙葵、全子才二人，此二人爲端平入洛主將，趙范無法爲其弟趙葵掩蓋過失，故不會單言全子才。宋史卷四一理宗紀：「趙范言：趙葵、全子才輕遣偏師復西京……」也不支持李校。

〔六五〕襄漢　原作「襄漠」，據再造本、文海本校改。

〔六六〕十一月　原作「十二月」，文海本同，因下另有「十二月」，顯有誤，據再造本校改。

〔六七〕江西　文海本同，「西」字再造本闕文，「江西」與「四川」聯文，較罕見，疑爲「江上」之訛，「江上」即「沿江」，時設沿江制置使，「三衙、江上、四川」乃當時慣用語。

〔六八〕主兵官　「主」原誤「王」，據再造本、文海本校改。

〔六九〕鄒伸之　原作「鄒成之」，文海本同，「成」字再造本闕文，宋史卷四一理宗紀作「鄒伸之」，本書前本年七月已言及「小使鄒伸之」。又今存鄒伸之使北日録一卷。又宋季三朝政要卷一，歷代名臣奏議卷九九、卷一八五、卷三三八，吴潛履齋遺稿卷四上廟堂書均載鄒伸之出使蒙元事。據校改。

〔七〇〕劉溥　原作「劉淳」，文海本同，據再造本、宋史卷四一理宗紀校改。又劉克莊後村先生大全集卷五〇真德秀行狀：「[王]檝與劉溥、鄒伸之諸人之語不無揑合。」可爲佐證。

〔七一〕省質　文海本字難辨，再造本作「省覽」。

〔七二〕卿　原誤「鄉」，文海本字難辨，據再造本校改。

〔七三〕丁巳　「丁巳」重出，諸本同，此二字似當删。

〔七四〕貌恭　再造本、文海本均作「貌和」。

〔七五〕三月　二字原脱，再造本、文海本同，據宋史卷四一理宗紀補。

〔七六〕東西　再造本作「東南」，文海本作「東丙」，似作「東南」是。

〔七七〕既殫　再造本、文海本均作「既單」。

〔七八〕陳三槍之爲害累年未能招捕　李校：原闕「爲害累年未能」六字，參吴潛許國公奏議卷一應詔上封事補。汪按：李補是，今從之。又「陳三槍」原作「陳三搶」，文海本同，據再造本校改。宋史卷四一九許應龍傳陳韡傳、趙汝騰庸齋集卷六許應龍神道碑可爲佐證。

〔七九〕不若　原作「不告」，不文，據再造本、文海本校改。

〔八〇〕資政殿　原作「資正殿」，文海本同，據再造本、宋史卷四二理宗紀校改。下一「資政殿」同此。

〔八一〕四百六十人　再造本同，宋史卷四二理宗紀作「四百五十四人」。

〔八二〕韃　此字再造本爲空鉛，文海本作「虜」。

〔八三〕此前四字再造本似作「戒敕邊備」，文海本闕文。

〔八四〕度量　再造本似作「庶幾」，文海本模糊不辨。

〔八五〕新除司農寺主簿萬　此八字原闕，文海本同，據再造本補入。疑「萬」後二字爲「一薦」，「萬一薦」史籍有載。

〔八六〕宜　原作「且」，文海本同，意不通，據再造本校改。

〔八七〕民情　文海本同，「民」字再造本爲空鉛，疑爲後人臆補，不合原意。「民情叵測」的説法極罕見，或當作「韃情叵測」。

〔八八〕左執法　再造本、文海本均同，宋史卷四二理宗紀作「右執法」。

〔八九〕明間諜　「明」原作「用」，「明間諜」爲當時慣用語，據再造本、文海本校改。

〔九〇〕寇　此字再造本爲空鉛，文海本作「虜」。

〔九一〕十二月　李校：三字原闕，據宋史理宗紀一補。汪按：李校是，今從之。

〔九二〕逆雛　原作「餘黨」，據再造本、文海本回改。

〔九三〕讎金　原作「金人」，據再造本、文海本回改。

〔九四〕合於　李校：原作「告於」，據宋史理宗紀二改。汪按：再造本、文海本均作「告於」，再造本紅筆改「合於」，李校是，今從之。

〔九五〕省試　原作「省議」，不通，據再造本、文海本校改。

〔九六〕比藏　原作「比藏」，據再造本、文海本校改。

〔九七〕叠去　再造本、文海本均作「迭去」。

〔九八〕十月　諸本原脱，據宋史卷四二理宗紀補。

〔九九〕陳日煚　「煚」字原爲空闕，據許應龍東澗集卷五賜安南國陳日煚特授静海軍節度觀察處置等使特進檢校太尉兼御史大夫上柱國特封安南國王食邑三千户食實封一千户特賜效忠順化功臣仍賜襲衣金銀帶制補。另參本書卷三四淳祐九年閏二月癸卯朔條校。

〔一〇〇〕寇賤　「寇」，再造本爲空鉛，文海本作「虜」。

〔一〇一〕館學 文海本同，再造本、宋史卷四二理宗紀作「鈐轄」。

〔一〇二〕王埜 「王」，原誤「玉」，據再造本、文海本校改。

〔一〇三〕南豐 原作「功豐」，文海本同，據再造本校改。

〔一〇四〕集鄉手及合禁軍 「鄉手」再造本作「鄉丁」，文海本作「鄉于」；「及合」再造本作「會合」，文海本作「皆合」。疑當從再造本。

〔一〇五〕虜寇 原作「草寇」，據再造本、文海本回改。

〔一〇六〕虜 原作「敵」，據再造本、文海本回改。